Herbert Grziwotz / Winfried Döbertin

Spaziergang durch die Antike

Denkanstöße für ein modernes Europa

PRIMUS VERLAG

Einbandgestaltung: Jutta Schneider, Frankfurt a. M.

Einbandbild: Epidaurus, Griechenland
(H. Vogel)

Die Deutsche Bibliothek – CIP-Einheitsaufnahme
Ein Titeldatensatz für diese Publikation ist bei
Der Deutschen Bibliothek erhältlich.

Gedruckt auf säurefreiem und alterungsbeständigem Papier
Printed in Germany

www.primusverlag.de

ISBN 3-89678-426-9

Was geschehen ist, eben das wird hernach sein.
Was man getan hat, eben das tut man hernach wieder, und es geschieht nichts Neues unter der Sonne. Geschieht etwas, von dem man sagen könnte: „Sieh, das ist neu“? Es ist längst vorher auch geschehen in den Zeiten, die vor uns gewesen sind.

Prediger Salomo, 1, 9f.

Inhalt

Gott, Christus und Kirche – die jüdisch-christliche Tradition

Orientierung im Labyrinth der Moderne – Fragen anstelle eines Vorworts

Eine gute Fee trifft einen kleinen Jungen und sagt zu ihm: „Du hast einen Wunsch frei." Dieser erwidert wie aus der Pistole geschossen: „Ich wünsche mir Turnschuhe von Nike!" Da schimpft die Fee: „Während auf der Welt Kinder in deinem Alter bereits hart arbeiten müssen und hungern, denkst du nur an dich. Fällt dir nichts Besseres ein?" – „Okay", entgegnet der Junge, „Nike-Turnschuhe für alle Kinder auf der Welt." Dieser Witz über die moderne Egokultur zwingt zum Nachdenken über das eigene Leben und das, was darin wirklich wichtig ist. Sind es die Statussymbole der modernen Wohlstands- und Spaßgesellschaft? – Für die in ihr aufwachsenden Kinder dürfte eine Welt ohne Fernsehapparat, Auto, Computer und Handy kaum noch vorstellbar sein. Und auch die Erwachsenen möchten auf die Annehmlichkeiten, die der technische Fortschritt mit sich brachte, ungern verzichten.

Wer glaubte, das Leben könnte sicherer gemacht werden, wurde am 11. September 2001, als sich American Airlines, Flug Nummer 11, in den Nordturm des World Trade Centers bohrte, eines Besseren belehrt. Die Erkenntnis, dass die westliche Zivilisation verwundbar ist, zwingt zum Nachdenken über den eigenen Standort. Kann man angesichts der Globalisierung noch von einer europäischen Identität sprechen und diese vielleicht sogar als Vorgeschichte unserer modernen Zivilisation verstehen? Wie entsteht eine politische Kultur und wodurch wird sie zerstört? Was darf die Wissenschaft? Was vermag die Kunst? Lässt sich Gerechtigkeit durch immer mehr Gesetze erreichen? Kann man angesichts des Leids in der Welt noch an Gott glauben? Lässt sich in der Ellbogengesellschaft Christentum noch leben?

Diese modernen Fragestellungen sollen in diesem Buch vor dem Hintergrund der griechischen, römischen und jüdisch-christlichen Fundamente Europas beantwortet werden. Es mag erstaunen, dass sich viele Probleme ähneln und die antiken Antworten auf diese Fragen aktueller denn je sind. Der Streifzug durch die Grundlagen unserer modernen Kultur soll auch zum Nachdenken über die Perspektiven des zukünftigen Europa anregen.

Das Verfallsdatum der Moderne und die Aktualität der Antike

Das Ende der Geschichte

Die moderne Welt ist nach einem Satz des Philosophen Nietzsche lediglich eine Wiederholung der Antike auf der Höhe der Modernität. Drückt diese Feststellung nur Angst vor einer ungewissen Zukunft, einer Zeit ohne Eigenschaften mit Menschen ohne Gesichtern aus? Oder sind die Spuren der Antike noch in der modernen Internetgesellschaft erkennbar? Kann die Beschäftigung mit Sokrates, Seneca, Christus etc. dazu dienen, Wertvorstellungen und Irrwege der Gegenwart neu zu überdenken? Kann sie vielleicht sogar Auswege aus dem gegenwärtigen Teufelskreislauf aufzeigen?

Das 20. Jahrhundert hat einen technischen und zivilisatorischen Fortschritt hervorgebracht wie keines zuvor. Gleichzeitig erlebten die Menschen jedoch einen beispiellosen Rückfall in die Hölle der Barbarei. Der Erste Weltkrieg führte in einem bisher nicht bekannten Ausmaß zu Gewalt und Zerstörung, welche die optimistischen Zukunftsprognosen, den Glauben an einen Fortschritt und die bis dahin anerkannten Werte in Frage stellten. Die gleichsam industrielle Vernichtung der Juden im Dritten Reich, die stalinistischen Säuberungsaktionen, die ethnischen Vertreibungen und Ermordungen im jugoslawischen Bürgerkrieg sowie der terroristische Anschlag auf das World Trade Center haben die Ideen des Humanismus Lügen gestraft. Der Kampf der Kulturen scheint Realität zu sein, nicht das friedliche Zusammenleben.

Aber nicht nur das Verhältnis der Menschen untereinander, sondern auch die Beziehungen der Menschen zu ihren natürlichen Grundlagen werden zum Problem. Die Vergeudung natürlicher Ressourcen, die Zerstörung der Umwelt, der unverantwortliche Umgang mit den Mitgeschöpfen, der nicht erst seit der BSE-Krise deutlich wird, das Klonen von Tieren und Menschen und die unbegrenzten Möglichkeiten der modernen Kommunikationstechnologien zeigen die Grenzen der menschlichen Machbarkeit auf. Die Menschheit scheint sich selbst und die Welt unaufhaltsam zu zerstören.

Umkehr wird angemahnt. Doch die Macht der Veränderung bestimmt weiterhin die Gegenwart. Die Geschwindigkeit, mit der kaum noch steuerbare Entwicklungen bisher Gedachtes und Gewolltes über den Haufen werfen, ist beängstigend. Erfahrungen haben keinen Wert mehr, sondern werden angesichts der enormen Veränderungen auf allen Gebieten nur noch als hinderlich empfunden. Die Halbwertzeit erworbenen Wissens nimmt ständig ab. Bestandsgarantien in den Bereichen der Kultur, der Politik und der Wirtschaft gibt es nicht mehr. Das antike Europa scheint vor diesem Hintergrund auf die „Heutigen" allenfalls noch beruhigend zu wirken. Von ihm gehen jedoch keine Denkanstöße mehr aus, wie dies beispielsweise noch in der Renaissance der Fall war. Die Erfahrungen der „Alten" haben aber ihre eigene Poesie, sind gleichsam Poesie. Sie leben wie das Erinnern von der poetischen Kraft, die das Vergangene in die Gegenwart zu retten vermag. Kann der Mensch doch nur so Gleichzeitiges bewältigen. Die Handelnden leben von den Erinnerungen und sie leben von den Möglichkeiten der Zukunft. Diese Gleichzeitigkeit des Unvereinbaren lässt das Gegenwärtige seine scheinbare Willkürlichkeit verlieren, enthüllt sein Wesen.

Vor diesem Hintergrund wird der zunehmende Verlust der Fähigkeit, sich zu erinnern, zum Problem. Die Angstvorstellung einer Gegenwart ohne geistigen Schatten unterstreicht bereits ein Wort des französischen Staatsdenkers Alexis de Tocqueville: „Seit die Vergangenheit aufgehört hat, ihr Licht in die Zukunft zu werfen, ist der menschliche Geist im Dunkeln." Wird die Möglichkeit eines Neubeginns also erkauft mit Orientierungslosigkeit? – Gab es früher nur zwei Alternativen, Gut und Böse, Himmel und Hölle, Recht und Unrecht, so kommt gegenwärtig eine Dritte hinzu: Das Ende der Eindeutigkeit. Immer wieder stößt man auf Fragen der Gegenwart, auf die es keine klaren Antworten gibt. Der Einzelne muss nicht nur ständig zwischen verschiedenen Traditionsangeboten wählen. Er muss sie zudem nebeneinander durchleben und für sich erfahrbar machen. Die Suche nach (Über-)Lebensquartieren nimmt deshalb zu. Und mit ihr wächst die Erkenntnis, dass keine Geschichte, weder die antike noch die moderne, für sich abgeschlossen sein kann und die moderne Welt nur zu (re-)konstruieren ist, wenn man nicht nur die eine Vergangenheit, sondern die Vielfalt aller ihrer parallelen, gegenläufigen, einander überlagernden und widersprechenden Geschichten zu verstehen lernt.

Tanz ums goldene Kalb oder Geburt eines tanzenden Sterns?

Der Mensch der Gegenwart ist unterwegs in eine völlig neue Welt. Sie scheint nach dem Scheitern des sozialistischen Experiments vom Primat der Ökonomie über die Politik bestimmt zu werden. Länder sind keine Kulturregionen mehr, sondern Wirtschaftsstandorte. Schulen vermitteln keine Bildung mehr, sondern bilden Standortnachwuchs aus. Staaten werden kaum noch regiert, sondern wie Firmen gemanagt. Selbst wenn dieser neue Politikstil erfolgreich ist, gibt er den Menschen Arbeit, aber keine Visionen, Betätigung, aber keine Ideale, Regeln, aber keine Orientierung, eine Erlebniswelt, aber keine Zukunft. Nicht mehr wie in frühen Gesellschaftsformen das Überleben, aber auch nicht wie in der Nachkriegszeit das bessere Leben, sondern das Erleben steht heute im Mittelpunkt. Die Spaßgesellschaft hat die bürgerliche Gesellschaft abgelöst. Sie funktioniert nach den Gesetzen des Showbusiness. Die Suche nach Erregung wird in der modernen Kultur zur Sucht. Tabus müssen überschritten werden. Der Einzelne will seine Phantasien ausleben – ohne Rücksicht auf andere. Der „ultimative" Kick wird zum Kulturersatz. Der Tanz um das moderne Kalb vermag zwar kurzzeitig Lebensfreude zu vermitteln, aber keinen Lebenssinn zu stiften. Die Gegenwart gebiert keinen tanzenden Stern, keine gemeinsame Vision mehr. Die Vision eines neuen Weges ist jedoch unverzichtbar, um auch die Probleme der Gegenwart neu anzugehen. Die Gesellschaft der Postmoderne hat nur eine Perspektive, wenn sie Visionen hat und wenn sie diese zu verwirklichen versucht.

Zur Neudefinition der Gegenwart

Die modernen, europäischen Staaten basieren nicht allein und nicht einmal in erster Linie auf der freien Marktwirtschaft und dem Geld, sondern auf gemeinsamen Werten. Ihre Akzeptanz ist die Voraussetzung für gemeinsames Verstehen, Entscheiden und Handeln. Griechische Philosophie und Kunst, römisches Staats- und Rechtsdenken und die jüdisch-christliche Religion sind die Grundlagen einer Werteordnung, die den Menschen ins Zentrum jeder Planung rückt. Es handelt sich um eine Kultur, deren Geltung nur gesichert sein kann, wenn sie allgemein als verbindlich akzeptiert wird. Die Neudefinition des Gegenwärtigen ausgehend von der antiken Tradition ist keine bloße Rückwärtsschau. Es geht vielmehr darum, in der Vergangenheit lesend, nach Antworten auf Fragen der Gegenwart zu suchen. Der Diskurs abendländischer Kultur, der Blick zurück, hat somit seine Rechtfertigung darin, dass uns dort das Eigene noch im Zustand der Unfertigkeit, das heißt der Möglichkeit, begegnet und dadurch wiederum Chancen für einen Ausweg aus der gegenwärtigen Krise bewusst werden können.

Philosophie, Politik und Kunst im antiken Griechenland

Die Anfänge der Philosophie und der Wissenschaften

Vom Urknall zum Menschen

Die neuen Götter

Im Anfang existierten weder Himmel noch Erde, es gab nur das Chaos, den leeren Weltraum. Doch wenig später entstand *Gaia*, die Erde. Sie gebar den *Uranos*, den sternenbedeckten Himmel. Aus der Verbindung mit ihm entstammten die zwölf Titanen und die drei einäugigen Kyklopen, die Uranus in den *Tartaros*, den Abgrund unter der Erde, sperrte, da sie ihm zu mächtig wurden. Kronos, der jüngste Sohn von Gaia und Uranos, rächte im Auftrag seiner Mutter die Misshandlung der Kyklopen. Er schnitt seinem Vater mit einer stählernen Sichel die Schamteile ab und warf sie ins Meer. Aus dem Blutstropfen entstanden die Erinnyen, die Rachegöttinnen. Kronos übernahm die Herrschaft. Seine Eltern weissagten ihm, er werde ein ähnliches Schicksal erfahren wie sein Vater. Deshalb verschlang er alle Kinder, die ihm seine Gemahlin Rhea gebar. Als diese mit Zeus schwanger war, begab sie sich auf die Insel Kreta. In der Dikteischen Höhle erblickte Zeus das Licht der Welt und wurde von Nymphen mit Ziegenmilch großgezogen. Kronos schluckte einen in Windeln gewickelten Steinhaufen, den er nach Verabreichung eines Brechmittels gemeinsam mit den verschlungenen Kindern wieder erbrach. Nun begann Zeus mit seinen Geschwistern vom Berg Olymp in Thessalonien aus den Kampf um die Herrschaft gegen Kronos und die alten Götter. Auf deren Seite kämpften auch die Giganten, Riesen mit grässlichen Gesichtern, langen Haaren und geschuppten Drachenschwänzen. Sie konnten nur durch die Mithilfe eines Sterblichen, des Herakles, besiegt werden. Die siegreichen Brüder losten um die Herrschaft, wobei Zeus die Herrschaft im Himmel, Poseidon die im Meer und Hades die in der Unterwelt zufiel. Die Titanen wurden in das *Elysion*, die Inseln der Seligen am westlichen Rand des Weltstroms, verbannt.

Zeus vermählte sich mit seiner Schwester Hera, die über die Ehe und die Familien wachte. Er hatte außer mit ihr mit weiteren Göttinnen Kinder, aber auch mit den Töchtern der Sterblichen, so mit

Alkmene den bereits erwähnten Halbgott Herakles, mit Europa den Minos und mit Leda die Helena. Die Lieblingstochter des Zeus war Pallas Athene, die sich durch besondere Klugheit auszeichnete und als Schutzgöttin von Wissenschaft und Kunst galt. Ihr Bruder Apollon war der Gott der Weisheit, der Medizin, der Musik und der Dichtkunst. Aphrodite, die Schaumgeborene, war die Göttin der Liebe und der Schönheit; sie war mit dem hässlichen und hinkenden Hephaistos, dem Gott des Feuers und der Schmiedekunst, verheiratet. Hermes schließlich, der Götterbote und Schutzgott der Diebe, des Reichtums, des Handels und des Verkehrs, der Bringer des Schlafs und der Träume, zeichnete sich durch seine Verschlagenheit aus.

Während die alten, der Ehe von Erde und Himmel entsprossenen Götter Naturgewalten waren, wie zum Beispiel der Weltstrom, die Gewässer, die Sonne, der Mond und die schwarze Nacht, sind die neuen Götter und die Menschen von demselben Ursprung, wie es bei dem griechischen Dichter Hesiod heißt. Der Abstand zwischen den Göttern und den Menschen ist wesentlich kürzer gewesen, als man sich das heute vorzustellen vermag. Die Götter haben menschliche Schwächen. Sie sind streitsüchtig, eitel, verbinden sich mit Sterblichen, verlieben sich in sie und bedürfen – wie der Kampf mit den alten Göttern zeigt – sogar mitunter ihrer Hilfe. Sie feiern festliche Gelage mit Nektar und Ambrosia, die ihnen Unsterblichkeit und die ewige Jugend verleihen. Bekannt sind auch die Feste des Gottes Dionysos, bei denen Frauen in heiliger Raserei durch die Wälder tanzen. Schließlich verkörpert sich in dem Kriegsgott Ares die rohe Gewalt bis hin sogar zur Mordlust; unterstützt wird er von seiner Schwester Eris, dem Streit, und den Söhnen Furcht und Schrecken. Die neuen Gottheiten sind – ebenso wie moderne Götzen – nicht weniger gefährlich als die alten, sie scheinen allerdings dem Menschen verehrungswürdiger, da sie seinen Neigungen besser entgegenkommen. Haben sogar die unsterblichen Götter dieselben Fehler wie die Menschen, können diese leichter entschuldigt werden. Wird nicht auch heute gerne eigenes Fehlverhalten unter Hinweis auf die sündigen Päpste, die Hexenverfolgung und die sonstigen Irrtümer der Kirche in ihrer gesamten Geschichte gerechtfertigt? Eigene Schwächen lassen sich durch den Hinweis auf die entsprechenden Fehler anderer leichter ertragen. Zudem erspart es, sich ändern zu müssen. Die Annahme der eigenen Unvollkommenheit, die Versöhnung mit der eigenen Fehlbarkeit, ist übermenschlich, deshalb bedarf sie der Projektion auf Götter.

Die Entdeckung des Menschen

„Gleich wie Blätter im Wald, so sind die Geschlechter der Menschen, einige streut der Wind auf die Erde hin, andere wieder treibt der knospende Wald, erzeugt in des Frühlings Wärme; so der Menschen Geschlecht. Dies wächst und jenes verschwindet." Der griechische Dichter Homer beginnt mit diesen Worten die Erzählung von der Abstammung eines einzelnen Adelsgeschlechtes. Sie steht für die gesamte Menschheitsgeschichte. Die Griechen des späten 8. Jahrhunderts v. Chr. gingen von einer Abfolge von fünf Menschengeschlechtern aus: Das Geschlecht aus Gold habe als Erstes die Erde bewohnt, wobei die Menschen den Göttern gleich ein sorgenfreies Leben ohne Arbeit geführt hätten. Es folgten ein silbernes Menschengeschlecht und Bronzemenschen, die sich in Kriegen selbst vernichteten. Das vierte Menschengeschlecht waren die Halbgötter, die mit Ungeheuern kämpften, vor Troja Krieg führten und nach ihrem Tod auf die Inseln der Seligen kamen. Das letzte, das eiserne Geschlecht, blickte wehmütig auf das heroische Zeitalter zurück. Die zeitgenössische Klage lautete: „Müsste ich doch nicht selbst ein Zeitgenosse des fünften Geschlechtes sein, wär' zuvor ich gestorben, später geboren!" Die Verhältnisse der in dieser Epoche lebenden Menschen werden wie folgt beschrieben: „Sie versagen den greisen Eltern den Lohn für die Pflege der Kindheit. Faustrecht gilt, der eine verheert die Stätte des anderen. Eidestreue wird nicht mehr geschätzt, ebenso nicht die Güte und die Gerechtigkeit. Der Übeltäter, der Frevler steht viel höher in Ehren, denn Gewalt herrscht und Ehrfurcht existiert nicht mehr ... Nur trauriges Elend bleibt den Menschen. Nichts hilft gegen das Unheil." Allein der Tod befreit die Menschen schließlich von der Arbeit und dem Leid. Die Verhältnisse des eisernen Zeitalters dauern bis heute an. Ältere Menschen wollen lieber sterben, als ihren Kindern bei Pflegebedürftigkeit zur Last zu fallen. Feindliche Übernahmen in der Wirtschaft vernichten Betriebsstätten und damit auch Arbeitsplätze. Der Erfolgreiche genießt hohes Ansehen, auch wenn seine Position ohne Rücksicht auf andere erkämpft wurde. Sachzwänge lassen eine Änderung nicht zu. Drückt sich in der Aussage, dass die Situation für den Menschen unabänderlich sei, eine tiefe Resignation in einer wirklich aussichtslosen Lage aus oder handelt es sich lediglich um den (Zweck-)Pessimismus einer reformunwilligen Gesellschaft, in der die meisten immer noch ganz gut leben können?

Nach einem anderen Schöpfungsmythos waren Himmel und Erde geschaffen. Pflanzen und Tiere lebten im Wasser und am Festland, aber der Mensch fehlte noch. Da betraten zwei Brüder, Abkömmlinge des alten Göttergeschlechtes der Titanen, die Erde: Prometheus, der „Vorherdenkende", und Epimetheus, der „erst im Nachhinein Denkende". Prometheus, wissend, dass in der Erde der Same des Uranos, des Himmels, schlummerte, formte aus Wasser und Erde sterbliche Wesen nach dem Ebenbild der Götter und gab ihnen gute und schlechte Eigenschaften, die er von den Tieren übernahm. Leben schenken konnte er seinen Geschöpfen nicht. Hierbei half die mit ihm befreundete Göttin Athene. Auf späteren Abbildungen ist dargestellt, wie sie eine geschaffene Statue beseelt, indem sie ihr einen Schmetterling zuführt, der im Altgriechischen gleich der Seele *psyche* heißt. Prometheus wurde für seine (männlichen) Geschöpfe zum Lehrmeister: Für sie entwendete er von Athene die Künste. Er unterrichtete sie ferner in Mathematik und Astronomie, Ackerbau und Viehzucht. Die olympischen Götter wurden eifersüchtig auf das Menschengeschlecht und Zeus versagte ihnen die göttliche Gabe des Feuers. Aber Prometheus half auch hier: Er stahl es entweder aus der Werkstatt des Hephaistos oder sogar vom Herdfeuer des Olymp selbst und brachte es im ausgehöhlten Stängel einer Narthexstaude den Menschen. Nach einer anderen Erzählung hat sich Prometheus der Sonne selbst genähert und seine Fackel am vorüberfahrenden Sonnenwagen entzündet.

Zeus sann auf Rache. Unmittelbares Ziel seines Zornes war Prometheus. Er befahl dem Hephaistos und seinen Dienern, ihn an den Kaukasos, einen Berg in Skythia, mit unzerreißbaren Ketten anzuschmieden. Zudem wurde eine Säule wie ein Pfahl durch seine Mitte getrieben. Doch damit nicht genug. Zeus schickte ihm noch einen Adler, der täglich die Lappen seiner Leber abfraß, die jedoch in der Nacht wieder nachwuchsen. Die Strafe sollte so lange dauern, bis ein Unsterblicher bereit war, für Prometheus auf seine Unsterblichkeit zu verzichten und für ihn das Leiden und Sterben auf sich zu nehmen. Der Gott, der als Ersatzmann eintrat, war der weise Zentaur Chiron, halb Mensch und halb Pferd, der an einer unheilbaren Wunde litt.

Aber nicht nur Prometheus als „Anwalt", der für die Sache der Menschen eintrat, war Gegenstand der göttlichen Racheaktion. Auch die Menschen selbst, die bisher ohne Krankheiten, Schmerzen und sonstige Plagen gelebt hatten, bis sie im hohen Alter lebenssatt und ohne Angst in die Unterwelt gingen, traf die Strafe der Götter. Es handelt sich um eine höchst eigentümliche Erzählung. Die Strafe bestand nämlich in der Erschaffung der Frau, einem Übel, wie die

Überlieferung berichtet, an dem sich alle Männer erfreuen und das sie zärtlich umarmen werden. Der griechische Dichter und Mann Hesiod erzählt sie im Anschluss an die Episode von der Erlangung des Feuers sogar zweimal: Auf Befehl des Zeus formte Hephaistos aus Erde die Frau, dem Bild einer züchtigen Jungfrau gleich. Mit Gürtel, Schmuck und den Blüten des Frühlings statteten sie die Göttinnen aus. Aphrodite umstrahlte ihr Haupt mit Liebreiz. Hermes legte aber in ihre Brust Trug, kosende Worte und betrügerisches Wesen; schließlich verlieh er ihr die Sprache und nannte sie Pandora, die Gabenreiche, weil alle Olympier sie mit Gaben beschenkt hatten. Epimetheus nahm sie als Geschenk an. Pandora öffnete den Deckel des Gefäßes, das ihr Zeus mitgegeben hatte. Sogleich entflogen ihm eine Reihe von Übeln, namentlich die Krankheiten und der mit großer Angst verbundene Tod. Einzig die Hoffnung verblieb in der Büchse, da Pandora auf Geheiß des Zeus den Deckel wieder verschloss, ehe sie herausflattern konnte.

Der Mann ist von Zeus an die Frau gekettet wie Prometheus an den Felsen. Heiratet er nämlich nicht, um dem Treiben der Frauen zu entgehen, bleibt er im Alter ohne Pflege. Seinen Nachlass teilen sich später entfernte Verwandte. Entschließt er sich zur Ehe und findet er sogar eine züchtige Partnerin, so ist ihm demnach gleichviel Schlimmes wie Gutes beschieden. Gerät er an eine von der bösen Sorte, lebt er vor sich hin, geschlagen mit unaufhörlicher Plage und ohne Aussicht auf Erlösung von dem Übel.

Abgesehen von der wenig schmeichelhaften Verbindung der Erschaffung der Frau mit der Entstehung der Übel für den Menschen, die, wie die Vertreibung aus dem Paradies zeigt, auch in anderen Schöpfungsmythen wiederkehrt, ist die Geschichte von der Erschaffung des Menschen durch ein Ringen mit den Göttern gekennzeichnet. Die neuen Götter erweisen sich dort, wo es um ihre Herrschaft und ihre Privilegien geht, als wenig menschenfreundlich. Oder mit den Worten des Hephaistos, die dieser zu Prometheus sagt: „Zeus ist hartherzig wie alle, die erst vor kurzem die Herrschergewalt an sich gerissen haben." Neue Mächte treten – nicht nur auf dem Olymp – mitunter mit stärkeren Anforderungen an die Menschen heran als die alten. Dies gilt auch für ihre auf den ersten Blick äußerst verlockenden Neuerungen. Sich dagegen aufzulehnen, ist zumindest mit Unbequemlichkeiten verbunden. Es kann – wie das Beispiel des Prometheus zeigt – sogar gefährlich werden. Es ist allerdings nicht zufällig, dass die Griechen in Prometheus den Schöpfer der Kultur sahen. Kultur entsteht nämlich meist durch Auflehnung gegen die Gottheiten der Menschen und in Auseinandersetzung mit ihnen.

Rebellion und Arbeit

Sisyphos gehörte zu den ersten Menschen, die auf der Erde lebten. Er wird als der schlaueste aller Männer bezeichnet. Er lebte in Ephyra, galt als der Stadtgründer Korinths und gehörte zu den Ersten, die schreiben konnten. Von seinem Felsen, dem Akrokorinthos, konnte er jeden sehen, der vom Land zum Meer gelangen wollte. Als Zeus Aigina, die Tochter des Flussgottes Asopos, entführte, beobachtete dies Sisyphos. Er verriet dem suchenden Vater zunächst nichts. Erst als ihm der Flussgott versprach, eine Quelle zur Versorgung der Stadt Korinth entspringen zu lassen, gab Sisyphos sein Geheimnis preis. Sisyphos musste erfahren, dass derjenige, der bei einem Fehler ertappt wird, meist besonders rachsüchtig ist. Zeus schickte Thanatos, den Tod, zu ihm. Sisyphos überlistete ihn und legte ihn in Ketten. Niemand auf Erden konnte mehr sterben, bis der Kriegsgott Ares den Tod befreite und ihm Sisyphos übergab. Durch List entkam dieser ein zweites Mal dem Tod. Entweder bekam er die Erlaubnis, seine Gattin, die seinen Leichnam abredegemäß nicht bestattete, zu ermahnen, oder er betörte Persephone, die Königin der Unterwelt, die ihn entließ, um die auf seine Anweisung eingestellten Opfer für die Götter der Unterwelt wieder aufzunehmen. Jedenfalls kehrte Sisyphos nicht mehr ins Reich der Schatten zurück. Nochmals musste er gewaltsam aus einem Gelage weggerissen und in die Unterwelt zurückgebracht werden.

Dort erwartete ihn, der sich vermessen hatte, die Götter zu überlisten, den Tod zu hassen und das Leben zu lieben, eine furchtbare Strafe: Ewig musste er einen schweren Felsen, mit Händen und Füßen sich feststemmend, einen Berg hinaufwälzen. Sobald er den Gipfel erreicht hatte, rollte er mit Wucht wieder zurück in die Tiefe. Und so wälzt er in nie endender Mühe den Felsblock wieder den Berg hinauf. Die Götter hatten, wie dies der französische Literaturnobelpreisträger Albert Camus richtig bemerkte, die härteste aller möglichen Strafen gegen Sisyphos verhängt. Oder welche fürchterlichere Strafe gibt es als eine aussichtslose Arbeit?

Nicht die Arbeit selbst, sondern die aussichtslose Arbeit hat Straffunktion. Arbeit als Form des Tätigseins und damit auch der Selbstverwirklichung kann sogar Freude machen. Lebensfreude und Arbeit sind nur scheinbare Gegensätze. Ein in der Arbeit sich verbrauchendes Leben gilt in der klassischen Antike nicht als Übel.

Menschen schaffen vielmehr – wie dies die große jüdische Philosophin Hannah Ahrendt formuliert hat – ihr eigenes Leben in der Arbeit täglich neu. Sinnentleerte Arbeit muss deshalb geradezu zwangsläufig zur Rebellion oder Resignation führen.

Tod und ewige Jugend

Sisyphos ist das Sinnbild des Menschen. In vergeblichem Bemühen versucht er mit ganzem Einsatz, sein Ziel zu erreichen. Doch der Augenblick des Sieges ist zugleich derjenige der Niederlage. Hat das Leben trotz der offensichtlichen Sinnlosigkeit allen menschlichen Tuns einen Sinn? Albert Camus sah ihn in dem Ansturm gegen den Gipfel. Der ewige, ohnmächtige Rebell, der die Absurdität seines Tuns erkannt hat, ist nach seiner Ansicht ein glücklicher Mensch. Es gibt nämlich kein Schicksal, das durch Verachtung nicht überwunden werden kann.

Gilt dies auch für den Tod der Menschen? Über diesen haben selbst die olympischen Götter keine Macht. Die greisen Schicksalsgöttinnen, die Moiren, Töchter der Nacht, entscheiden über die Lebenstage des einzelnen Menschen, von denen einer sein Todestag sein wird. Welche Länge des Fadens sie einem Menschen zuteilen, liegt allein in ihrer Entscheidung. Sie heißen Klotho, die Spinnerin, Lachesis, die Zuteilerin, und Atropos, die Unerbitterliche. Die Erste spinnt den Lebensfaden, die Zweite erhält ihn und die Dritte schneidet ihn ab. Der Gott Apollon hatte die ehrwürdigen Göttinnen, um seinen Freund Admetos dem Tod zu entziehen, sogar einmal mit Wein betrunken gemacht.

Eos, der neue Tag, die Göttin der Morgenröte, die den Göttern und Menschen das Licht bringt, war in Liebe zu Tithonos, einem Spross aus dem trojanischen Königshaus, entbrannt und hatte ihn in ihrem goldenen Wagen entführt. Sie bat Zeus, den Göttervater selbst, um die Unsterblichkeit für ihren Geliebten. Dieser Wunsch wurde ihr erfüllt. Sie lebte mit ihm am östlichen Rand des Erdkreises. Und es heißt, dass sich Eos am Morgen aus dem Bett ihres Geliebten erhob. Sie hatte aber vergessen, für Tithonos neben der Unsterblichkeit auch die ewige Jugend zu erbitten. Deshalb klagte dieser bald: „Grau sind schon meine Schläfen und weiß mein Haar, fort ist die Jugend und es wackeln meine Zähne. Vom süßen Leben bleibt mir nicht mehr viel Zeit übrig. Es graut mir vor dem Hades. Das ist ein garstiger Winkel, glatt ist der Abstieg und kein Weg führt zurück." Eos muss fortan den greisen Tithonos pflegen, dem das Nicht-Sterben-Können zur Last wird.

Biologie, Medizin und Arzneimittelindustrie können heute scheinbar den Takt der Lebensuhr langsamer stellen. Der Gewinn an (Lebens-)Zeit schiebt das Ende weiter in die Zukunft. Der Aufenthalt wird verlängert. Mit Hilfe von Klonen und Ersatzteilmedizin wird der Tod zwar nicht besiegt, aber hingehalten. Gleichzeitig nimmt die Beschleunigung der Entwicklung zu. Die modernen Menschen scheinen insgesamt wesentlich mehr Zeit zu haben und haben aber dennoch keine vor sich. Der Menschheitstraum von der ewigen Jugend hat sich nicht erfüllt. Auch für die Schönheitschirurgie und Kosmetikindustrie ist nicht die ewige Jugend, sondern allenfalls eine Annäherung an die ewige Alterslosigkeit erreichbar.

Der Tod ist, obwohl er in Naturkatastrophen und kriegerischen Auseinandersetzungen allgegenwärtig ist, heute kein Thema. Er passt nicht zum Leben des modernen Menschen. Jugend, Fitness und Lust sind die Schlagworte unserer Zeit, nicht Alter, Krankheit und das Ende. Der Tod kommt stets viel zu früh. „Unerwartet" steht häufig noch in den Todesanzeigen von Menschen im Greisenalter. Der Tod wird jedoch unwürdig, wenn man ihn stets fortschickt. Die Menschen werden nicht ärmer, wenn sie mit dem Abschied leben lernen. Peter Noll, ein an Krebs erkrankter Schweizer Jurist, hat im Angesicht seines bevorstehenden Todes geschrieben: „Was soll sich ändern in unserem Leben, wenn wir an den Tod denken? Vieles, nicht alles. Wir werden sorgfältiger umgehen mit der Zeit, sorgfältiger mit den anderen, liebevoller, geduldiger – und vor allem freier. Wir leben das Leben besser, wenn wir es so leben, wie es ist, nämlich befristet. Dann spielt auch die Dauer der Frist kaum eine Rolle, da alles sich an der Ewigkeit misst." Abschiedlich leben heißt weggehen können. Denn nur wer den Tod bejaht, bejaht auch das Leben. Wer den Tod vergisst, vergisst auch das Leben. Jedenfalls vergisst er das, was wirkliches Leben ausmacht.

Liebe stärker als der Tod

So mächtig wie der Tod ist nur noch die Liebe. Liebe und Tod sind zwei Wunder und zwei Rätsel. Begreifen wird sie der Mensch nie. Je mehr man sich allerdings der eigenen Vergänglichkeit bewusst wird, desto wichtiger wird die Liebe. Der Versuch der Liebe, den Tod zu überwinden, ist jedoch wohl vergebens. Gleichwohl will alle Lust, wie dies der Philosoph Friedrich Nietzsche formuliert hat, Ewigkeit, tiefe, tiefe Ewigkeit. Dies lehrt auch die Erzählung von Orpheus und Eurydike. Orpheus war der Sohn eines Flussgottes und einer Muße. Wenn er auf seiner Leier spielte, die ihm der Gott Apollon geschenkt hatte, und dazu sang, hörten ihm die Vögel und die Fische zu; sogar Steine und Bäume kamen herbei, um ihm zu lauschen. Seine von ihm geliebte Frau Eurydike starb bereits kurz nach der Hochzeit, möglicherweise auf der Flucht vor den Nachstellungen eines Gottessohnes, an einem Schlangenbiss. Orpheus trauerte um seine verlorene Gattin und mit ihm trauerten die Vögel und die Tiere des Waldes. Seiner Kunst und seiner Liebe vertrauend machte er sich auf den Weg in die Unterwelt, um seine Gattin von dort zurückzuholen. Seine traurigen Lieder, in denen er von seiner großen Liebe zu Eurydike, ihrem gemeinsamen Glück und dem Schmerz nach ihrer Trennung erzählte, erschütterten die Bewohner der Unterwelt. Die um ihn versammelten Schatten weinten. Sisyphos vergaß sein Leiden und unterbrach seine sinnlose Tätigkeit. Selbst die furchtbaren Rachegöttinnen sollen Tränen vergossen haben. Auch Persephone, die Göttin der Unterwelt, fühlte Mitleid. Sie erlaubte Orpheus, seine Eurydike wieder in das Reich der Lebenden mitzunehmen, doch durfte er die hinter ihm Gehende nicht anblicken, bis er das Tor der Unterwelt durchschritten hatte.

So lautete das Gesetz des Totenreiches: Niemand durfte die Verstorbenen anblicken. Deshalb wurden Opfer für die Götter der Unterwelt nur mit abgewandten Antlitz dargebracht. Die Welt der Lebenden und die der Toten waren unüberbrückbar getrennt. Orpheus blickte niemand an und stieg im nächtlichen Dunkel zum Licht empor. Er wusste, dass ihm Eurydike folgte. Wusste er es wirklich? Zweifel stiegen in ihm auf. Er hörte keine Schritte. Totenstille herrschte. Kein Geräusch, kein Atemzug der ihm folgenden Eurydike war zu vernehmen. Orpheus geriet in Panik. Einen schnellen Blick zurück riskierte er, um zu sehen, ob seine Geliebte ihm folgte. Doch da hatte er sie für immer verloren. Liebe und Abschied lagen im Blick von Eurydike, die Hermes wieder ins Totenreich zurückführte. Orpheus hatte sie, die Tote, gesehen, aber in sein Leben konnte er sie nicht mitnehmen. Er flehte die unterirdischen Götter an, ihn nochmals anzuhören. Doch eine zweite Chance erhielt er nicht. Er kehrte zu den Lebendigen zurück, mied alle Frauen und blieb seiner verstorbenen Gattin treu. Das Ende des Lebens war nicht das Ende seiner Liebe. Der Tod hatte gewonnen und doch zugleich verloren.

Liebe ist heute eine Chiffre für die erotische Anziehung zu einem Menschen. Zu einer traumhaften und erfüllten Partnerschaft gehört als Fundament geradezu selbstverständlich eine ekstatische und nie erlahmende sexuelle Leidenschaft. Es verwundert deshalb kaum, dass die lebenslange Familieneinheit zum Ausnahmefall geworden ist. Die Liebe wird ähnlich wie die Wirtschaft organisiert: *confluent love* heißt das moderne Motto der Liebe. Was bleibt ist ein wenig aussagekräftiges Ideal, aber keine Liebe mehr, die den Tod überwindet. Liebe jedenfalls, die den Tod überdauert, besteht in der Übernahme von Verantwortung für den anderen, ist ein wechselseitiges füreinander Einstehen.

Symbolisch für das Kräfteverhältnis zwischen Liebe und Tod ist die Erzählung von Philemon und Baukis, einem greisen Ehepaar, das in einer ärmlichen Hütte am Rand eines Dorfes in bescheidenen Verhältnissen lebte. Als der Göttervater Zeus und sein Sohn Hermes die Gastfreundschaft der Menschen erproben wollten, kamen sie, nachdem sie überall abgewiesen worden waren, zu den beiden. Diese bewirteten die Gäste mit Speise und Trank und gewährten ihnen Unterkunft. Die Götter verwandelten zum Dank ihre Hütte in einen Tempel aus Marmor mit einem goldenem Dach. Außerdem hatten die beiden Alten einen Wunsch frei. Philemon bat die Götter: „Nachdem wir so lange glücklich miteinander gelebt haben, lasst uns zur gleichen Stunde sterben, damit keiner in des anderen Grab zu schauen braucht.“ Als ihre Todesstunde kam, wurden sie zu Bäumen verwandelt, er in eine Eiche und sie in eine Linde. Wie sie zusammengelebt hatten, nahe beieinander, aber keiner im Schatten des anderen, sind sie auch im Tod vereint. Der libanesische Schriftsteller Khalil Gibran hat dieses Bild als Ratschlag für Liebespaare aufgegriffen. Er schreibt: „Und stehet beieinander, doch nicht zu nahe beieinander: Denn die Säulen des Tempels stehen einzeln, und Eichbaum und Zypresse wachsen nicht im gegenseit'gen Schatten.“ Liebe verträgt Distanz. Sie anerkennt die Eigenständigkeit der Persönlichkeit des Gegenüber. Auf diese Weise überwindet sie auch die ihr innewohnende Selbstauflösungskomponente. Selbst der Tod kann ihr in den Erzählungen der griechischen Mythologie nichts mehr anhaben.

Die antiken griechischen Mythen behandeln wie später die Tragödien Grenzsituationen menschlicher Erfahrung, die Erduldung von Unrecht, den Sinn des Leidens, die Liebe und schließlich den Tod. Menschliches, Heldenhaftes und sogar Göttliches sind darin nur schwer entwirrbar verstrickt. Die mystische Erzählung hilft, sich zurechtzufinden, sie gibt Orientierung und damit manchen Bereichen des menschlichen Lebens auch Sinn. Selbst wenn es heute dem Menschen möglich ist, Lebewesen und sogar Menschen zu klonen, kann er die Antworten auf die Grundfragen menschlicher Existenz nicht allein in den technischen Möglichkeiten finden, sondern muss sie jenseits der Machbarkeit suchen. Die Suche nach Wahrheit, die Sehnsucht nach Liebe und die Angst vor dem Tod sind die Themen menschlichen (Nach-)Denkens, und zwar in Mythos, Religion und Wissenschaft.

Was die Welt im Innersten zusammenhält

Heureka – ich hab's gefunden!

Der Literaturhistoriker Diogenes Laertius schrieb im 3. Jahrhundert v. Chr., dass mit den Griechen nicht nur die Philosophie, sondern die Menschheit selbst angefangen habe. Daran ist richtig, dass die abendländische Philosophie ihren Ursprung im antiken Griechenland hat. Sie befasst sich mit denselben Problemen wie der Mythos, jedoch in anderer Form. Bei beiden steht das Staunen über nicht oder nur schwer Erklärliches am Anfang. Während die mythische Deutung vom Wirken der Naturgottheiten und später der menschlichen Göttern ausgeht, setzt die rationale Erkenntnis „innerweltliche" Erklärungsmodelle an ihre Stelle. Der Anfang der Philosophie ist damit zugleich der Beginn der Wissenschaft. Mit dem Versuch, die Natur und den Menschen zu verstehen, sind erste Ansätze verbunden, sie zu verändern und zu beherrschen. Der Mensch begreift sich nicht mehr als Teil einer unveränderlichen Ordnung, sondern betrachtet sie aus der Distanz.

Am Anfang der Naturphilosophie steht der Versuch, ein Prinzip des Weltgeschehens zu finden. Von den ersten Philosophen waren die meisten der Meinung, dasjenige, woraus alles Seiende ursprünglich bestehe, auch wenn dessen Eigenschaften wechseln, sei ein Element. Es müsse nämlich eine natürliche Substanz geben, entweder eine oder mehr als eine, woraus die anderen Dinge werden und zum Sein kommen, während sie selbst erhalten bleibt. Der im 7. Jahrhundert v. Chr. lebende Thales von Milet, von den Griechen als ältester der „Sieben Weisen" verehrt, erklärte, dieser Urstoff (*arché*) sei das Wasser. Sein Schüler Anaximander von Milet bezeichnete das Unbestimmte oder Unendliche (*apeiron*) als das Prinzip der seienden Dinge. Es glich damit keinem der bekannten Stoffe Feuer, Luft, Wasser und Erde. Über die Entstehung der Lebewesen lehrte er unter teilweiser Vorwegnahme der Darwinschen Theorie, dass die Lebewesen aus Feuchtigkeit entstanden seien und auch der Mensch anfangs einem Fisch ähnlich gewesen sei. Das Zeichen des Fisches ist bei manchen Völkern nicht zufällig das Symbol für das Leben.

Sein Zeitgenosse oder Schüler Anaximenes von Milet nahm nicht wie Anaximander an, dass der Urstoff unbestimmt sei, sondern bestimmt, und erklärte die unbegrenzte Luft zu dem Prinzip, aus dem alles hervorgeht. Durch Verfeinerung entstehe das Feuer, durch Verfestigung der Wein, sodann die Wolken und durch weitere Verfestigung das Wasser, die Erde und schließlich die Sterne. Auch die menschliche Seele ist nach seiner Ansicht Luft. Für seinen Nachfolger Heraklit von Ephesos ist das Feuer die ursprüngliche Form der Materie: Die Weltordnung hat weder ein Gott noch ein Mensch geschaffen, sondern immer war sie, ist sie und wird sie ein ewig lebendiges Feuer sein. Auch die Seele des Menschen besteht für ihn aus Feuer. Eine trockene Seele sei die weiseste und beste. Ein Betrunkener werde zu einem unerwachsenen Knaben, schwankend und orientierungslos, denn feucht sei seine Seele. Eine rechtschaffene Seele überlebt beim Tod des menschlichen Körpers und vereinigt sich mit dem kosmischen Feuer. Heraklit leitet gleichzeitig den Wechsel von der ersten zur zweiten Philosophengeneration ein. Er kritisiert seine Vorgänger wenig pietätvoll: „Vielwisserei bringt noch lange keinen Verstand." Die Wahrheit (*aletheia*), nach der die Denker suchten, war offensichtlich und verborgen zugleich. In Wirklichkeit, so lehrte später Demokrit von Abdera, wissen wir nichts; alles, was wir wahrnehmen, ist nur durch Übereinkunft wahr.

Die Naturphilosophen waren überwiegend keine weltfremden Denker. Von Thales wird zwar erzählt, dass er bei astronomischen Betrachtungen in einen Brunnen fiel. Eine witzige Magd habe ihn daraufhin verspottet, dass er zwar begierig sei, die Dinge am Himmel kennen zu lernen, aber keine Ahnung von dem habe, war hinter ihm und was unter seinen Füßen sei. Er soll allerdings einen Fluss umgeleitet, die Höhe der Pyramiden bestimmt und eine Sonnenfinsternis vorausgesagt haben. Anaximander zeichnete die erste Weltkarte und soll die Sonnenuhr in Griechenland eingeführt haben. Heraklit ging davon aus, dass es niemals eine wirklich absolute Trennung von Gegensätzlichem gibt, das heißt von einem Paar von Gegensätzen der eine nicht ohne den anderen existieren kann: Der Weg hinauf und hinab ist deshalb derselbe. Dasselbe ist Lebendes und Totes, Wachen und Schlafen, Jugend und Alter. Recht ist Streit. Auch der häufig zitierte Ausspruch, dass der Krieg der Vater aller Dinge sei, gehört zu dieser Gegensatzbildung und sollte nicht, wie er teilweise falsch zitiert wird, kriegerische Auseinandersetzungen verherrlichen. Für Heraklit ist der ständige Wechsel ein allgemeines Prinzip: „Alles ist im Fluss (*panta rei*)" und „Alles ist eins". Anfang und Ende sind zu einem Kreis geschlossen. Steter Wandel und ewige

Dauer sind miteinander verbunden. Eine Anweisung für das Handeln enthält die Maxime: „Für ihr Gesetz sollen die Bürger kämpfen wie für die Mauer." Grund ist, dass alle menschlichen Gesetze von dem göttlichen Gesetz „ernährt" werden.

Die Philosophie geriet freilich auch in Konflikt mit den relativ einfachen religiösen Vorstellungen des Volkes. Xenophanes hatte die olympischen Götter wegen der von ihnen begangenen Delikte des Diebstahls, Betrugs und Ehebruchs als unmoralisch bezeichnet. Zudem hatte er erkannt, dass die Menschen die Götter nach ihrem Abbild geschaffen hatten, das heißt die Äthiopier als stumpfnasig und dunkelhäutig und die Thraker mit hellblauen Augen und roten Haaren. Seine Kritik gipfelte in der Aussage: „Wenn Rinder, Pferde und Löwen Hände hätten oder malen und Bildwerke schaffen könnten, wie das die Menschen tun, dann würden die Pferde pferdeähnliche und die Rinder rinderähnliche Göttergestalten malen oder sie würden die Statuen der Götter mit einem solchen Körper meißeln, wie sie ihn jeweils selbst haben." Xenophanes zeigt, dass die Befassung mit philosophischen Fragestellungen unausweichlich zur Kritik naiver Gottesvorstellungen führen muss. Da diese gerade wegen ihrer Einfachheit Trost zu spenden vermögen, ist – wie die Verurteilung des Sokrates zeigt – mit heftigem Widerstand zu rechnen. Xenophanes ist aber zugleich der Beleg dafür, dass die wissenschaftliche Erkenntnis nicht zwangsläufig die Leugnung der Existenz Gottes zur Folge hat. Seine Kritik an der Volksreligion führte ihn nämlich zur Bejahung der Existenz eines ewigen Gottes, der weder dem Körper noch der Einsicht nach in irgendeiner Weise den Sterblichen gleich sei.

Pythagoras von Samos ist aufgrund seines (möglicherweise nicht von ihm stammenden) mathematischen Lehrsatzes, dass im rechtwinkligen Dreieck die Summe der Quadrate über den Katheten flächengleich dem Quadrat über der Hypotenuse ist ($a^2 + b^2 = c^2$), namentlich meist noch aus Schulzeiten bekannt. Weniger geläufig ist, dass er die geistige Schulung mit einer asketischen Lebensform und einem politischen Anspruch verband. Er galt seinen Schülern als der vollkommene Weise und soll schon zu Lebzeiten göttliche Verehrung, und zwar als Inkarnation des Apollon, genossen haben. Vermutlich geht der Satz „Alles ist Zahl" auf ihn zurück. Der Konflikt seiner philosophischen Bewegung mit der damaligen politischen Führung war unausweichlich. Als Vierzigjähriger verließ Pythagoras die Insel Samos, da die Tyrannis des dort herrschenden Polykrates so stark war, dass es für einen freien Mann nicht mehr mit Anstand möglich war, die Bevormundung und den Despotismus zu ertragen. Pythagoras bildete um sich herum einen Geheimbund, der durch das Gebot der Verschwiegenheit, mystische Lehren, Zahlenspekulationen, Bruderschaftseide und gemeinsamen Besitz auffiel. Vom Mythos sich lösend wurde Philosophie selbst zum Mythos.

Der im 3. Jahrhundert v. Chr. lebende Mathematiker Archimedes hatte einen festen Punkt auf Erden gefordert, um die Welt zu bewegen. Die Philosophen, die Freunde der Weisheit, haben sich bereits bei ihrem ersten Auftreten nicht darauf beschränkt, die Welt lediglich verschieden zu interpretieren. Stets bedeutete Philosophie auch ein Stück Weltveränderung. So entwickelten die Pythagoreer eine Zahlenlehre als Strukturgesetz aller Dinge. Daraus ergab sich eine den Tonintervallen entlehnte Harmonielehre, die für die Musik, aber auch die Sphären und die Gestirne Bedeutung haben sollte. Der Gedanke, Harmonie, die vollende Form der Schönheit, sei nur eine andere Ausdrucksform der Wahrheit, hatte Auswirkungen auch auf die Kunst. Die Pytagoreer lehrten, dass die Erde und die anderen Planeten leuchtende Kugeln seien. Sie stellten in Anknüpfung an ägyptische Lehren die Behauptung auf, dass die Seele des Menschen unsterblich sei und dass sie, wenn der Körper vergehe, in ein anderes Lebewesen einziehe. Sie werde schließlich einem göttlichen Urteil unterworfen und nach einem mehrmaligen Leben frei von Unrecht vollende sie ihren Weg auf der Insel der Seligen. Die Appelle zu einer einfachen Lebensweise ohne Luxus, zur Eskalationsvermeidung bei einem Streit („Schüre das Feuer nicht mit einem Messer“) und zur Beachtung der Gesetze („Reiße nicht die Krone weg“) dienten der Vorbereitung auf das künftige Leben, selbst wenn sie wegen ihrer Abweichung von gängigen Verhaltensmustern auf wenig Gegenliebe stießen. Auch im antiken Griechenland brannten bereits Häuser. Fanatismus führte dazu, dass Gegner bei einer Versammlung der Pythagoreer das Gebäude anzündeten und bis auf zwei alle Personen in den Flammen umkamen. Der antike Bericht von diesem Verbrechen schließt mit den Worten: „Als das geschah, machten die Städte keinerlei Anstalten, zu dem Unglück, das sich ereignet hatte, Stellung zu beziehen.“ Gleichgültigkeit und Wegschauen wurden ebenso wie heute praktiziert. Pythagoras hat mit seiner Lehre, dass es nichts schlechthin Neues gibt, Recht behalten.

Was ist Wahrheit?

Philosophischen Fragen wurden nicht nur überkommene religiöse und politische Vorstellungen, sondern auch das eigene Erkennen selbst zum Problem. Parmenides und sein Schüler Zenon, beide aus Elea, suchten den Weg der Wahrheit. Parmenides ging von der Einheit von Denken und Sein aus: „Das Wahrnehmen und das Denken, dass Sein ist, ist dasselbe. Denn nicht ohne das Sein, in dem es ausgesprochen wird, kann das Erkennen gefunden werden.“ Die menschlichen Begriffe von den Dingen sind gegenüber dem Sein zwar nicht wahr, aber die menschliche Wahrnehmung ist auch nicht bloßer Trug. Jedes Seiende besitzt nämlich zumindest eine gewisse Erkenntnis. Zenon hat durch die Formulierung von Paradoxien das abstrakte philosophische Denken gefördert und auf die Gegenwartsphilosophie über den Engländer Bertrand Russell Einfluss ausgeübt. Beispiele sind: „Der langsamste Läufer wird niemals vom schnellsten eingeholt werden“ und „Der Pfeil, der sich schnell bewegt, steht still“.

Eine Antwort auf das Erkenntnisproblem gibt auch Empedokles von Akragas, der als überzeugter Demokrat die Königswürde seiner Vaterstadt zurückgewiesen haben soll und über dessen angeblichen Freitod durch einen Sprung in den Krater des Vulkans Ätna der deutsche Dichter Hölderlin sogar ein Trauerspiel („Der Tod des Empedokles“) geschrieben hat. Er ging von dem Vorhandensein von vier Elementen, nämlich Feuer, Wasser, Erde und Luft aus, die sich ständig mischen und trennen. Geburt und Tod sind für ihn falsche Begriffe, denn dass aus Nicht-Seiendem etwas entsteht, ist unmöglich, und dass Seiendes völlig verschwindet, ebenfalls. Er glaubte an die Reinkarnation: „Denn einst bin ich schon ein Knabe gewesen und ein Mädchen, ein Busch und ein Vogel und ein aus dem Meer springender wandernder Fisch.“ Die Grundkräfte des Lebens sind Liebe und Streit. Der Mensch ist zur Erkenntnis fähig, denn mit der Erde in ihm sieht er die Erde, mit Wasser Wasser und mit Luft göttliche Luft, mit Feuer das vernichtende Feuer, Liebe mit Liebe und Streit mit verderblichem Streit.

Leukipp aus Elea und sein Schüler Demokrit aus Abdera lieferten im 5. und 4. Jahrhundert v. Chr. einen die Entwicklung der modernen Atomtheorie beeinflussenden Beitrag zur Deutung der stofflichen Welt. Ihre Atomlehre ging von vielen unsichtbaren Partikeln aus, die sich im Leeren bewegen. Sie sind unteilbar (*atomos*) und ständig in Bewegung. Zusammengesetzte Körper entstehen durch Aufprall und Abprall von Atomen. Das naturwissenschaftliche Erklärungsmodell von Bewegungsursachen war damit gefunden. Demokrit wollte lieber einen einzigen dieser Ursachenzusammenhänge finden, als König von Persien werden. Von Demokrit stammt ferner der Ausspruch, dass entweder nichts wahr ist oder dass dies dem Menschen jedenfalls verborgen ist. Die Wahrheit, die doch offenkundig sein soll, liegt in der Tiefe. In seiner Ethik empfiehlt er die Einhaltung des richtigen Maßes, denn die richtig bemessene Fülle ist besser als die Überfülle: „Wer in guter Laune leben will, darf nicht zu viele Dinge tun, weder im privaten Bereich noch im öffentlichen Leben, und bei dem, was er jeweils tut, darf er nicht über das hinaus wollen, was seine Fähigkeiten und Natur erlauben."

Nicht nur die Ethik der vorsokratischen Philosophen war praxisbezogen; dies galt auch für ihre sonstigen Erkenntnisse. So soll Thales auf Vorhaltungen, seine Philosophie sei zu nichts nütze, das Gegenteil unter Beweis gestellt haben. Nachdem er aufgrund seiner astronomischen Studien bemerkt hatte, dass die Olivenernte im kommenden Jahr reichlich ausfallen würde, mietete er mit seinen wenigen Ersparnissen noch im Winter sämtliche Ölpressen in Milet und Chios gegen geringes Entgelt. Niemand bot zu diesem Zeitpunkt mehr. Als dann die Zeit der Ernte kam und eine starke Nachfrage nach Ölpressen bestand, konnte er seine Ölpressen zu dem von ihm geforderten Preisen teuer vermieten und dadurch einen großen Gewinn machen. Auf diese Weise wollte er demonstrieren, dass es für Philosophen ein Leichtes sei, reich zu werden, wenn sie dies nur wollten, dass dies aber nicht das Ziel ihres Handelns sei. Eine Aussage, die angesichts vielfältiger Verflechtungen von Wissenschaft und Wirtschaft auch heute noch als Appell an den Forscher gelten kann.

Die vorsokratischen Philosophen verstanden sich als Männer, deren Lehren die Schlafenden wachrütteln sollten. Aufgabe der modernen Philosophie ist weniger der Weckruf an die Schlafenden als, wie dies der Gegenwartsphilosoph Hans-Georg Gadamer formuliert hat, vielmehr die Erinnerung an unsere verdrängten Träume, das heißt an das, was der begrifflichen Reflexion vorausgeht, sie trägt und bewegt: die Lebenswelt. Erforderlich ist nicht nur analytisches Fragen. Die Philosophie muss Antworten, neue Sichtweisen, mit anderen Worten Visionen liefern. Eine Wissenschaft, der die Fähigkeit zum Staunen abgeht, ist so gut wie tot. Den Naturwissenschaften als Nachfolgern der antiken Naturphilosophie stellt sich noch eine zweite Aufgabe. Die nahezu unbegrenzte wissenschaftliche Machbarkeit aufgrund der elektronischen und biologischen Möglichkeiten hat das Forschen verändert. Der französische Gegenwartsphilosoph Alain Finkielkraut hat diesbezüglich sogar von einem Zeitalter der allgemeinen Manipulierbarkeit gesprochen. Die

Atomkernspaltung manipulierte noch tote Materie, heute wird dagegen der Code des Lebens verändert. Die Frage, die sich der modernen Naturphilosophie stellt, ist deshalb die höchst brisante Frage nach den Grenzen der Forschung.

Die moderne Forschung, gefördert von der Wirtschaft, hat längst eine Eigendynamik entwickelt, die das Nachdenken über ihre Entwicklung stets hinterherhinken lässt. So stellt sich die Frage, ob die Gentechnik erwünscht ist oder nicht, längst nicht mehr. Das Schaf Dolly und die Stammzellenforschung als Vorstufe zum therapeutischen Klonen sind längst, wenn auch außerhalb des Standorts Deutschland, Realität. Mit ihnen sind nicht nur individuelle Hoffnungen auf Heilung von Krankheiten, sondern auch ganz handfeste ökonomische Interessen verbunden. Geht es also nur noch darum, ethische Standards als nachträgliche Akzeptanzbeschaffung, und zwar nicht einmal für das Machbare, sondern für das bereits Gemachte zu finden? Es geht letztlich um das Verhältnis von Ethik und Technik, wenn die Grundbausteine des Lebens zum Gegenstand der Forschung und möglicher Manipulationen werden. An die Stelle der Ethik der Forschung könnte im dritten Jahrtausend eine Ethik der Nichtforschung treten. Sie müsste verständlich machen, wieso im allgemeinen Interesse auf einen Fortschritt für den Einzelnen verzichtet wird.

Die Entdeckung des Politischen

Wahrheit und Recht – Zur Neudefinition des Politischen

Erkenne dich selbst!

Die Sage von Ödipus berichtet, dass eines Tages vor den Toren der Stadt Theben die Sphinx, ein geflügeltes Ungeheuer, erschienen sei. Sie habe allen Vorübergehenden ein Rätsel aufgegeben und diejenigen, die es nicht lösen konnten, aufgefressen. Das Rätsel lautet: „Es ist am Morgen vierfüßig, am Mittag zweifüßig und am Abend dreifüßig. Als Einziges von allen Geschöpfen wechselt es die Zahl seiner Standbeine, und wenn es die meisten hat, ist es am schwächsten." Ödipus konnte das Rätsel lösen: „Bei diesem Wesen handelt es sich um den Menschen. Am Morgen seines Lebens, als hilfloses und schwaches Kleinkind, krabbelt er auf seinen beiden Beinen und Händen, am Mittag seines Lebens steht er auf seinen zwei Füßen und an seinem Lebensabend stützt er sich als zusätzlichem dritten Fuß auf einen Stock." Das Rätsel war gelöst und die Sphinx stürzte sich von einem Felsen. Aber der Mensch selbst wurde dem menschlichen Denken immer mehr zum Rätsel.

Während die Erforschung der Welt und die Suche nach der „Weltformel" zunächst relativ unbekümmert begonnen worden waren, wurden die gewonnenen Erkenntnisse zunehmend unsicherer. Das Denken selbst wurde immer fragwürdiger und mit ihm der denkende Mensch. Die Philosophie hatte die Natur zum Gegenstand einer systematischen Untersuchung gemacht und sie in der Form einer Theorie als Ganzes dargestellt. Die Frage nach dem Sinn des objektiven Geschehens und nach der Zukunft war freilich nicht nur „theoretisch". Theorie und Praxis fielen noch nicht auseinander. Der Gegensatz zur Praxis, die sich von dem griechischen Wort für „handeln" ableitet, war nicht die Theorie, sondern das passive Hinnehmen, das Leiden. Das Handeln stand somit am Anfang der Philosophie nicht gegen das Denken, sondern gegen das Leiden. Die Struktur des natürlichen Kosmos und die Organisation des sozialen Kosmos waren einheitlicher Gegenstand des Denkens. Das Thema lautete Seinsordnung und politische Ordnung. Der Mensch stand vor völlig neuen Problemen. Er wurde sich selbst zum Problem und klammerte sich in seiner Unsicherheit an sich selbst, indem er in der Folge erklärte: „Der Mensch ist das Maß aller Dinge."

Pflicht oder Tyrannis?

Grund für die Erschütterung des Denkens war eine soziale Krise im 7. Jahrhundert v. Chr., in deren Verlauf es zu einer Konfrontation zwischen den führenden Adelsgeschlechtern und den von ihnen abhängigen Bauern kam. Die bisherige Herrschaft war nicht länger selbstverständlich oder gottgewollt, sondern bedurfte der Legitimation. Ein „Verbesserungsbewusstsein" entstand, das freilich zunächst ganz auf die Wiederherstellung der gestörten Ordnung gerichtet war. Allerdings gab es auch radikalere Töne. So stellte die Forderung nach völliger Neuaufteilung des Landes die bestehende Adelswelt völlig in Frage. Weniger weitreichend waren die Ziele eines Schulderlasses, einer Landreform und des Schutzes vor richterlicher Willkür sowie Ansätze einer politischen Teilhabe.

In dieser Situation wurde Solon 594 v. Chr. in Athen zum Schiedsrichter zwischen den beiden rivalisierenden Lagern gewählt. Er versuchte, das Ideal einer „guten Ordnung" wiederherzustellen. Zu seinen Maßnahmen gehörten die Aufhebung der Schuldsklaverei, der Rückkauf der außer Landes verkauften Schuldner auf Staatskosten, eine Staffelung des passiven Wahlrechtes nach Einkommensklassen, die Öffnung der Volksversammlung für alle Bürger und die Sicherung des Rechtes. Solon war freilich selbst hinsichtlich der Dauerhaftigkeit seines Werkes skeptisch. Niemand sei, so sagte er, vor seinem Tod glücklich zu preisen. Seine Auffassung, es sei die Pflicht aller, sich um die öffentlichen Angelegenheiten zu kümmern, stieß auf wenig Gegenliebe. Das Zentrum der Macht war von der Spitze der hierarchischen Pyramide in die Mitte übergegangen. Mit wenig populären Maßnahmen, die den einen viel zu weit und den anderen zu wenig weit gingen, konnte sich Solon nur zwischen sämtliche Stühle setzen. Die rivalisierenden Gruppen waren sich in einem einig: Jede forderte mehr Rechte für sich. Die banale Erkenntnis, dass ein Gemeinwesen nicht nur nach allen Seiten grenzenlos austeilen kann, sondern von seinen Bürgern auch die Übernahme von Pflichten fordern muss, war nicht mehr allgemein anerkannt. Solon als Schlichter, der mit kaum beschränkter Macht ausgestattet war, musste, da der „Kuchen" begrenzt war, mit seinen Maßnahmen entsprechend handeln. Für viele moderne Politiker und Parteien, die auf eine Wiederwahl angewiesen sind, ist dies dagegen kaum möglich. Wagt es ein Politiker dennoch, an bürgerliche

Pflichten zu erinnern, so wird er nicht nur von der politischen Opposition, die selbst keine Verantwortung trägt und deshalb ohne Erfüllungszwang unbegrenzt Versprechungen machen kann, kritisiert, sondern sogar aus den eigenen Reihen. Auch Solon war letztlich nicht der allseits gefeierte Streitschlichter. Wie zu allen Zeiten ist meist das politisch Vernünftige kaum sämtlichen Parteien vermittelbar.

Solon hatte das Politische gleichsam im Vorgriff und wenig populär als Pflicht definiert. Die Auseinandersetzung in der folgenden Zeit drehte sich dagegen um die eigenen Rechte jeder Partei. Rivalisierende Adelsgruppen versuchten jeweils mit Hilfe der Bürgerschaft zur Herrschaft zu gelangen. Das Mittel dazu war eine Söldnertruppe, mit der man putschen konnte. Peisistratos soll sich selbst verletzt und nach der vorgetäuschten Gefährdung das Volk gebeten haben, ihm eine Schutzwache zuzubilligen. Mit dieser Schutztruppe besetzte er die Burg, wurde aber alsbald vertrieben. Kurz darauf verbündete er sich mit einem Widersacher und in einem Schauspiel „geschmackloser Albernheit", wie dies der griechische Geschichtsschreiber Herodot ausdrückt, nämlich mit einer verkleideten Frau, die er als Göttin Athene ausgab, fuhr er auf die Burg zurück und das Volk glaubte (nur zu gern), die Heimkehr des Peisistratos sei göttlicher Wille. Die Bürger forderte er nach ihrer Entwaffnung auf, ihren Geschäften nachzugehen und ihm die Sorge für die Staatsgeschäfte zu überlassen. Es scheint so, als ob die Bürger von Athen – jedenfalls nach dem dritten Anlauf des Peisistratos, an die Macht zu kommen – die Herrschaft der Peisistratiden, die ungefähr ein halbes Jahrhundert andauerte, gleichsam als Wiederkehr des Goldenen Zeitalters genossen hätten.

Die Situation lässt sich am besten mit einer Fabel des antiken Dichters Aesop verdeutlichen: Die Frösche baten Jupiter um einen König, der ihnen Zucht und Ordnung beibringen sollte. Darauf warf der Göttervater einen Holzklotz in den Tümpel, dass es klatschte. Voller Schrecken verkrochen sich die Frösche. Mit der Zeit aber merkten sie, dass es nur ein toter Holzklotz war, setzten sich frech darauf und waren übermütig wie zuvor. Daraufhin sandten sie eine zweite Gesandtschaft zum Göttervater mit der Bitte um einen König. Jetzt schickte ihnen dieser eine Ringelnatter, die einen Frosch nach dem anderen fraß. In ihrer Angst wandten sich die Frösche ein drittes Mal an den höchsten Gott, der ihnen aber entgegnete: Ihr wart mit dem guten Herrscher nicht zufrieden, jetzt ertragt den schlechten. Die Bürger Athens waren in der Tat mit den solonischen

Reformen, die ihnen Verantwortung aufbürdeten, nicht zufrieden. Deshalb waren sie froh, als sie von ihr entbunden wurden. Diese Tendenz lässt sich auch in modernen Staaten nachweisen. Die so genannte Kanzlerdemokratie, in der Entscheidungen nicht nur von den Bürgern, sondern auch von den gewählten Mandatsträgern in die Regierungsspitze verlagert werden, ist hierfür ein Beispiel. Die häufig geforderte Bürgerpartizipation ist, wie die Beteiligung an Bürgerentscheiden und selbst an Wahlen zeigt, nicht Angelegenheit sämtlicher Bürger, sondern mitunter lediglich einer Minderheit. Zudem bleiben Bürgerentscheide häufig negativ, das heißt, sie richten sich gegen etwas, ohne eine Alternative bieten zu müssen. Gegen etwas zu sein, ist leichter, als eine Entscheidung für etwas mitzutragen. Geht man dabei doch das Risiko ein, im Fall des Scheiterns des Projektes mitverantwortlich zu sein. Das Fehlen politischer Verantwortlichkeit des Einzelnen wurde deshalb auch in Athen nicht als Nachteil angesehen, sondern begrüßt.

Dechiffrierung des Wechselspiels von Macht und Recht

Die Sophisten – Maßstabslosigkeit als Maßstab?

Das 5. Jahrhundert v. Chr. ist die Blütezeit der griechischen Stadtstaaten und bringt für Athen den Aufstieg zur führenden Macht. Die Siege über die Perser und Erfolge bei den innergriechischen Kämpfen stärken das Vertrauen in die eigene Leistungsfähigkeit und relativieren die Bedingtheit menschlichen Handelns. Gleichzeitig führen sie zur Erkenntnis der eigenen Ordnung und zur Abgrenzung zu anderen Staatsformen. Die politischen Umwälzungen des 5. Jahrhunderts v. Chr. verändern aber nicht nur die äußeren Formen, sondern auch das damit verbundene Denken. Sein Gegenstand ist nicht länger die Einrichtung des Kosmos, sondern die bedrohte und sich selbst bedrohende Ordnung des menschlichen Daseins. Nachdem eine Distanz zwischen dem Menschen und der Ordnung, in die er gestellt war, entstanden war, konnte politisches Nachdenken beginnen. Die Reformen des Kleisthenes nach dem Sturz der Peisistratiden, die weiteren Veränderungen auf Betreiben einer von dem Radikaldemokraten Ephialtes angeführten Gruppe von Politikern und die Herrschaft des Perikles zeigen, dass Verfassungsinstitutionen verfügbar geworden waren. In der Zeit des Peloponnesischen Krieges offenbart sich zudem die Unmenschlichkeit des Menschen. Der Zusammenbruch des athenischen Seereiches wird als elementare politische Krise empfunden. Man hatte erfahren müssen, dass der Friede und die Ordnung zerbrechlich sind. Die philosophische Diskussion spitzt sich deshalb auf die Frage nach Macht, Recht und Politik zu. Die solonische Antwort auf die Frage nach dem besten Staat hatte noch gelautet: „Der Staat, in dem die Bürger den Herrschenden gehorchen, die Herrschenden aber den Gesetzen." Nunmehr schienen alle Werte relativ zu sein.

Die Sophisten, die die philosophische Diskussion dieser Zeit maßgeblich beeinflussten, waren überwiegend Skeptiker. Das Wort Sophisten bedeutet ursprünglich „Wissende" oder „Sachverständige". Sie wiesen auf die Probleme des menschlichen Zusammenlebens, der Gesetze, Sitten und der Religion hin. Mit ihrem Nachdenken beginnt die unmittelbare Wechselwirkung von Philosophie und Politik. Die Mitwirkung am Staatswesen erforderte ein neues Bildungsideal. Bürgerliche und politische Tugenden sind nicht mehr etwas Naturgegebenes, sondern etwas Lehr- und Lernbares. Sie werden zur politischen Kunst.

Die „Lehrer der Weisheit" wollten – selbstverständlich gegen Entgelt – der Jugend diejenigen Fähigkeiten beibringen, die sie für politische Führungspositionen qualifizierten. Die Rhetorik, die Kunst der politischen Überzeugung, war Hauptgegenstand der Ausbildung. Allerdings konnte aus Überzeugung leicht Überredung werden. Die Sophisten waren Weltreisende, moderne Globetrotter. Gorgias (ca. 485–380 v. Chr.) hat, als er im Rahmen einer diplomatischen Mission 427 v. Chr. nach Athen kam, die Bürger mit seinem Vortrag „Das Nichtsein" verwirrt. Er versuchte zu beweisen, dass nichts existiere; existiere doch etwas, könne der Mensch es nicht begreifen; könne er es doch begreifen, ließe es sich weder darstellen noch erklären.

Auch Protagoras (ca. 481–411 v. Chr.) bestritt, dass es irgendeine Wahrheit gäbe über das hinaus, was die Menschen sagten. Der Mensch ist für ihn das Maß aller Dinge. Damit war allerdings jeglicher Maßstab aufgegeben. Ein Schüler soll ihm einmal Bezahlung versprochen haben, wenn er seinen ersten Prozess gewinne. Als das Geld nicht einging, soll Protagoras mit Klage gedroht und dargelegt haben, wenn der Schüler verliere, müsse er laut Urteil bezahlen, und wenn er gewinne, dann müsse er laut Vereinbarung bezahlen. Die Antwort des Schülers lautete: Wenn er gewinne, brauche er laut Urteil, wenn er verliere, laut Vertrag nicht zu bezahlen. Diese Anekdote zeigt, dass rhetorische Argumente auch umgekehrt werden können. Selbst das Vereinbarte wird relativ. Und wer jedem Herrn, der ihn bezahlt, dient, muss damit rechnen, dass ihm misstraut wird, und zwar auch von denen, die ihn entlohnen; kann doch im nächsten Moment jemand kommen, der mehr bezahlt.

Politische Kunst wird käuflich, wird zur Ware. Lukian (ca. 120–180 v.Chr.), Redner und Satiriker, gibt nicht zu Unrecht einem künftigen Redner folgenden Rat: „Was du vor allem mitbringen musst, ist Unwissenheit, dazu noch Frechheit, Tollkühnheit und Unverschämtheit. Dagegen sollst du Ehrgefühl, Anständigkeit, Bescheidenheit und Scham zuhause lassen, da sie deinem Vorhaben nicht nur unnütz, sondern sogar nachteilig sind. Dafür schaffe dir eine laute Stimme und einen eindringlichen Ton … Vor allem musst du dich auch um dein Auftreten und um deine Kleidung bemühen. Weiter musst du dir etwa fünfzehn oder höchstens zwanzig Fremdwörter aussuchen, sie dir gut einprägen und immer auf der Zunge haben. Mit diesen garniere alle deine Reden wie mit Zucker und frage nicht danach, ob sie falsch klingen oder im Zusammenhang unpassend sind …“ Es könnte sich um eine Charakteristik moderner Debatten handeln. Hohle Phrasen, Leerformeln und Anglizismen beherrschen mitunter die Diskussionen, die nur noch um Worte geführt werden.

Das Experiment Demokratie –
Esel, die per Volksbeschluss zu Pferden werden

Protagoras hatte gelehrt, dass es zu jedem Gegenstand zwei einander widersprechende Deutungsmöglichkeiten gäbe, die nicht als wahr und falsch gegeneinander gestellt werden könnten. Auch die Wahrheit stehe demnach unter dem Vorzeichen der Relativität. Wahr ist, was derjenige, der die entsprechende Äußerung macht, für wahr hält. Wahrheit wird willkürlich. Wenn jedermann mit dem Anspruch auftreten kann, im Besitz der Wahrheit zu sein, so bedarf es eines Verfahrens, in dem entschieden wird, wessen Wahrheit verbindlich sein soll. Dies kann eine demokratische Mehrheitsentscheidung sein. Allerdings kann auch Macht einen Wahrheitsanspruch durchsetzen. Der sophistische Relativismus war somit einerseits Voraussetzung für demokratische Entscheidungsstrukturen, andererseits stellte er auch eine Gefährdung für die Verbindlichkeit von Entscheidungen dar, da sie jederzeit revidierbar wurden.

Dies führt unmittelbar in die Diskussion über die Vor- und Nachteile der verschiedenen Formen politischer Herrschaft. Eines der frühesten Dokumente sophistischer Staatstheorie ist das Verfassungsgespräch bei Herodot. Es spielt in Persien im September des

Jahres 522 v.Chr. Darius hat durch eine Palastrevolution den bisherigen Herrscher beseitigt und überlegt nunmehr mit seinen Freunden, welche Staatsform einzuführen sei. Als Vorzug der Demokratie erscheint die Gleichheit aller vor dem Gesetz, die Besetzung der Ämter nach einem Losverfahren, die Rechenschaftspflicht der Beamten und die Entscheidung der wichtigsten Dinge durch die Gesamtheit. Gegen sie wird eingewandt, dass das Volk ohne Verstand einem Sturzbach gleich seine Entscheidungen treffen würde und nichts unverständiger sei als die zügellose Masse. Dagegen nimmt die Aristokratie zwischen der Herrschaft der unbesonnenen Masse und der Willkür eines Einzelnen die Mitte ein. Allerdings steht zu befürchten, dass die wenigen Regierenden untereinander Feindschaften pflegten und aus dem Streit gewöhnlich die Herrschaft eines Einzelnen hervorgehe. Für die Monarchie spreche, dass der Beste an der Spitze stehe. Dagegen wird argumentiert, dass die Macht des Alleinherrschers überheblich werde, da er niemandem rechenschaftspflichtig sei. Der allein regierende Herrscher erschüttere altes Recht, tue Frauen Gewalt an und töte ohne Urteil.

Dagegen ist die Rede des Perikles für die im Sommer des Jahres 431 v.Chr. Gefallenen das hohe Lied der antiken Demokratie. Perikles war damals einer der zehn jährlich gewählten Strategen. Er verherrlicht den schönen Tod, das Sterben für eine gute Sache. Der Tod für Athen gibt nach seiner Ansicht einen Sinn, da in dieser Stadt die demokratische Staatsform verwirklicht ist: „Vor dem Gesetz, wenn es um private Angelegenheiten geht, sind alle gleich. In öffentlichen Angelegenheiten entscheidet die persönliche Leistung und nicht der Besitz. Freiheit herrscht in Athen sowohl im öffentlichen wie im privaten Leben. Jeder kann tun, was ihm behagt. Respekt verdienen und genießen allein die Behörden und die Gesetze. Zwischen den Bürgern herrscht Solidarität. Jeder empfindet den Schmerz, den ein Mitbürger leidet, wie den eigenen." Sodann wird der Freizeitwert Athens gepriesen. Freiheit hat nämlich nicht nur heute, sondern auch im antiken Griechenland etwas mit Freizeit zu tun. Zur Erholung von der Arbeit und der Tätigkeit für das Gemeinwesen gibt es Wettspiele und Opferfeste, die über das ganze Jahr verteilt sind.

Weitaus skeptischer wird in der Diskussion zwischen dem jungen Alkibiades und seinem Pflegevater Perikles das Problem von Recht und Macht, von Mehrheit und Minderheit in der Demokratie erörtert. Alkibiades fragt, ob Beschlüsse, mit denen die Mehrheit die Minderheit zwingt, ohne sie zu überzeugen, in einer Demokratie keine Gewalt seien. Perikles kann dies nicht verneinen. Damit sind Gewalt und Gesetz, Macht und Recht in der Demokratie letztlich dasselbe. Im demokratischen Athen ist es somit möglich, durch Volksbeschluss alle Esel zu Pferden zu befördern. Auch demokratische Mehrheitsentscheidungen bedürfen deshalb stets einer Orientierung an Grundwerten. Die sophistische Verfassungsdiskussion hat nachgewiesen, dass das Prinzip der Mehrheitsentscheidung allein nur eine Technik der Machtausübung darstellt. Je mehr es in Wahlkämpfen, die unter Einsatz von Strategien des Produktmarketings geführt werden, um Personen und nicht mehr um die Sache geht, desto eher wird es zu Zufallsentscheidungen kommen. Umfrageergebnisse belegen zudem, dass in emotional besonders aufgeheizten Situationen wie zum Beispiel einer terroristischen Entführung oder einer (scheinbaren) äußeren Bedrohung auch die Mehrheit häufig unüberlegt reagiert. Mehrheitsentscheidungen müssen deshalb an grundlegende Normen wie das Rechtsstaatsprinzip, den Schutz eines unverzichtbaren Freiheitsbereiches für den Einzelnen und die Einhaltung bestimmter sozialer Mindeststandards gebunden bleiben. Nicht erst die legale Machtergreifung eines Diktators im Weg des Volksbeschlusses zeigt, was in den politischen Debatten im antiken Athen längst erkannt wurde, dass nämlich die Demokratie eine sich selbst gefährdende Ordnung ist.

Die Idee des Rechtes und die Realität der Macht

Noch deutlicher als die Auseinandersetzung über die politischen Herrschaftsformen zeigt der Melier-Dialog die Ohnmacht des Rechtes gegenüber der Macht. Im Sommer 416 v.Chr. fuhren die Athener mit 38 Schiffen und über dreitausend Soldaten zur Insel Melos in der südlichen Ägäis. Diese hatte zunächst in der Auseinandersetzung zwischen Sparta und Athen Neutralität gewahrt und sich Sparta erst angeschlossen, als die Athener das offene Land der Insel verwüsteten. Die Athener erschienen nunmehr vor der Stadt, eröffneten aber nicht sofort den Angriff, sondern erklärten sich zu Verhandlungen bereit. Die Ratsherren der Melier nahmen das Angebot an. Die Athener behaupteten, sie kämen in bester Absicht und wollten mit den Meliern über ihre Rettung sprechen. Auf rechtliche, das heißt ideologische Argumente, solle man in der Auseinandersetzung tunlichst verzichten. Im Hinblick auf die Übermacht Athens sei es ein Gebot der Klugheit für die Melier, sich zu unterwerfen. Diese meinten dagegen, es sei kurzsichtig, im Stolz auf die momentane Macht, das Recht hintanzusetzen. Deshalb liege die Schonung von

Melos im langfristigen Interesse Athens. Die Melier böten Frieden und Neutralität an. Die Athener wendeten ein, dies wäre ein schlechtes Beispiel für ihre sonstigen Untertanen, die ihnen dieses Verhalten als Schwäche auslegen würden. Der Kampf schien unausweichlich. Die Melier betonten jedoch, dass sie anders als die Athener, die nur zur Durchsetzung ihrer Herrschaft zu den Waffen griffen, wenigstens für ihre Freiheit kämpfen würden und deshalb auf die Hilfe der Götter rechnen könnten. Die Athener konnten hierüber nur schmunzeln. Sie vertrauten auf das Naturgesetz, wonach jedes Wesen seine Macht so weit ausdehnt, wie es nur kann: „Der Starke befiehlt, der Schwache gehorcht. Dieses Gesetz haben nicht wir gegeben, weil es uns zurzeit nützt und auch nicht als Erste angewandt. Wir finden es in der Welt vor, übernehmen es aus der Vergangenheit, folgen ihm und geben es an die Zukunft weiter. Ewige Zeiten wird es gelten, und wenn andere sich in unserer Lage befinden, handeln sie ebenso."

Die Berufung auf das natürliche Recht des Stärkeren ist zynisch. Der eigene Vorteil wird in Rechtsansprüche gekleidet verfolgt. Der Dialog zeigt, dass die Macht eine Realität ist und das Recht nur eine Idee, und zwar eine zudem häufig missbrauchte. Recht gilt im menschlichen Verhältnis nur bei Gleichheit der Kräfte, andernfalls setzt der Überlegene das für ihn Mögliche durch und der Schwächere hat dies hinzunehmen. Dies gilt sowohl in der Politik als auch im privaten Miteinander.

Politische Fragen werden vor diesem Hintergrund zu reinen Machtfragen. An die Stelle politischer Ethik tritt ein zynischer Realismus. Das letzte Motiv politischen Handelns ist das Streben nach Macht. Rechtliche und moralische Argumente in der politischen Diskussion sind lediglich Verbrämungen dieses Machtstrebens. Nüchterne Kosten-Nutzen-Analysen unterliegen der Behauptung von vermeintlichen Rechtsansprüchen. Es kommt deshalb – auch in der Gegenwart – immer wieder zu kriegerischen Auseinandersetzungen. Die politischen Ideale werden im Prozess ihrer Verwirklichung verschlissen. Im Melier-Dialog beharren beide Konfliktparteien auf ihren Positionen. Der Versuch einer Lösung des Konflikts ist bereits gescheitert, bevor die Verhandlung begonnen hat. Die Beteiligten sprechen zwar dieselbe Sprache, meinen jedoch Verschiedenes, ein häufiger Befund auch in modernen politischen Diskussionen.

Im Zusammenleben der Menschen gilt vielfach nichts anderes. Die Möglichkeit der Machtausübung verändert die Menschen. So schlüpften im so genannten Stanford-Gefängnis-Experiment Studenten in einem simulierten Gefängnis im Universitätskeller für zwei Wochen in die Rollen von Wächtern und Gefangenen. Bereits nach drei Tagen war das Spiel in brutale Wirklichkeit umgeschlagen. Im Keller der Universität herrschte ein Terrorregime. Das Experiment war (leider) geglückt: Es war nachgewiesen, dass ganz normale Menschen in Machtpositionen ihr Verhalten drastisch ändern. Wo sich dem Menschen die Möglichkeit bietet, andere zu terrorisieren, scheint er dies auch zu nutzen. Nach dem Sozialpsychologen Philip Zimbardo lässt sich daraus nur folgender Schluss ziehen: „Wir müssen unsere Überzeugung, dass wir so etwas nie tun würden, durch die Einsicht ersetzen: Wir alle könnten es tun." Menschen verändern sich, wenn sie Macht über andere gewinnen. Sie verändern sich aber auch, wenn sie Machtausübung erdulden müssen. Die Unterwürfigkeit der Beherrschten scheint die Herrscher in ihrer Rolle noch zu bestätigen. Schmeicheleien seitens der Ohnmächtigen, die sich hiervon eine Verbesserung ihrer Situation erwarten, verschaffen ihnen zudem den Anschein von Legitimität. Das Wechselspiel von Macht und Ohnmacht, Unterwerfung und Unterwürfigkeit ist auch in einer modernen Gesellschaft allgegenwärtig.

Aber selbst im privaten Geschäftsverkehr versuchen Vertragsparteien, sich gegenseitig „über den Tisch zu ziehen". Jeder Konflikt wird so zum Null-Summen-Spiel, bei dem eine Partei nur auf Kosten der anderen etwas gewinnen kann. Die gleichzeitige Berufung auf das Recht der Vertragsfreiheit kann in diesem Fall zur Durchsetzung des Rechtes des Stärkeren führen. Der Vertrag wird so vom Instrument der Privatautonomie zum Mittel der Fremdbestimmung, wenn nicht das Recht korrigierend eingreift. Allerdings darf nicht übersehen werden, was die Sophisten gelehrt haben, dass nämlich stets Ungleichgewichtslagen herrschen und jede Vereinbarung davon geprägt ist. Die Alternative kann deshalb nicht in der völligen Abschaffung der Freiheit im privaten Verkehr bestehen. Das Recht muss gleichsam vorbeugend durch umfassende Information und durch Beratung des schwächeren Teils dafür sorgen, dass Ungleichgewichtslagen nicht einseitig ausgenutzt werden können. Nur dort, wo der vorsorgliche Schutz nicht funktioniert, muss das Recht nachträglich korrigierend eingreifen. Diese Selbstbeschränkung ist der Sache nach geboten, da auch richterliche Eingriffe in Übereinkünfte zwischen Privaten eine Form der Machtausübung darstellen.

Nicht selten wird in privaten Diskussionen ähnlich wie im Melier-Dialog argumentiert. Sind doch die Menschen lieber Egoisten und erfolgreich als unterlegen, wenn auch anständig. Des einen muss man sich schämen, für das andere genießt man zwar möglicherweise kein Ansehen, aber jedenfalls Bewunderung. Im Dialog zwischen Macht und Recht scheinen deshalb die Positionen auch heute noch vorgegeben zu sein.

Sokrates, der weiseste aller Menschen

Ich weiß, dass ich nichts weiß

Nach dem Peloponnesischen Krieg, der Niederlage gegen Sparta, hatten die Sophisten die religiöse und politische Ordnung Athens in Frage gestellt. 403 v. Chr. waren die dreißig Tyrannen vertrieben und die Demokratie erneuert worden. Kurz darauf folgten allerdings weitere Versuche, die Oligarchie zu erneuern. Bei den Sophisten waren als Reaktion hierauf letztlich nur die Relativität, das Machtstreben und der Egoismus als einzige Prinzipien übrig geblieben. Sokrates (470–399 v. Chr.) beschrieb demgegenüber seine Aufgabe als die einer Stechfliege. Von Beruf war er ebenso wie sein Vater Steinmetz. Verheiratet war er mit der sprichwörtlichen Xanthippe. Sokrates sah seine Ehe als Prüfung an: Wenn er es mit einer zänkischen Frau aushalte, komme er auch mit allen anderen Menschen zurecht. Auf die Frage eines Schülers, ob er heiraten solle, antwortete er ihm: „Tu, was du willst, du wirst es bereuen." Freilich hatte es seine Frau mit ihm auch nicht leicht. Abgesehen davon, dass er sich möglicherweise eine zweite Frau hielt, verfügte er über keine geregelte Einkunftsquelle. Er versuchte vielmehr, seine Mitmenschen in mahnenden Zwiegesprächen zur richtigen Einsicht und Besinnung (griechisch: *phronesis*) sowie zur Selbsterkenntnis zu erziehen. Anders als die Sophisten tat er dies jedoch nicht gegen Lohn.

Sokrates ging, wie die Sophisten, davon aus, dass kein Mensch die Wahrheit „wissen" könne. Menschen könnten lediglich wissen, dass sie nichts wissen. Aus diesem Grunde bezeichnete das Orakel ihn, Sokrates, als den weisesten aller Menschen. Für ihn war nicht der Mensch das Maß aller Dinge, sondern die überindividuelle Tugend. Er bezweifelte die Fähigkeit des Menschen zur Erkenntnis und forderte eine neue Moral. Dabei ging er davon aus, dass niemand freiwillig etwas Schlechtes tue. Geschehe es trotzdem, so sei Unwissenheit die Ursache. Anders als bei den Sophisten ist seine Einstellung zum Menschen somit positiv. Er grenzte sich jedoch nicht nur von der Sophistik ab. Er kritisierte auch den elitären Anspruch der athenischen Bürgerschaft, das Wissen um die Tugend zu besitzen.

399 v. Chr. – Der erste Anschlag einer demokratischen Mehrheitsentscheidung auf die Wahrheit?

Bei den Sophisten lag die politische Trennlinie in der Unterscheidung zwischen Freund und Feind. Dies ist für Sokrates nur vordergründig richtig. Die wahre politische Unterscheidung ist für ihn diejenige zwischen gut und schlecht. Politische Philosophie hat deshalb nicht die Aufgabe, den Bürgern Wohltaten zu erweisen, sondern sie zur Gerechtigkeit zu erziehen. Nach Sokrates verhält sich der wahre Politiker zum so genannten Politiker wie der Arzt zum Koch: Der Koch gebe den Menschen das, was sie wünschten, unbeschadet dessen, ob es ihnen bekömmlich sei oder nicht; der Arzt hingegen verordne eine Diät, die auf den Zustand des Patienten abgestimmt sei, unabhängig von dessen Wünschen. Damit kennzeichnet er auch die Aufgabe des Philosophen. Allerdings war damit der Konflikt mit der zeitgenössischen Politik vorprogrammiert. Sokrates geriet zwischen die Fronten des Alten und des Neuen. Seine Stellung ähnelt der der Philosophie zu allen Zeiten. Bereits in den Anfängen der Naturphilosophie hatte sich der Konflikt der Weisheitslehrer mit der Volksreligion angedeutet.

Die nunmehr gegen Sokrates erhobene Anklage lautete: Er habe nicht an die alten Götter geglaubt, neue Götter eingeführt und die Jugend verdorben. Damit erfüllte er den Straftatbestand der Gotteslästerung (*asebie*). Er musste sich vor einem Geschworenengericht, das aus 501 Bürgern bestand, verantworten. Dieses sprach ihn mit 280 gegen 221 Stimmen schuldig. In einer zweiten Abstimmung wurde die Strafe festgelegt. Der Antrag lautete auf die Todesstrafe. Sokrates scheint in seiner Verteidigungsrede das Gericht verspottet und sich über die Richter gestellt zu haben. Er meinte, ihm gebühre keine Strafe, sondern die höchsten Ehren, die die Stadt zu verleihen hätte, denn er habe versucht, die Menschen zu bessern. Allerdings soll er sich möglicherweise später korrigiert und zunächst eine niedrigere und danach wohl eine höhere Geldstrafe vorgeschlagen haben. Dies war eine Verteidigung, die man von einem Angeklagten nicht erwartete und wohl auch noch nie gehört hatte. Es war jedoch leichtsinnig, das Gericht zu verspotten. Selbst Geschworene, die zunächst für nicht schuldig gestimmt hatten, waren nunmehr für die Todesstrafe. Wegen der knappen Mehrheit der verurteilenden Richter hätte eine Bitte um Verbannung oder eine hohe

Geldbuße große Erfolgschancen gehabt. Die Anklage war in der Tat allerdings lächerlich. Darf man die Wahrheit in einer Demokratie nicht ungestraft sagen? Verträgt ein demokratisches Gemeinwesen keine unbequemen Wahrheiten? Die Verteidigungsrede des Sokrates vertauschte die Rollen. Das Volk von Athen wurde zum Angeklagten, Sokrates zum Ankläger, der das Volk nicht wegen seiner Person, sondern wegen seiner Fehlentscheidung mahnte.

Für Sokrates wäre es auch nach dem Schuldspruch ein Leichtes gewesen, aus dem Gefängnis zu fliehen. Als ihn seine Schüler hierzu bewegen wollten, entgegnete er ihnen, die Gesetze hätten einen Anspruch darauf, dass er ihnen gehorche. Selbst ein ungerecht erscheinendes Urteil müsse respektiert werden, anderenfalls verlören die Gesetze insgesamt ihre Kraft. Seien die Gesetze schlecht, so müsse man sie ändern, nicht aber übertreten. Unrecht leiden sei besser, als Unrecht zu tun. Platon schildert, wie Sokrates es vorzog, den Schierlingsbecher mit Gift zu trinken, statt durch Flucht sein Leben zu retten. Sokrates wurde nicht das Opfer eines ungerechten Tyrannen, sondern unterlag in einem ordentlichen Prozess vor einem Gericht eines demokratischen Staatswesens. Es handelte sich somit um einen Justizmord, wohl aber nicht um den ersten und auch nicht um den letzten. Schließlich fragte Sokrates seine Freunde: Was bleibt einem Siebzigjährigen noch außer einem entwürdigenden Alter? Wer von euch weiß, ob nicht der Tod besser ist als das Leben? Danach trank er den Schierlingsbecher. Die Todesstrafe wurde vollstreckt, nicht nur, weil das Volk es wollte, sondern auch weil der Angeklagte es so wollte. Platon fügt hinzu: „Dies war das Ende unseres Freundes, des Mannes, der unserem Urteil nach der Trefflichste war, und auch sonst der Vernünftigste und Gerechteste." Der Konflikt zwischen politisierter Religion und Philosophie endete mit dem Tod des Denkers. Sokrates blieb glaubwürdig. Nach der Überlieferung haben die Athener sehr bald seine Hinrichtung bereut und die Ankläger verbannt. Teilweise wird sogar berichtet, dass einzelne Ankläger hingerichtet worden seien. Auch heute schützt der Besitz der Wahrheit nicht vor Unrecht. Und es ist fraglich, ob derzeit in solchen Fällen später eine Rehabilitierung erfolgen wird. Mitunter scheint es, dass Ehrungen eher denjenigen Personen zuteil werden, die im Besitz der Macht sind, als denjenigen, die für die Gerechtigkeit eintreten. Die Verleihung des Friedensnobelpreises an einen früheren Drahtzieher eines terroristischen Massakers ist nur ein Beispiel hierfür.

Platon – die Verbindung von Macht und Einsicht

Der Streit um des Esels Schatten

Im Gegensatz zu Sokrates ging Platon (427–347 v. Chr.) davon aus, dass Menschen wissentlich etwas Schlechtes tun können. Wie sein Lehrer reagiert Platon auf eine Krise im Staatsdenken und Staatsleben Athens. Dies gilt insbesondere für seine politische Utopie. Platon trug seine Lehre in Dialogform vor und präsentierte damit nicht ein fertiges System. Seine Schüler und die Leser seiner Schriften nehmen an dem Entstehungsprozess der Philosophie teil. Nicht die Philosophie, sondern das Philosophieren wird ihnen präsentiert. Während die Sophisten glaubten, dass es in der öffentlichen Auseinandersetzung keine höhere Instanz als die Meinung (*doxa*) gäbe, setzte Platon anknüpfend an die sokratische Lehre, dass Tugend Wissen sei, demgegenüber auf die Wahrheit.

Ausgangspunkt seiner Philosophie ist die Frage, wieso sich alles und nichts verändert. Die Antwort lautet: Wenn sich irgendetwas verändern soll, dann muss es gleichzeitig etwas Unveränderliches geben. Neben der sichtbaren stofflichen Welt, der Welt des Scheins, gibt es nach seiner Ansicht eine höhere Wirklichkeit, die Welt der Ideen. Zur Erläuterung dient sein Höhlengleichnis: Angekettete Gefangene sitzen von Kind auf mit dem Rücken zum Eingang, wo ein großes Feuer brennt, in einer Höhle. Hinter ihnen werden Gegenstände vorbeigetragen, deren Schatten auf die Rückwand der Höhle fallen. Nur diese Schatten der Dinge sehen die Gefangenen. Bei dieser Allegorie handelt es sich um die Situation des Menschen, der seine Erkenntnis nur aus zweiter Hand bezieht und den Schatten für die Wirklichkeit hält. Bei Platon bilden dagegen die Ideen das wirkliche Sein. Er nimmt eine unkörperliche Welt (Ideenwelt) als Wirklichkeit an, während die wahrnehmbare Welt nur ein Abbild (*eidolon*) gegenüber diesem Urbild (*paradeigma*) ist. Der Befreiung aus dieser Situation dient das philosophische Erkennen. Das Auftauchen aus der Finsternis ist schmerzhaft, da es zunächst mit einer Blendung durch das Licht verbunden ist. Es vollzieht sich in drei Phasen: Der sich um Erkenntnis bemühende Mensch sieht zunächst die Dinge der Welt so, wie sie wirklich sind. Danach erkennt er die Ideen, das heißt die selbstidentischen Wesen der Sachen, die hinter den unvollkommenen Gegenständen der Welt stehen. Schließlich erfasst der Mensch die Idee des Guten, den Ursprung aller Wahrheit und Einsicht, indem er aus der Höhle in den Sonnenschein hinaustritt. Auf die Frage, wie die zunächst in der Finsternis lebenden

Menschen die Wahrheit erkennen und aussprechen können, lautet die platonische Antwort: „Die Menschen können die Wahrheit erkennen, weil sie die Idee der Wahrheit in sich tragen, und zwar von ihrem Ursprung an, der auch der Ursprung der Welt ist." Die Menschen sind Abkömmlinge ein und derselben Vernunft, die den ganzen Kosmos hervorgebracht hat. Am Anfang war diese Vernunft und durch sie ist alles geworden. Nicht der Mensch ist somit das Maß der Dinge, sondern diese ursprüngliche Idee, die auch Gott genannt wird. Der Mensch schaut die Wirklichkeit im Weg der „Erinnerung" (*anamnesis*) der Seele. Platon verbindet hier seine Erkenntnistheorie mit dem Gedanken von der Unsterblichkeit der Seele. Dieser Gedanke beherrscht seit Platon das menschliche Denken. Durch seine Verbindung zum Ganzen hat der Mensch danach Anteil an der Ewigkeit.

Der Mensch, der sich aus seiner Gefangenschaft befreit hat und zur Erkenntnis gelangt ist, wird nicht mehr in den vorigen Irrtum zurückkehren wollen. Geht er allerdings wieder in die Höhle und erklärt seinen früheren Mitgefangenen, was er gesehen hat, werden sie ihn auslachen. Selbst wenn der Mensch die Einsicht in das Wesen der Dinge erlangt hat, wird es ihm somit nahezu unmöglich sein, diese Einsicht anderen zu vermitteln. Menschen verharren nämlich gern in ihrer bequemen Situation der Unmündigkeit. Demgegenüber ist der Weg der philosophischen Erkenntnis beschwerlich. Dies betrifft nicht nur den philosophischen Prozess der Erkenntnis der letzten Dinge, sondern auch Wahrheiten in kleinen Dingen. Wie das Beispiel des Sokrates gezeigt hat, wird derjenige, der (unbequeme) Wahrheiten ausspricht, von der Mehrzahl der Menschen eher verurteilt, als dass ihm geglaubt wird. Auch heute werden missliebige Meinungen gerne als Panikmache abgetan und diejenigen, die sie äußern, außerhalb der normalen, vernünftigen Gesellschaft angesiedelt. Probleme die man nicht ohne Nachteile für sich selbst lösen kann, nimmt man lieber nicht zur Kenntnis. Es ist zu allen Zeiten leichter, mit dem (von anderen erzeugten) Schatten als mit der (selbst erkannten, unangenehmen) Wahrheit zu leben.

Das Studium der Geometrie, der Staat als Schule und die Philosophen als Könige

Platons Politiktheorie war geradezu das Gegenstück zur realen Politik seiner Zeit. Er betrachtet den Zerfall der athenischen Herrschaft unter dem Aspekt des Sittlichen, des Zerfalls des alten Ethos. Ausgangspunkt ist die Frage nach dem Wesen der Gerechtigkeit, die sich gegen die Relativität der Sophisten richtet. Platon geht in der Abfolge der Herrschaftsformen von einer stufenweisen Dekadenz aus. Der Verfall beginnt, wenn eine Herrschaft das sie tragende Prinzip verliert. Die Monarchie krankt insofern an der Ehrsucht, die Oligarchie an der Geldgier, die Demokratie an der Maßlosigkeit ihres Freiheitsbegehrens. Jeder dieser Formen ordnet Platon den dazugehörigen Menschentypus zu. Der demokratische Mensch lebt spontan, folgt jedem Anreiz. Seine Prinzipien sind ehrenwert, seine Praxis aber nicht dementsprechend. Bescheidenheit und Fleiß werden bespöttelt; in jüngster Zeit wurden sie von einem führenden Politiker sogar als Tugenden bezeichnet, mit denen man auch ein Konzentrationslager leiten könne. Man liebt den Wein und die Musik, frisst sich einen Bauch an und macht Abmagerungskuren im rhythmischen Wechsel. Es ist somit nur konsequent, wenn derselbe Politiker nach Aussage einer Journalistin als seine Lieblingsbeschäftigungen „fressen, saufen und v…“ angab. Die antike Beschreibung scheint nicht nur zufällig auch auf moderne Zeiten zuzutreffen.

Das Bild des Idealstaates bei Platon ist das ins Gigantische projizierte Bild des gerechten Menschen. Wesentlich ist für ihn deshalb die politische Erziehung des Menschen zur Gerechtigkeit. Die Politik hat für ihn als oberstes Ziel die Besserung des Menschen (*paideia*). Macht wird zur Pädagogik. Der Staat wird zur Schule. Weil sich umgekehrt für Platon das sittliche Leben des Einzelnen nur im organisierten Staatswesen verwirklichen kann, wird seine Sittenlehre zur Staatslehre, die persönliche Ethik zur Sozialethik und die Pädagogik zur Sozialpädagogik.

Da sich die Mathematik mit dem Wesen und den Beziehungen des Ewigen und Unveränderlichen rein theoretisch denkend beschäftigt, ist sie für Platon eine wichtige Vorschule auch der Staatsphilosophie. Niemand soll in seine Philosophenschule eintreten, der nicht Geometrie studiert hat, lautet der Satz über dem Eingangsportal seiner Schule. In seinem Dialog „Staat“ wird der Staat als gerecht bezeichnet, in dem jeder Bürger an dem Platz steht, der für ihn aufgrund seiner Fähigkeiten am besten geeignet ist. Die Philosophen sollen ihn regieren, die Tapferen ihn verteidigen und der Rest soll in der Güterproduktion tätig sein. Nur wenn die Könige Philosophen oder die Philosophen Könige werden, kann der Idealstaat erreicht werden. Wesentliche Bedeutung kommt in diesem Modell der Erziehung der Herrschenden zu. Selbst im idealen Staat bleibt jedoch die menschliche Natur bedroht von den Verlockungen der Macht. Neben der Philosophenherrschaft kann der Gefährdung des

Menschen durch die Macht nur durch die Erziehung und um den Preis der Besitzlosigkeit und der Auflösung jeglicher familiärer Strukturen begegnet werden. Platon will die Menschen ändern, zum Guten erziehen. Die menschliche Natur ist für ihn eine Variable. Der Philosoph Kant hat die Forderung nach der Herrschaft der Philosophen als nicht wünschenswert bezeichnet, weil der Besitz der Macht das freie Urteil der Vernunft unvermeidbar verderben würde. Platon geht dagegen davon aus, dass die Macht durch die Einsicht gezügelt werden könnte. Der gerechte Staat beruht für ihn auf der Verbindung von Macht und Einsicht (*dynamis* und *phronesis*).

Nach seinen praktischen Erfahrungen in Sizilien hat Platon in seinen „Gesetzen" einen zweiten Staatsentwurf vorgelegt. Die Staatsform des Magnetenstaates ist ein Mischtypus zwischen Demokratie, Oligarchie und Monarchie und beruht auf dem Prinzip der Freiwilligkeit. Die echte Staatskunst soll auf das Wohl der Gemeinschaft, nicht auf das Einzelner zielen. Anders als im „Staat" wird der Staat nicht mehr gemäß der Einsicht der Weisen regiert, sondern nach festgelegtem Recht. Der „zweitbeste" Staat strebt nach einem Kräftegleichgewicht, wobei das Recht dem Interessenausgleich dient. Das Wissen des wahren Staatsmannes, das jedem Sonderfall gerecht zu werden vermag, wird durch Regeln ersetzt, die für alle Fälle gelten. Die Weisheit des Staatsmannes verhält sich zu den Gesetzen wie die Könnerschaft des Künstlers zu den stilistischen Vorschriften für Kunststudenten.

Die Realpolitik zeigt, dass der Glaube, Philosophen könnten Könige werden und Könige Philosophen, eine Hoffnung ist: „Wenn nicht entweder die Philosophen Könige werden in den Staaten, oder die jetzt so genannten Könige und Gewalthaber wahrhaft und gründlich philosophieren, und also dies beides zusammenfällt, die Staatsgewalt und die Philosophie, ... eher gibt es keine Erholung von dem Übel für die Staaten, ... und ich denke, auch nicht für das menschliche Geschlecht." Sie lässt sich zudem nur mit einem Zwang zum Glück realisieren. Deshalb haben die Philosophenkönige bei Platon das Recht, die Untertanen zu ihrem Wohl zu täuschen. Niemand, weder Mann noch Frau, soll – nach Platon – jemals ohne Führer sein. Religiös Andersdenkende werden zum Zwecke der Besserung in ein Haus der Besinnung eingewiesen. Der englische Philosoph Karl Popper hat dies als „geschlossene Gesellschaft" bezeichnet und in der politischen Pädagogik Platons eine gefährliche Nähe zur Gedankenpolizei gesehen. Platon akzeptierte den Menschen als das höchste Seiende, doch misstraute er ihm als Maß aller Dinge. Die Gratwanderung zwischen Idealstaat und totalitärem Staat scheint gefährlich zu sein. Das staatlich verordnete Glück ist nämlich möglicherweise kein Glück mehr. Politik als Pädagogik wird leicht zur Diktatur, wie der real existierende Sozialismus gezeigt hat. Aber auch die Idee der *political correctness* in den USA hat teilweise im öffentlichen und privaten Leben ein Klima der Intoleranz entstehen lassen. Platon scheint mit seiner Lehre nachträglich die Verurteilung des Sokrates zu rechtfertigen. Philosophie gerät bei ihm in die Gefahr, zur Inquisition zu werden.

Aristoteles – Der Mensch als Gesellschaftswesen

Der späte Flug der Eule der Minerva

Mit Aristoteles (384–322 v. Chr.) vollzieht die Philosophie eine Hinwendung zum Empirismus. Während Platon auf das Ideal gesetzt hatte, setzte Aristoteles auf das Machbare. Ihm kam es auf Beispiele und Einzelfälle an, nicht auf eine abstrakte Idee. Der platonische Glaube, die komplizierte Welt und den gesamten Kosmos allein mit einem Denkmodell erklären zu können, ist bei ihm aufgegeben. Die Frage „Wer ist der Mensch?“, das heißt die Frage nach der Person, wird ersetzt durch die Frage „Was ist der Mensch?“, das heißt durch die Frage nach seinem Wesen.

Auch bei Aristoteles ist das Glück (*eudaimonia*) der höchste Zweck irdischen Strebens. Nur durch tugendhaftes Denken und Handeln kann es der Mensch erreichen. Aristoteles hat die menschlichen Verhaltensweisen und ihre Vollendung in der nach seinem Sohn Nikomachos benannten Nikomachischen Ethik dargestellt. In seiner Lehre vom Rang der Tätigkeiten unterscheidet Aristoteles die Philosophie, das Nachdenken über die Welt, als die höchste Stufe. Darunter angesiedelt ist die Politik, die Sorge für das Gemeinwesen. Schließlich folgt die Arbeit, die Bemühung um den Lebensunterhalt. Theoretisches Wissen um das gute Handeln und politische Tüchtigkeit allein genügen jedoch nicht, um den Charakter des guten Menschen zu bilden, denn die Mehrheit der Menschen wird von irrationalen Leidenschaften und nicht von der Vernunft geleitet. Die Leidenschaften sind aber für Argumente unzugänglich und gehorchen nur der Macht. Ständige Praxis und Erziehung sind von besonderer Bedeutung. Die Erschaffung des guten Menschen setzt das Leben als Bürger in einer guten Gesellschaft und unter guten Gesetzen voraus. Wie bei Platon kann die Realisierung philosophischer Tugenden nur innerhalb der Gemeinschaft erfolgen. Ethik ist letztlich die Erfüllung der Politik. Politik ohne Ethik ist nicht denkbar, ein Zusammenhang der heute zunehmend vergessen wird. Auch in Athen kam der aristotelische Appell zu spät. Machtstreben hatte längst zur politischen Katastrophe geführt. Die politische Praxis war schneller gewesen als die Eule der Minerva.

Der ideale Mensch und der ideale Bürger

Politik und Ethik hängen für Aristoteles auf das Engste zusammen, denn so, wie die Ethik das Verhalten des Einzelnen regelt, bestimmt die Politik das Zusammenleben der Gemeinschaft. Seine politischen Theorien, nach denen der Politiker gegensätzliche Interessen zur Erhaltung des Friedens ausgleichen soll, schließen an die Spätschriften Platons an. Auch für Aristoteles soll der Staat weniger einem Markt als einer Schule ähneln. Gegenstand der aristotelischen Politik ist die Frage nach dem Guten für den Menschen und die Frage nach der guten Gesellschaft. Politische Wissenschaft ist die Wissenschaft vom richtigen Handeln des Menschen. Die Wissenschaft vom Guten für den Menschen aber ist insofern eine politische Wissenschaft, als der Mensch von Natur aus ein auf das Leben in der geordneten politischen Gemeinschaft angelegtes Lebewesen ist.

Am Beginn der Untersuchung über das richtige Staatswesen steht die Erforschung der Ziele menschlichen Handelns. Der Mensch ist ein politisches Lebewesen (*zoon politicon*) und zugleich ein rationales Wesen (*zoon logon echon*). Das Ziel der menschlichen Gesellschaft liegt im Bereich der bewussten Erkenntnis von gut und böse, von richtig und falsch. Dem Menschen ist im Unterschied zu anderen Lebewesen die Wahrnehmung des Guten und Bösen, des Gerechten und Ungerechten gleich den Göttern möglich. Die aristotelische Ethik, nach der das Gute nur in der Gemeinschaft zu erlangen ist, stellt eine Schwerpunktverschiebung gegenüber Platon dar. Die Frage nach dem Idealstaat kann nach Aristoteles nur beantwortet werden, wenn zuvor die Frage, welches die beste Form des Lebens ist, beantwortet wird. Ziel des bestmöglichen Lebens ist, wie bereits dargestellt, die *Eudaimonie*. Es handelt sich um die Verknüpfung von Wissen, Tugend und Handeln oder, um mit den Worten des Dichters Friedrich Schiller zu sprechen, um die Verknüpfung von Pflicht und Neigung.

Der beste praktisch mögliche Staat ist für Aristoteles auf das Recht gegründet, das die Gleichheit der Bürger gewährleisten soll.

Die Gleichheit der Bürger ist auch ökonomische Gleichheit. Das Politische betrifft somit nicht nur den Staat, sondern auch die Gesellschaft. Der Mensch ist von Natur aus ein Staaten bildendes Wesen. Der ideale Mensch ist deshalb auch der ideale Bürger. Sein Ziel ist das Wohlergehen der Gemeinschaft. Allerdings bleibt Aristoteles Realist: „Der Mensch kümmert sich sehr genau um das, was ihm gehört; um das Gemeinwohl kümmert er sich weniger oder nur insoweit, als es ihn selbst berührt. Auf das, was die Allgemeinheit betrifft, verwendet er die geringste Sorgfalt." Annäherungen an den bestmöglichen Staat sind nur möglich, wenn das Gemeinwesen eine bestimmte Größe nicht überschreitet. Alle Bürger müssen sich nach Ansicht des Aristoteles kennen. Im Hinblick auf das zeitgenössische Weltreich Alexander des Großen handelt es sich bei dieser Überlegung um einen politischen Anachronismus. Die Frage nach der besten Staatsform hat längst ihre Berechtigung verloren. Die Staatstheorie befasst sich nur noch mit der Frage nach dem besten Herrscher. Nicht die Organisation des Staatswesens zum gemeinsamen Besten bestimmt die Fragestellung, sondern das Problem, wie angesichts der bestehenden Verhältnisse der Einzelne am besten leben kann. Das frühere Gemeinwohl fällt ohnehin mit dem Interesse des Einzelherrschers zusammen. Eine fruchtbare Interessenkonkurrenz zu Gunsten des Staates findet nicht mehr statt. Es wird durch ein „Nischendenken" ersetzt, das nur noch das eigene Fortkommen betrifft.

Die neue Situation beschreibt treffend eine Fabel aus späterer Zeit: Als ein Hirte von Feinden überrascht wird, will er seinen Esel überreden, mit ihm zu fliehen. Er will sich deshalb auf den Esel setzen und davonreiten. Dafür verspricht er dem Esel, ihm künftig niemals mehr zwei Packsäcke gleichzeitig aufzuladen. Da dies technisch gar nicht machbar ist, bedankt sich der Esel für das Angebot und antwortet: „Wenn ich sowieso einen Sattel tragen muss, dann ist es mir gleichgültig, ob er von dir oder von den Feinden kommt." Dies lässt sich resignierend dahingehend kommentieren: Die Herren wechseln, die Herrschaft bleibt. Das Abfinden mit einer Herrschaft ist aber nicht nur resignativ, sondern häufig überdies bequem. Aus diesem Grund ist man auch heute mitunter gerne bereit, sich mit der Sorge um das zu begnügen, was einen selbst berührt.

Auch die Philosophen bleiben von den Gefährdungen der Macht und des bequemen Lebens nicht unbeeinflusst. Das zeigt sich auch an den Philosophen der griechischen Antike. Der Typ des griechischen Philosophen reichte von Gorgias, der mit seinen Reden große Zuschauermengen begeisterte und dabei gut verdiente, bis zu Diogenes, der bedürfnislos in einer Tonne lebte und von Alexander dem Großen nach seinem größten Wunsch gefragt antwortete: „Bitte, geh mir aus der Sonne." Das griechische Nachdenken anlässlich des Zerfalls der vorgegebenen Ordnung vollzog den Übergang vom Mythos zur Philosophie. Der Mensch erschloss sich die Gesetzlichkeiten der Natur und des Zusammenlebens durch eigene Erkenntnis. Untrennbar verbunden mit der Erfahrung der Machbarkeit und Veränderlichkeit ist die Verantwortlichkeit des Einzelnen für den Mitmenschen und die Gemeinschaft. Dies ist die griechische Mitgift für das moderne Europa.

Von der Kunst zur Kultur

Das Wort Kultur stammt nicht aus dem Griechischen, sondern aus dem Lateinischen. Kultur (*cultura*) ist zunächst die Pflege des Ackers und dann auch das „Beackern“ des geistigen Feldes. Der Mensch versucht in seiner schöpferischen Tätigkeit ein überschaubares Bild der Welt zu gestalten und die erlebte Welt zu überwinden, indem er sie durch das geschaffene Bild ersetzt. Neben der Philosophie und der Naturwissenschaft geschieht dies in der Dichtung, im Theater, in der Malerei und in der Bildhauerkunst. Kulturelle Werke dienen nicht nur der Selbstdarstellung, sondern hauptsächlich auch der Selbstreflexion ihrer Schöpfer und Betrachter.

Kultur ist immer etwas Zusammengesetztes. Sie steht zudem in vielfältigen Zusammenhängen und Bedingtheiten. Der wirtschaftliche Aspekt, das heißt, die Frage, was Kultur kosten darf, wird nicht erst im Hinblick auf die teilweise immensen Gagen von Intendanten, Dirigenten und Filmstars diskutiert. Auch die Debatte über das Thema, was Kultur leisten kann, ist keine spezifisch neuzeitliche, selbst wenn vielleicht die Fettecke von Beuys dazu besonders herausfordern mag. Was macht die Kunst des perikleischen Zeitalters von Athen für die Heutigen so interessant? Es ist wohl der Umstand, dass die Bürgerschaft zum ersten Mal in der Geschichte Mitsprache in politischen Dingen und Anteil an Entscheidungen erlangte und die Kunst diese Freiheit widerspiegelte. Es ist zudem, wie dies später der Philosoph Nietzsche ausdrückte, nie wieder so verschwenderisch, so maßlos gelebt worden, ausgenommen vielleicht in der modernen westlichen Welt. Die Notwendigkeit von Kompromissen machte nicht nur die Politik anmutiger, sondern förderte auch die Kultur.

Bretter, die die Welt bedeuten

Das Leben spielen, nicht an Beifall denkend

Einzelheiten der Geburt der Tragödie, nach der ursprünglichen Bedeutung ein „Gesang für den Wert einer Ziege“, sind unbekannt. Das griechische Theater steht in Zusammenhang mit dem Kult. Gespielt wurde am Fest der Großen Dionysien, das jährlich Ende März in Athen gefeiert wurde und fünf Tage dauerte. Es umfasste neben Prozessionen und Opferhandlungen auch Schauspiele, wobei die Tragödie mit dreitägigen Aufführungen den Schwerpunkt bildete. Es wurden drei Dichter mit je drei Tragödien und einem Satyrspiel zu dem dabei veranstalteten Wettbewerb zugelassen. Die Leitung der Aufführungen und ihre Finanzierung wurde einem Choregen (Chorleiter im altgriechischen Theater) übertragen. Sie fanden im Dionysos-Heiligtum am Fuß des Burgbergs von Athen statt. Akteure waren die Schauspieler, die im Lauf der Zeit auf drei erweitert wurden, und ein Chor von zwölf bis fünfzehn Bürgern. Die Schauspieler sind durch ihre Masken den Zuschauern und sich selbst entfremdet. Die Maske verwandelt ihre Träger. Der Maskierte spielt nicht nur eine Rolle; er wird in den Augen der Zuschauer vielmehr derjenige, den er darstellt. Seines Gesichtes ledig, darf er zudem sagen, was ihm sonst versagt ist. Dieser Eindruck wird später noch durch den *Kothurn*, den hohen Bühnenschuh, verstärkt, der seinen Träger übermenschlich erscheinen lässt, übermenschlich auch in seinem Leid. Es ist meist kein verschuldetes Leid, sondern unentrinnbares, beispielhaftes Schicksal, sinnlos und sinnerfüllt zugleich. Im Leid erfährt sich der Mensch selbst. Und er erkennt zugleich, wie dies der Maler James Ensor in seinem Bild „Selbstportrait mit Masken“ von 1899 dargestellt hat, die letzte aller Masken. Zwischen diesen taucht nämlich mehrfach der Totenkopf auf. Vor diesem letzten Akt rettet den Menschen auch die Kunst nicht, aber durch die Kunst rettet ihn sich das Leben.

Brocken von der Tafel Homers

Aischylos (525–456 v.Chr.) hatte bei Marathon gegen die Perser gekämpft. Der Sieg Athens und seiner Verbündeten gegen den übermächtigen Feind war selbst für diejenigen, die „dabei“ gewesen waren, nur schwer zu begreifen. Aischylos Tragödie „Die Perser“, die 472 v.Chr. den Preis gewann, verherrlicht den eigenen Sieg nicht. Das Leid der Angehörigen bleibt über Heldengräbern nicht namenlos: Die Umgekommenen sind Angehörige. Viele persische Frauen sind ihrer Söhne und Gatten beraubt. Junge Ehefrauen klagen vom Schmerz gepackt über ihre gefallenen, kürzlich erst angetrauten Männer. Es trauert das Haus um den Herrn. Die Eltern, deren Söhne ihr Leben lassen mussten, empfinden tiefen Schmerz. Der Chor teilt ihr Leid: „Auch ich klage von der Toten Los in aufrichtiger Trauer.“ Gleichwohl muss der Mensch Leid ertragen, wenn die Götter es schicken. Menschenleid trifft nun einmal die Sterblichen. Die Verantwortung für die Niederlage des persischen Heeres und der persischen Flotte trägt allein König Xerxes. Allerdings wird er dafür als gottgleicher Alleinherrscher nicht zur Rechenschaft gezogen: Auch nach einem Fehler braucht er dem Staat nicht zu haften, sondern herrscht weiter im Land. Bereits zu Beginn der Tragödie wird die persische Herrschaft mit der griechischen Freiheit verglichen: Zwei Frauen von makelloser Schönheit, Hellas und Persien, spannte Xerxes vor seinen Wagen und legte das Joch auf ihren Nacken. Die Perserin zeigte sich stolz auf diesen Schmuck und schwieg fügsam, den Zügel im Mund. Die Griechin bäumte sich auf, zerriss die Zügel mit ihren Händen, befreite sich mit Gewalt von ihrem Zaumzeug und zerbrach das Joch. Die Griechen sind keines Menschen Sklaven, sie sind auch keinem untertan. Sie genießen Redefreiheit. Gleichwohl gilt es, nicht überheblich zu sein. Die Gefallenen mahnen nicht nur die Perser, sondern alle Menschen, dass ein Mensch seinen Sinn nicht übers Maß heben soll. Nicht fremdes Gut begehrend soll er sein eigenes großes Glück des Augenblicks genießen. Denn es gibt, was auch die griechische Philosophie lehrt, einen Kreislauf der Menschendinge, durch dessen Umlauf nicht immer dieselben im Glück sind. Dies gilt nicht nur für den Einzelnen, sondern auch für Staatswesen.

Noch deutlicher wird der Bezug zur aktuellen Politik in den Eumeniden. Es handelt sich um den letzten Teil der Orestie, einer Trilogie. Thema ist der alte, auf dem Herrscherhaus der Atriden lastende Fluch. Die ersten beiden Stücke behandeln die Ermordung des aus Troja heimkehrenden Agamemnon durch seine Frau Klytaimnestra und ihren Geliebten Aigisthos und deren Bestrafung durch den Sohn, der seine Mutter tötet. Orestes ist der Ansicht, dass er den Muttermord mit vollem Recht beging, nämlich nach dem alten Recht des Auge um Auge, Zahn um Zahn, Leben um Leben. Die Erinnyen, furchtbare Rachegöttinnen aus dem Hades, verfolgen Orestes wegen seiner Tat. In den Eumeniden, den Wohlgesonnenen, rettet sich Orestes nach Athen und stellt sich dort einem Gericht. Die Tragödie wird zum Gerichtsverfahren. Die unvereinbaren Rechtsstandpunkte sind bekannt. Sie bleiben unangetastet. Zu schwierig ist der Fall, als dass ein Einzelrichter, gleich ob Mensch oder Gott ihn entscheiden könnte. Orestes kommt, von Apollon längst entsühnt, als um Schutz Flehender zur Göttin Athene, die jedoch einräumen muss, dass auch der Rechtsanspruch der Rachegöttinnen nicht zurückzuweisen ist. Aischylos scheint mit dem

Erinnyenchor auch optische Effekte verstärkt eingesetzt zu haben. Die Rachegöttinnen werden als schwarz, im Schlafe röchelnd, stinkend und mit triefenden Augen, ganz und gar abscheulich geschildert. Ihr Anblick soll so Ekel erregend gewesen sein, dass es bei den Zuschauern zu Erbrechen und bei Schwangeren sogar zu Früh- und Fehlgeburten gekommen sein soll.

Die Gegensätze scheinen auf der Ebene des Rechtes unüberbrückbar. Das bei Einrichtung des Gerichtshofs ausgegebene Motto, „Ehre den Altar des Rechts! Schänd ihn nicht!“ scheint unerfüllbar. Orestes leugnet die Tat nicht. Apollon plädiert unter Hinweis auf die neuen olympischen Götter, insbesondere seinen Vater Zeus, auf Freispruch. Die Rachegöttinnen fordern für den Muttermörder die althergebrachte Strafe. Die Richter gehen darauf zum Altar und werfen ihre Stimmsteine in die Urne. Nur Athene erklärt als Letzte offen, dass sie mit der Begründung, Gatten- und Muttermord wiegten gleich schwer, für Orestes votiert. Beim Richterspruch ergibt sich Stimmengleichheit. Orestes ist damit nicht verurteilt, sondern freigesprochen. Die Rachegöttinnen sind nicht besiegt. Der Urteilsspruch wird durch das Verfahren legitimiert. Die Rechtsansprüche selbst sind Sache der jeweiligen Partei und in diesem Sinn bis zu einem gewissen Grad parteiisch. Dies belegen die wechselseitigen Anschuldigungen während des Abstimmungsverfahrens. Athene selbst hatte den Bürgern von Athen vor dem Urteilsspruch empfohlen, weder furchtlos noch untertänig zu sein. Wer nämlich gar nichts fürchtet, achtet auch nicht das Recht. Hier stimmt sie mit den Erinnyen überein, die fragten: „Wer, gleich ob Staatswesen oder Einzelner, würde im Glanz des Glücks, wenn er sich vor nichts zu fürchten brauchte, noch Scheu vor dem Recht empfinden?“

Die Rachegöttinnen können sich mit der neuen Form der Rechtsfindung allerdings nicht anfreunden. Zu sehr fühlen sie sich als Verlierer im Rechtsstreit. Niedergerannt, aus der Hand geschlagen ist ihnen ihr altes Recht. Sie schnauben vor Wut, zeigen ihren tiefen Groll. Athene unternimmt mehrmals den Versuch, sie zu versöhnen. Erst nach dem vierten Angebot von Verehrung und Anbetung durch die Bewohner Athens willigen sie ein. Aus den Erinnyen werden die Eumeniden. Gesiegt haben nicht die Rechtsansprüche, sondern der Ausgleich. Ein Freudenzug jubelt deshalb: „Freut euch, freut euch im Glück und im Glanze des Reichtums!“ Gesiegt haben nicht die Gegensätze, sondern der Wille zum Kompromiss. Darum kann Athene die neue demokratische Ordnung preisen, die besser ist als die alten Ordnungen der Spartaner und Skythen. Gesiegt hat auch

Zeus Agoraios, der Gott der Versammlung, des politischen und rechtlichen Verfahrens. Der Sieg im politischen oder rechtlichen Streit wird durch die korrekte Einhaltung des Entscheidungsverfahrens legitimiert. Es ist der demokratische Rechtsstaat der im Prozessionszug auf der Bühne zum ersten Mal gefeiert wird. Seine Gefährdungen sind von Anfang an sichtbar. Der demokratische Rechtsstaat bedarf festgelegter Regeln, in denen Entscheidungen gefunden werden. Diese werden nämlich auch durch das angewandte Verfahren legitimiert. Zudem bedarf es weiterer Verfahren, in denen gefundene Entscheidungen auf ihre formale und inhaltliche Richtigkeit geprüft werden. Der Rechtsstaat gerät damit aber gleichzeitig in die Gefahr, zum Rechtsmittelstaat zu werden. Auch die sorgfältige Beachtung der Normen des Entscheidungsprozesses kann, wie das Beispiel der wütenden, in ihrem Rechtsgefühl verletzten Erinnyen zeigt, allein nicht zur Befriedung beitragen. Politischer Meinungskampf und Rechtshandel bedürfen deshalb bereits im Austrag der Mäßigung und auch nach einem Sieg der Versöhnung. Hier werden die Grenzen des Theaters fließend. Tragisches Spiel und politische Bühne werden somit eins. Die Wirklichkeit wird Spiel und das Spiel könnte jederzeit tragische Wirklichkeit werden.

Viel Ungeheures und nichts ungeheurer als der Mensch

Leben ist Last. Glückselig deshalb, wer niemals im Leben Leid gekostet. Sophokles (ca. 496–406 v. Chr.), aus dessen Werken, diese beiden Sätze stammen, stellt den Dialog in den Vordergrund seiner Werke. Ansatzpunkt sind vielfach bekannte Mythologien. Allerdings behandelt er das menschliche Einzelschicksal. Während es früher um die große Ordnung ging, die der Mensch hinzunehmen hat, ohne sie letztlich zu durchschauen, steht jetzt die Frage nach dem Sinn des Geschehens, nach dem richtigen Tun und nach der Lehre aus den Ereignissen der Vergangenheit im Mittelpunkt. Es ist der Einzelne, der als politisch Handelnder an Entscheidungsprozessen durch sein Wort und seine Stimmabgabe teilhat. In der etwa 441 v. Chr. uraufgeführten Antigone prallen ebenso wie in der Orestie nicht Recht und Unrecht aufeinander, sondern wiederum unterschiedliche Rechtsstandpunkte. Antigone will ihren Bruder Polyneikes bestatten, der im Kampf gegen die Stadt Theben gefallen ist. Dies hatte Kreon, König von Theben, aus Rache an dem früheren Feind unter Todesstrafe verboten. Antigone, die den Leichnam ihres Bruders mit Erde bedeckt und dabei ertappt wird, rechtfertigt ihr Tun unter Hinweis darauf, dass das Gebot Kreons nur Menschenwerk sei und zudem gegen das ungeschriebene, ewige und heilige Recht der Götter verstoße. Kreon muss sich auch von seinem eigenen Sohn Haimon, der mit Antigone verlobt ist, belehren lassen: „Sei doch nicht der Ansicht, bloß deine Meinung und sonst nichts ist richtig. Denn wer sich selbst allein für weise hält, wird bald als hohl erkannt. Es schändet nämlich auch den Weisen nicht, noch viel zu lernen, nichts zu überspannen."

Kreon hat sein Gesetz ohne Billigung der Volksversammlung erlassen. Auch insoweit kritisiert ihn sein Sohn: „Dies ist nicht die Meinung von Thebens Volk." Kreon erwidert: „Ja, soll die Stadt denn meine Herrschaft regeln? Für wen denn als für mich soll ich regieren." Haimon kontert sehr modern: „Staat ist das nicht, was eines Mannes ist." Kreon fragt: „Und nicht des Herrschers also ist der Staat?" Es folgt Haimons berühmter Ausspruch: „Alleinherrschaft ist gut Ding in der Wüste!" Der blinde Seher Teiresias fordert Kreon nochmals zur Umkehr auf: „Bedenke, wohl ist allen Menschen gemeinsam, dass sie Fehler begehen. Doch der ist nicht verblendet, der nach dem bösen Fall auf Änderung sinnt und nicht in Starrsinn verharrt. Doch Eigensinn macht blind und unbelehrbar. So folge meinem Rat! Quäl nicht den Toten! Welche Heldentat, den Toten nochmals töten!" Teiresias greift darauf noch deutlicher als Haimon die Alleinherrschaft unmittelbar an: „Die Fürstenzunft liebt schmählich nur die Macht." Die Einsicht Kreons kommt zu spät. Antigone hat sich an ihrem Schleiertuch erhängt, Haimon stürzt sich daraufhin in sein Schwert und Eurydike, die Gemahlin Kreons, nimmt sich das Leben. Kreon erfährt, dass das Los der Menschen wandelbar ist. Nie kann man jemanden glücklich oder elend nennen. Das Schicksal hebt und das Schicksal stürzt hinab. Und wenn die Freude dem Menschen entflieht, so kann man ihn nicht mehr zu den Lebenden zählen, lebend ist er eine Leiche. Kreon teilt somit das Schicksal seines über den Tod hinaus gehassten Feindes.

Antigone war mit ihrer Menschlichkeit allein geblieben. Ihre Schwester Ismene hatte eine Mithilfe abgelehnt: „Bedenke, Schwester, dass wir nur Frauen sind. Ich füg' mich denen, die am Ruder sind. Aufzubegehren hat doch keinen Sinn. Der Gewalt des Staates zu trotzen, hab ich nicht die Kraft." Antigone bezeichnet diese Argumente als Vorwand. Anders als Kreon erkennt Ismene zwar das Gebot der Menschlichkeit, handelt aber nicht danach. Ismene steht stellvertretend für die Mehrheit der Menschen, die im Angesicht von Unrecht zu allen Zeiten schweigen. Ismene unterliegt der bequemen Versuchung, möglichst wenig zur Kenntnis zu nehmen, das Gewissen ablenken zu lassen, wegzuschauen, zu schweigen. Man frage einmal die Opfer von Gewalttaten, was sie am meisten betroffen hat, die Grausamkeit der Täter oder die Gleichgültigkeit der Zuschauer. In einer Tragödie von Euripides heißt es dazu: „Nicht an der fehlenden Einsicht liegt es, wenn Menschen Fehler machen. Das Rechte sehen und wissen wir wohl. Doch handeln wir nicht danach, teils aus Trägheit, teils weil die Lust des schönen Augenblicks die gute Tat verdrängt." Die Gleichgültigkeit gegenüber dem Unrecht im Kleinen besteht im Wegschauen, wenn in vollen Vorortzügen Kindern von Jugendbanden Jacken weggenommen, Frauen sexuell belästigt und Einzelpersonen wegen ihrer Hautfarbe oder ihrer Gesinnung beleidigt oder misshandelt werden. Schuldgefühle kommen dabei kaum auf. Aber auch im Großen scheinen sich die Menschen beständig schuldlos zu fühlen. Schuld sind die Erziehung, das System, die Politiker, also stets die anderen. Die eigene Verantwortung wird dadurch immer weiter weggeschoben.

Antigone stellt sich dagegen der menschlichen Schuld. Sie ist die tragische Heldin in einer ebenso tragischen Welt. Sie kämpft nicht für ein Prinzip, sondern ist ein Beispiel dafür, dass sich Menschlichkeit an dem Verhalten gegenüber den Schwächeren, den Hilflosen und nicht zuletzt den Toten erweist. Hier entscheidet sich, ob der Mensch um seine Grenze, das heißt um seine Menschlichkeit weiß oder nicht. Antigone begeistert durch ihre unvernünftige Menschlichkeit. Ihr Weg, der in den Augen der Angepassten und Verständigen ein Weg der Torheit ist, ist ihren Lieben ein Weg der Liebe. Sie versteckt sich anders als Kreon und Ismene nicht hinter Prinzipien. Als (solchermaßen) ein „Mensch ohne Prinzipien" kann sie den Machthabern und Mitläufern zu allen Zeiten entgegen halten: „Nicht mitzuhassen, mitzulieben bin ich da."

Der Zuschauer auf der Bühne

Auf die Frage, wodurch der Dichter Bewunderung erwirbt, lässt der Komödiendichter Aristophanes „seinen" Euripides antworten: Durch Künstlertalent und moralischen Zweck sowie begeisterten Eifer, die Menschen im Staat zu bessern! Ihm entgegnet Aischylos: „Doch wie, wenn du das Entgegengesetzte bewirkt hast und Menschen, brav und bieder, in Bösewichter verwandelst. Was glaubst du, dafür zu verdienen?" Dionysos als Richter antwortet: „Den Tod! Wer wird da noch lange fragen?" Euripides (485–406 v. Chr.) war ein umstrittener Dichter. Aristophanes lässt ihn von sich selbst sagen, dass er die demokratische „Partei" vertrat. Er war gleichwohl kein Rebell, sondern eher ein Intellektueller. Er war mit Sokrates befreundet, besaß als einer der Ersten eine eigene Bibliothek und wurde wegen seiner philosophischen Neigungen als „Philosoph auf der Bühne" bezeichnet.

Der bereits bei Sophokles begonnene Prozess der Emanzipation des Einzelnen von göttlichen und weltlichen Mächten verstärkt sich bei Euripides. Ein neuer, von der Philosophie mitinitiierter Begriff bürgerlicher Verantwortlichkeit wird in Konturen sichtbar. Es ist der Moment, wo das Bewusstsein anfängt, Geschichte nicht nur zu erleben, sondern sich der Horizont für die eigene Mitverantwortung öffnet. Beispiele von der politischen „Bühne" sind der Philosoph Sokrates und die Priesterin Theano, welche einem Volksbeschluss den Gehorsam versagte, demzufolge sie den Politiker Alkibiades verfluchen sollte. Sie sei für Gebete, nicht für Verfluchungen da, begründete sie ihre Weigerung. Das Infragestellen von bestehenden Einrichtungen stößt zunächst auf Ablehnung. Auch Euripides, der in seinem Hippolytos eine athenische Königin, Phaidra, vorführte, die von so starkem Begehren zu ihrem Stiefsohn befallen war, dass sie sich ihm anbot, wurde „ausgepfiffen". Eine „entschärfte" Fassung mit einer von Aphrodite und ihrer Amme verführten Phaidra, statt einer selbst verführenden, war besser vermittelbar. Gleichwohl blieben Frauen in den Tragödien von Euripides tragische Heldinnen: Sie sind es, die für Eifersucht, Streit und Verbrechen bis zum Krieg verantwortlich sind: Gäbe es andere Geburt ganz ohne die Frau, wie glücklich wäre das Leben. Die Menschen sollten in freien Häusern leben ohne Frau. Glücklich, wenn eine graue Maus, ein unscheinbares, einfältiges Weib ins Haus gezogen ist. Nur keine kluge, intelligente Frau! Den schlechten Sinn pflanzt Aphrodite eher in die Klugen; eine dumme Frau bleibt durch die Einfalt von dem Laster fern. Jene sei verflucht, die erstmals Ehebruch mit fremden Männern trieb. Aus Fürstenhäusern brach dies Treiben auf und brachte Unheil auf die Frauen; denn dulden schon die Großen solchen Schimpf, so nennt auch die Masse bald das schlechte Treiben gut. Es klingt fast wie ein Bekenntnis des Dichters, wenn er den von Phaidra umgarnten Hippolytos sagen lässt: „Nie wird mein Herz des Weiberhasses satt. Sie sind und bleiben eine schlimme Brut." Aber einige Szenen später fragt er schon: „Ist wirklich Unvernunft den Männern fremd, den Frauen nur bekannt? Liebe, wenn sie in Stürmen weht, verwirrt auch sie." Nur lieben und hassen Männer nicht so abgrundtief wie Frauen. Da ist Alkestis, die als Einzige für ihren Gatten freiwillig in den Tod geht, Phaidra, die ein Spielball ihrer Begierden ist, Medeia, die sich durch die Ermordung ihrer eigenen Kinder für die Untreue ihres Partners rächt, Andromache, die Gattin Hektors, der die Griechen ihr Kind aus den Armen reißen und ermorden, und schließlich Helena, die Meisterin des Ehebruchs, wegen deren Trugbild der fürchterliche Trojanische Krieg geführt wurde.

Der Mensch also als Spielball der Götter? Ja, denn es wechseln des Glückes Launen her und hin und keiner hat es selbst in der Hand. Kein Sterblicher kennt das Glück. Aber nicht nur die Menschen, auch die Götter irren. Der Mensch wird zum Spielball der Götter in einem auch von diesen nicht mehr durchschauten Spiel. Und am Ende bleibt ihm nichts. Oder mit den Worten von Andromache: Mir schwand das Letzte, das dem Menschen bleibt, die Hoffnung. Auch die Verhältnisse in Athen werden undurchschaubar. Euripides flieht nach Makedonien, wo er stirbt. Sein Konkurrent Sophokles, der mit der neuen Richtung nicht viel gemein hatte, legt Trauerkleider an und lässt bei den nächsten Feiern Chor und Schauspieler zum Zeichen der Trauer ohne festlichen Kranz einziehen. Sophokles selbst stirbt nur wenige Monate später. Die Zeit der Tragödie war vorbei. Die attische Welt war nach der Vernichtung der Flotte und des Landheeres bei der sizilianischen Expedition und den wechselhaften und verlustreichen Kämpfen gegen Sparta selbst zur Tragödie geworden. Die Zuschauer waren (unfreiwillig) selbst zu Akteuren des tragischen Geschehens geworden. Das Publikum wollte deshalb im Theater etwas anderes sehen. Wenn die Welt selbst eine Tragödie ist, wollen die Menschen amüsiert werden. Unterhaltung war deshalb angesagt.

Wahrheit und Recht verficht auch die Komödie

Die Unwirklichkeit des Wirklichen

Während mit dem Ende des Peloponnesischen Krieges und dem mit ihm verbundenen Zwangsfrieden Athens mit Sparta (404 v.Chr.) die tragische Dichtung zu Ende ging, blieb die Komödie bestehen. Ihr gehörte der zweite Tag der großen Dionysien. Die Schauspieler tragen bei der Vorführung meist groteske Masken und sind nicht selten bei derben Anspielungen mit einem überdimensionalen Phallus kostümiert. Beliebt sind auch Tierchöre. Behandelt werden zunächst vorwiegend aktuelle politische Themen. Neun der elf erhaltenen Komödien des Aristophanes (ca. 445–388 v.Chr.)

spiegeln die verschiedenen Phasen des Krieges wider, den Athen bis 404 v.Chr. mit Sparta und dessen Verbündeten ausfocht. Während den Helden der Tragödie stets die den Menschen gesetzten Grenzen vor Augen geführt werden, durchbrechen die Helden der Komödie ständig den Rahmen des Möglichen. Die normale Welt wird auf den Kopf gestellt und wird so zur phantastischen: Die Frauen herrschen, die politischen Führer sind Narren, die Jungen belehren die Alten und Utopien werden zur Realität.

In den Acharnern (425 v.Chr.) haben jedenfalls die einfachen Leute, die auch tatsächlich von den Verwüstungen der Spartaner am härtesten betroffen waren, nach sechs Jahren Krieg die Nase voll. Sie wollen Friedenswein trinken und Schild und Spieß in den Rauch hängen. Deshalb vereinbaren sie einen Privatfrieden. Gleichzeitig werden die am Krieg Schuldigen angeprangert. Es sind die Ämterjäger und Profiteure, die sich auf Kosten der braven Bürger ein schönes Leben machen. Nach dem militärischen Desaster der sizilianischen Expedition wird in der Komödie Lysistrate (411 v.Chr.), der „Heerauflöserin", klar, dass allein die Männer schuld am Krieg und der Katastrophe sind. Die Frauen beschließen, ihren Männern den Beischlaf zu verweigern, um sie durch diese sexuelle Erpressung zum Frieden zu zwingen: „Wir sitzen hübsch geputzt daheim, wir gehen halbentblößt, mit glattrasiertem Schoß vorbei an ihnen: Die Männer werden geil, möchten gern, wir aber kommen nicht. Sie machen Frieden und bald!" Athenische und spartanische Unterhändler kommen zusammen und versuchen vergeblich, ihre Erektionen mit dem Mantel zu bedecken. Lysistrate tritt als Schlichterin auf. Ihre, modern ausgedrückt, Mediationstechnik ist ungewöhnlich. Sie befiehlt nämlich ihrer Begleiterin, den Spartaner und den Athener am Schweif zusammenzuführen und neben sich zu stellen. Die Spannungen zwischen Athen und Sparta werden dem Diktat des Triebes folgend von den Männern rasch beigelegt. Es folgt eine Friedensfeier mit dem Abbau der persönlichen Verspannungen der zum Frieden gezwungenen Männer. Die Darstellung der weiblichen Erpressung, die – nicht anders als heute – sexuelle Anspielungen gezielt einsetzt, um den Zuschauer zu interessieren, lässt in einer von politischen und kriegerischen Auseinandersetzungen geprägten Männerwelt eine Gegenwelt entstehen, die die Realität als die eigentliche Komödie entlarvt.

Der Spiegel des Menschseins

Die Komödie ist aber auch – ähnlich wie der Karneval – Ventil für die Masse, um ihren Unwillen über die große Politik und die weltlichen und kirchlichen Autoritäten kundzutun: „Schlechte Bürger zu verspotten ist gewiss nicht tadelnswert, Hohn auf sie ist Lob der Guten, wenn man es recht bedenkt." Angeprangert wird vor allem die Bestechlichkeit von mächtigen Politikern. Aber auch platte Angriffe gegen Intellektuelle scheinen mit großem Beifall bedacht worden zu sein. Die Angriffe auf Sokrates in den „Wolken", in denen einer seiner Schüler den eigenen Vater schlägt und ihm darauf noch beweist, dass es rechtens sei, nicht nur ihn, sondern auch die Mutter zu verprügeln, gleichen in fataler Weise dem Anklagevorwurf, Sokrates verführe die Jugend.

Die Komödie löst sich bald und nicht zu ihrem Schaden immer mehr von der Politik. Bei Menander (ca. 342–292 v. Chr.) wird sie zum Lustspiel. Er bietet Charakterstudien. Der „Schwierige" vereinigt noch beide Stränge. Knemon zieht sich aus der Welt zurück, die er als schlecht ansieht: „Ja, wenn alle anständig wären, bräuchte man keine Gerichte, keiner sperrte dann den anderen ins Gefängnis, nie gäb's Krieg auf Erden, jeder hätte seinen Teil und fände sich damit ab. Aber ihr wollt's ja so haben, wie's jetzt ist – macht nur weiter so!" Die zeitgenössische Komödie handelt von Verwicklungen, die menschlich, allzu menschlich sind. Kein Stück ist ohne Liebesverwicklungen. Stets gibt es ein Happy End. Im „Schiedsgericht" stört zunächst die Geburt eines vermeintlich außerehelichen Kindes den Familienfrieden, aber nur, weil die Betroffenen aus falsch verstandener Scham nicht miteinander reden. Der Ehemann ist nicht Opfer eines Seitensprunges seiner Frau, sondern selbst der „Täter". Die Darstellung menschlicher Verhaltensweisen in der Vermischung der Täter- und Opferrolle, von Verletzen und Verletztwerden, machte das Lustspiel zum Spiegel des Menschseins. Anders als die Tragödie war es von dem Zwang befreit, Erklärung zu sein.

Die Ästhetik des Leids und des Lachens hat das Schauspiel bis in die Neuzeit beeinflusst. Das griechische Theater hat jedoch auch bereits die Frage aufgeworfen, was die Kunst darf. Die oligarchische Hetze gegen Sokrates und Euripides erzeugte unter dem Deckmantel der Meinungsfreiheit ein Klima der Intoleranz. Darf die Freiheit der Kunst als Rechtfertigung für Angriffe gegen Minderheiten und Andersdenkende dienen? Ist es wirklich Kunst, wenn zur Vernichtung politischer Gegner aufgerufen wird und Polizisten als Bullen beschimpft werden? Darf man ungestraft Personen, nur weil sie im öffentlichen Leben stehen, als Faschisten titulieren? Wird Kunst, wenn man sie mit den ihr eigenen Maßstäben misst, maßstablos? Ist es einschaltenswert, wenn in Fernsehsendungen Personen über Perversitäten aus ihrem Intimleben berichten? Muss in Kriminal- und Actionfilmen wirklich gezeigt werden, wie Menschen gefoltert und bei lebendigem Leibe zerstückelt werden? Muss zu klassischer Musik von Bach das Hirn eines lebenden Menschen direkt aus seinem Schädel serviert werden? Der Schrecken mag menschlich sein und Perversitäten mögen zum Leben gehören. Wenn Kunst jedoch allein darauf abzielt, ist es berechtigt, einmal über die Grenzen der Freiheit der Kunst nachzudenken. Es scheint so, als ob die Kunst derzeit an ihrer Funktionslosigkeit leidet. Sie hat nichts mehr mitzuteilen, wie dies der Lyriker Günter Kunert bereits festgestellt hat. Vielleicht leidet sie auch an ihrem Publikum. Für dieses wäre es endlich an der Zeit, gesittet pfui zu sagen, wenn der sauberen Herren Pfuscherei zur Maxime wird.

Das griechische Schauspiel war tragisch, romantisch und machte betroffen. Es war nicht frei von erotischen Komponenten und Verstrickungen, gehören doch auch sie zum menschlichen Leben. Die unter dem Deckmantel der Kunst betriebene Hetze gegen Einzelne und Gruppen blieb jedoch auf Ausnahmen beschränkt. Durch darstellerische Effekte, aber auch durch feine Anspielungen, durch Sprachkunst und durch eine dramatische Handlung rührte das Schauspiel die Zuschauer an, wie dies Goethe im Faust in seinem Vorspiel auf dem Theater formuliert hat: „So schreitet in dem engen Bretterhaus den ganzen Kreis der Schöpfung aus.“ Theater also als Spiel des Lebens. Das Leben umgekehrt lediglich ein Spiel?

Marmor in sinnlicher Vollendung

Huldigung an die Schönheit

Sie war nackt und wunderschön. Und er verliebte sich sofort in sie, als er sie zum ersten Mal unbekleidet sah. Es geschah, als sie sich zum Bad entkleidete. Sie hatte ihr Gewand abgelegt. Ihr Körper war von unwiderstehlicher Perfektion: die Wölbung der Schultern, der feste Busen, die wohlgeformten Hüften und die langen schlanken Beine. Ihre leicht gebückte Haltung ließ einen Blick auf ihr reizvolles Gesäß zu. Mit einer Geste provozierender Schüchternheit bedeckte sie ihre Scham. Die Hand ließ allerdings dennoch einen Blick auf das Dreieck im Schnittpunkt ihrer Schenkel zu. „Welch unbeschreiblich süßes Lächeln haben sie“, bemerkte ein Mitbewunderer zu dem intimen Anblick. Der junge Mann selbst fühlte sich wie Paris, der als Schiedsrichter über die Schönheit der drei Göttinnen Hera, Athene und Aphrodite befohlen hatte: „Nackt will ich die Frauen sehen." Nachdem die Göttinnen seinem männlichen Befehl gefolgt waren, rief er staunend: „Was für ein Anblick, welche Schönheit, welche Wonne! Ich weiß nicht mehr, worauf ich schauen soll, weil meine Blicke, lasse ich sie herumschweifen, überall gefesselt werden." Wie dem Königssohn Paris so zitterten auch dem Betrachter in unserer Geschichte die Knie. Seine Augen suchten ihren Blick, der in ziellose Ferne schweifte und ihn dennoch unwiderstehlich anzog. Es war wie das Atemholen vor einer Liebeserklärung. Er fühlte brennende Sehnsucht, die ihn verzehren und zur Sucht werden konnte. Er schlich sich des Nachts zu seiner Angebeteten. Er wollte sich mit ihr vereinigen, sie, wenn auch nur kurz, ganz besitzen. Doch das konnte nicht gelingen. An einem ihrer Schenkel hinterließ seine Leidenschaft Spuren.

Die Schöne zeigte ihrem Betrachter alles, doch sie lieferte sich nicht aus. Je länger man die wunderbare Statue anschaute, desto mehr überkam einen das Gefühl des Schmerzes darüber, dass sich eine so vollendete Schönheit mit völliger Gefühllosigkeit verbinden konnte. Ihre Liebhaber waren nur zu bedauern. War sie nicht Sinnbild der ewigen Verführerin? Zeigte sie den Männern nicht ihren Körper, den sie sehen wollten, aber niemals besitzen würden? Ihre Lippen waren leicht geöffnet zu einem geringschätzigen, eher ironischen Lächeln. Schärfer kann eine Zurückweisung wohl nicht sein.

Sie war bereits in der antiken Welt eine Skandalfigur. Der Bildhauer Praxiteles, ein Zeitgenosse Platons, hatte sie im Auftrag der Bewohner der Insel Kos geschaffen. Modell soll seine Geliebte gestanden haben, die Kurtisane Phryne. Der erste weibliche Akt der griechischen Plastik wurde von den Auftraggebern jedoch abgelehnt. Sie wollten eine weniger sinnliche und mehr bekleidete Statue. Die nackte Göttin wurde daraufhin von den Bürgern von Knidos erworben. Sie errichteten ihr sogar über den beiden Häfen einen eigenen Tempel, der einen vorder- und einen rückseitigen Zugang hatte, damit man die Schönheit der Aphrodite von Knidos von allen Seiten bestaunen konnte. Touristen besuchten bereits im Altertum Knidos, um die Plastik zu bewundern. Auch die Göttin Aphrodite soll ihr eigenes Standbild von allen Seiten betrachtet und dann verwundert ausgerufen haben: „Wo hat mich Praxiteles je nackt gesehen?"

Ein Bewunderer der Götterstatue war auch der geschilderte junge Mann. Von diesem wird berichtet, er habe sich nachts mit dem Abbild von Aphrodite im Tempel einschließen lassen. Ein verräterischer Fleck auf dem reinen Marmor, den manche Besucher freilich für einen Fehler im Stein hielten, zeugt von den Spuren seiner Leidenschaft. Nach seiner Tat soll er sich selbst in das Meer gestürzt haben, aus dem Aphrodite geboren worden war. Einmal in die Welt getreten, war das realistische und sinnliche Abbild einer nackten Frau aus ihr nicht mehr wegzudenken, vereinigte es doch die Schönheit in doppelter Weise: Zum einen in der Form der vollendeten griechischen Plastik und zum anderen in einer Huldigung an den weiblichen Körper. Vergleicht man damit die Erotik moderner Fernsehfilme, hat diese mit der Erotik der antiken griechischen Skulptur ebenso viel gemeinsam wie ein Mickymausfilm mit einer griechischen Tragödie.

Die Normen des Schönen

Die griechische Skulptur war stets Huldigung an die Schönheit und damit in vielen Fällen auch an die Liebe und Erotik gewesen. Sie war zudem mit dem Tempelbau verbunden und damit gleichzeitig politisches Bildprogramm. In der Architektur wurde gleichsam experimentierend eine Syntax und Formenlehre der Baukunst geschaffen, die seit dem 6. Jahrhundert v. Chr. in die dorische, ionische und korinthische Ordnung zerfiel. Das Heraion in Olympia, der Apollontempel in Korinth, der Zeustempel in Olympia und der Parthenon auf der Akropolis in Athen sind eindrucksvolle Beispiele griechischer Baukunst. Die beiden letztgenannten Tempel, die wohl berühmtesten des griechischen Mutterlandes, erbaut im strengen dorischen Stil, bargen Kultbilder aus der Hand des Bildhauers Phidias. Die Planung des Parthenon und sein Grundriss scheinen sogar von der in ihm aufgestellten Statue, dem Goldelfenbeinbild der Athena Parthenos auszugehen. Neben dem Kunstwerk selbst erlangt auch der Künstler Bedeutung. Er kann sich für die Zukunft unsterblichen Ruhm und für sein Leben teilweise sogar Wohlstand erhoffen.

Schönheit ist unvergänglich, der Begriff des Schönen nicht. Die Normen des Schönen sind deshalb wandelbar. Allerdings werden sich stets in einer bestimmten Zeit vorherrschende Ansichten von Kunst herausbilden. Der Bildhauer Polyklet, dessen berühmtestes Werk ein Speerträger (*doryphoros*) ist, legt im 5. Jahrhundert v. Chr. einen Kanon, eine Richtschnur, nieder, worin er die richtigen Proportionen für eine Plastik angab. Demnach hat die Länge des Kopfes siebenmal in der Gesamthöhe des Körpers enthalten zu sein, zweimal in der Länge der Beine, in der Höhe der Büste und in der Breite der Schultern. Der Diskuswerfer von Myron entspricht diesem Ideal. Gezeigt wird ein nackter Diskuswerfer kurz vor dem Abwurf der Scheibe. Auch der berühmte Wagenlenker von Delphi, eine der wenigen erhaltenen Bronzestatuen, ist ein Beispiel des strengen Stils. Die hohe, mit einem langen, gegürteten Chiton bekleidete Gestalt wird von einem kugelförmigen Haupt mit zahlreichen Ringellöckchen gekrönt. Die Schlichtheit der Darstellung strahlt Ruhe und Siegesentschlossenheit aus. Der dargestellte Kanon, der für die Kunstwerke der Frühklassik maßgebend war, ändert sich später: Der Körper wird schlanker und der Kopf stellt nur mehr ein Achtel der Gesamtgröße dar.

Die Norm bestimmte zwar die Form, aber sie wirkte bei den Griechen nicht schwerfällig, sondern anmutig. Die ersten Plastiken zeigten vorwiegend männliche Athleten, die nackt an Wettbewerben teilnahmen, kriegerische Auseinandersetzungen, Götterbilder und Szenen aus der Mythologie. Stets standen Menschen im Mittelpunkt, auch soweit Götter dargestellt wurden. Die Götter wurden Menschen. Und wurden nicht für das Vaterland kämpfende, teilweise sogar ihr Leben hingebende Bürger und siegreiche Athleten auch göttlich? Frauen kamen zunächst nur vereinzelt als verehrungswürdige Göttinnen und kriegerische Amazonen vor. Nach dem Ende der persischen Bedrohung ändert sich im letzten Drittel des 5. Jahrhunderts v. Chr. die Darstellung. Sie zeugt von dem neuen Selbstbewusstsein der siegreichen Griechen. Phidias, ein Freund des athenischen Politikers Perikles, Polyklet, der vor allem Menschenbilder schuf, und der Schöpfer der knidischen Aphrodite, Praxiteles, dessen Schwerpunkt Götterbilder waren, prägten mehrere Künstlergenerationen.

Während sich früher attische Künstler gegenüber der weiblichen Nacktheit eher zurückhaltend zeigten und über die spartanischen Mädchen schockiert waren, die beim sportlichen Wettkampf ihre Oberschenkel zeigten, wandelt sich das Verhältnis zum weiblichen Körper und damit auch zur Darstellung von Anmut, Leidenschaft und Erotik. Die verletzte Amazone von Phidias, bekleidet mit einem kurzen Chiton, der die linke Brust freilässt, drückt Hilflosigkeit, aber auch anmutige Schönheit aus. Dagegen weist die polykletische Amazone, die im Wettbewerb in Ephesos den Siegespreis erhielt, kraftvolle männliche Körperformen auf. Sie reißt sich das Gewand auf, ihre rechte Brust ist sichtbar. Später schafft der Bildhauer Kresilas die wohl anmutigste Amazone, deren beide Brüste entblößt sind und deren Kleidung ihren Körper modelliert. Das sinnliche Empfinden des weiblichen Körpers schließt auch verwundete Kriegerinnen ein. Siegesgöttinnen und Koren, als Säulen dienende Frauen, tragen Gewänder aus dünnem, durchsichtigen Peplosstoff, der die Körperformen durchscheinen lässt. Nackte Schultern, unbedeckte Beine, ganz oder teilweise entblößte Brüste sowie der an den Körper gepresste dünne Stoff lassen eine neue Sinnlichkeit, die sich mit der Schönheit paart, erkennen. Gewänder dienen nicht mehr als Schmuck des weiblichen Körpers, sondern zu seiner Entblößung. Göttinen und Kriegerinnen werden als Frauen empfunden und Frauen werden in ihrer erotischen Ausstrahlung gesehen. Die völlig nackte Aphrodite von Knidos und die bereits vorher von Timetheos geschaffene Leda, die sich, den Schwan im Arm und bereits halb nackt, in einer hingebungsvollen Geste ihres Gewandes entledigt, das ohnehin nichts mehr verhüllt, sind Beispiele einer Kunst, die die Sinn des Betrachters in ihren Bann zieht. Zu sterben, ohne diese Kunstwerke gesehen zu haben, ist ein Unglück, hieß es noch ein halbes Jahrtausend später.

Kunstgenuss trotz Leid?

Die Frage, ob Kunst, Schönheit und Sinnlichkeit angesichts vieler Missstände auf der Welt genossen werden dürfen, stellte sich für die Antike nicht. Ist es heute noch zulässig, sich an schönen Dingen zu erfreuen, wenn es anderen schlecht geht? Wodurch ist es zu rechtfertigen, Geld für ein Kunstwerk auszugeben, wenn dafür ein Waisenhaus in einem Entwicklungsland Lebensmittel für einen Monat einkaufen könnte? Ist die in der Antike so selbstverständliche Freude am Schönen gegenwärtig nur noch um den Preis eines schlechten Gewissens möglich? Wer genießt, staunt und bewundert, der sündigt jedenfalls nicht. Er richtet zumindest nichts Schlimmes an und schädigt unmittelbar niemanden. Aber genügt dies als Rechtfertigung?

Das Recht auf individuelles Glück ist immer ungerecht. Vor den großen Themen der sozialen Gerechtigkeit, der Gleichheit, des Friedens, der Solidarität, der Arbeit und der Verantwortung wird es nie bestehen können. Es gehört gleichwohl zum Leben. Die Sinne und damit auch die Sinnlichkeit sind Teil des Menschen. Sie bedürfen der Kunst, zu der auch die Kunst des rechten Maßes gehört, wie die griechischen Bildhauer gelehrt haben. Eine Freude an Schönem ohne Reue ist deshalb auch angesichts des Leids in der Welt nicht von vornherein mit einem moralischen Verdikt versehen. Ein Genuss mit schlechtem Gewissen wäre kein Genuss mehr. Und – was schlimmer ist – das Schöne würde zudem seine Anmut verlieren.

Das ewige Rom

Rom als Idee und Wirklichkeit

Bürger von jenem Rom

„Sieh unsere Stadt, wie groß sie sich in der Runde weitet ..." Für den Dichter Dante Alighieri steht das „ewige Rom" als Sinnbild der menschlichen Gemeinschaft, es ist die Stadt, in der Christus Bürger ist. Rom ist mehr als der Name einer Stadt. In ihm lebt die Erinnerung an das Römische Reich, das in der Antike den europäischen Erdkreis umfasste, das mit den byzantinischen Kaisern und in Westeuropa im Heiligen Römischen Reich Deutscher Nation andauerte und noch heute in der römischen, den ganzen Erdkreis umfassenden Weltkirche weiterlebt. Auch Moskau beanspruchte seit der Mitte des 15. Jahrhunderts, Nachfolgerin Roms zu sein. So schrieb Philotheos von Pskow an den Großfürsten Vasilij III.: „... zwei Rome sind gefallen, aber das dritte steht, und ein weiteres wird es nicht geben."

Auch nach dem Ende des Römischen Reiches lebt die Romidee weiter. Rom und seine selbst ernannten Epigonen verstehen sich als Mittelpunkt der Welt und als Ordnungsmacht des Kosmos. Rom steht als Synonym für eine humane Kultur, die auf den Gedanken der Freiheit, Rechtsgleichheit und sozialen Sicherheit aufbaut. Gleichzeitig ist es – wie Babylon – Symbol für Prunksucht und Machtmissbrauch, Intrigen und Sittenlosigkeit. Größe und Glanz, Verfall und Dekadenz stehen nicht nur dicht nebeneinander, sondern bedingen sich im gewissen Sinn sogar wechselseitig.

In beiden Funktionen, als Vor- und Schreckensbild, repräsentiert Rom den Kosmos. Darum hat es auch an seiner Ewigkeit, der Ewigkeit von Leben und Tod teil. Johann Wolfgang v. Goethe gibt seine Empfindungen bei seinem Abschied von Rom folgendermaßen wieder: „Diese Hauptstadt der Welt, deren Bürger ich eine Zeit lang gewesen bin, ... gibt ein Gefühl, das sich durch Worte nicht überliefern läßt. Niemand vermag es zu theilen, als wer es empfunden." Goethes Eindruck von Rom können auch heutige Urlauber bestätigen. In Rom ist die Vergangenheit nicht tot – sie ist noch nicht einmal vergangen.

Vom Schmelztiegel zur Großmacht

Stadtgründung mit Brudermord

„7–5–3, Rom schlüpft aus dem Ei." Dieser Lernspruch für den Schulunterricht gibt das traditionelle Gründungsdatum Roms an. Nach der Sage beschlossen die von ihrem grausamen Großonkel ausgesetzten, aus königlichem Geschlecht stammenden und von einer Wölfin großgezogenen Zwillinge Romulus und Remus, eine Stadt zu gründen. Ihre Pläne wurden aber – wie der Chronist berichtet – von dem in der Familie vorherrschenden Laster, der Herrschsucht, überschattet. Und so entstand aus einem viel versprechenden Anfang ein unheilvoller Zweikampf. Da das Recht der Erstgeburt keinen Ausschlag geben konnte, sollte durch ein göttliches Zeichen entschieden werden, wer die neue Stadt nach sich benennen und über sie herrschen dürfe. Die Brüder begaben sich auf unterschiedliche Anhöhen, um den Vogelflug zu beobachten, Romulus auf den Palatin, Remus auf den Aventin. Zunächst war Remus das Glück hold; ihm erschienen sechs Geier. Als aber dieses Ereignis bereits verkündet war, zeigte sich für Romulus die doppelte Anzahl. Sogleich entstand eine Debatte: Die einen leiteten den Herrschaftsanspruch aus dem früheren Zeitpunkt ab, die anderen aus der doppelten Anzahl der Vögel. Der Meinungsstreit wurde zum Handgemenge. Dabei wurde Remus tödlich verwundet. Verbreiteter ist allerdings die Sage, Remus sei, um seinen Bruder zu verhöhnen, über die zunächst lediglich durch eine Rinne gekennzeichnete symbolische Stadtmauer gesprungen. Daraufhin sei er von Romulus im Streit erschlagen worden. Der habe erregt noch hinzugefügt: „So soll es jedem ergehen, der über meine Stadtmauer springt."

Romulus als erster Stadtvater behandelte sodann die kultischen Angelegenheiten nach dem Vorbild der nahe gelegenen Stadt Alba Longa sowie der griechischen Ansiedlungen. Von den benachbarten Etruskern übernahm er die Einrichtung der staatlichen Amtsdiener (*Liktoren*), den Amtsstuhl und die purpurverbrämte Toga als Amtskleidung der Beamten. Nach altem Brauch von Städtegründern richtete er einen Asylplatz ein, um, wie der römische Geschichtsschreiber Livius berichtet, Verdächtige und niedrig geborene Elemente herbeizurufen. Dies war erfolgreich. Zahlreiche Männer, die auf eine Änderung ihrer Lebensumstände bedacht waren, sollen sich nach Rom begeben haben, und zwar ohne Unterschied, ob freier oder unfreier Geburt. Der Wolf, das Wahrzeichen Roms, war in der Antike sogar geradezu das Symboltier der Flüchtigen, Verbannten und Ausgestoßenen.

Das kleine Dorf am Tiber, in einem von Latinern besiedelten Gebiet, war von der Besetzung Süditaliens durch die Griechen und der Einwanderung der Etrusker betroffen, die wohl auch für die Stadterhebung verantwortlich sind. Rom war wie auch andere Weltmetropolen, zum Beispiel New York, ein Schmelztiegel mit Bewohnern von unterschiedlicher Herkunft. Die spätere Geschichtsschreibung unter den römischen Kaisern versuchte zwar, die Eigenständigkeit der Gründung Roms zu betonen. Dagegen hatte sie keine Bedenken, die Zusammensetzung der Bevölkerung zuzugeben und die Übernahme der wichtigsten staatlichen Institutionen von fremden Vorbildern einzuräumen. Carl Zuckmayer lässt in seinem Drama „Des Teufels General" seinen Helden General Harras über die Rassenforschung im Dritten Reich Folgendes sagen: „Und jetzt stellen Sie sich doch mal Ihre Ahnenreihe vor – seit Christi Geburt. Da war ein römischer Feldhauptmann, ein schwarzer Herr, braun wie 'ne reife Olive, der hat einem blonden Mädchen Latein beigebracht. Und dann kam ein jüdischer Gewürzhändler in die Familie, das war ein ernster Mensch, der ist noch vor der Heirat Christ geworden und hat die katholische Haustradition begründet. – Und dann kam ein griechischer Arzt dazu, oder ein keltischer Legionär, ein graubündner Landsknecht, ein schwedischer Reiter, ein Soldat Napoleons, ein desertierter Kosak, ein Schwarzwälder Flößer, ein wandernder Müllersbursch vom Elsass, ein dicker Schiffer aus Holland, ein Magyar, ein Pandur, ein Offizier aus Wien, ein französischer Schauspieler, ein böhmischer Musikant – das hat alles am Rhein gelebt, gerauft, gesoffen und gesungen und Kinder gezeugt – und – und der Goethe, der kam aus demselben Topf, und der Beethoven, und der Gutenberg, und der Matthias Grünewald und – ach was, schau im Lexikon nach. Es waren die Besten, mein Lieber! Die Besten der Welt! Und warum? Weil sich die Völker dort vermischt haben. Vermischt – wie die Wasser aus Quellen und Bächen und Flüssen, damit sie zu einem großen, lebendigen Strom zusammenrinnen. Vom Rhein – das heißt: vom Abendland." Auf Rom angewandt heißt dies: „Vom Tiber – das heißt: vom Abendland."

Heute wird dagegen das Verhältnis zum Fremden teilweise zu eng gesehen. Dies zeigt auch die Diskussion um eine angeblich deutsche Leitkultur. Die Isolierung des spezifisch Deutschen in der Kultur Deutschlands muss bereits wegen ihrer Verflechtung mit den anderen Kulturen Europas scheitern. Umgekehrt beruht die Ansicht, dass das Nachdenken über eine europäische Leitkultur bereits deshalb verwerflich sei, weil die europäische Geschichte auch durch eine Abfolge fürchterlicher Verbrechen wie zum Beispiel die Kreuzzüge, die Inquisition, den Kolonialismus, den Sklavenhandel und die Besiedlung Amerikas stigmatisiert sei, auf einer umgekehrten, aber ähnlichen Verengung des Blickwinkels. Die Suche nach der eigenen Identität muss nämlich nicht von einer ethnischen oder nationalen Überordnung der Beziehung zu Fremden ausgehen. Wie das Beispiel des American way of life zeigt, muss sie nicht zur Verneinung kultureller Vielfalt führen. Ein Konsens über Werte und Normen der eigenen Kultur bedeutet keine Abschottung gegen das Fremde. Kultur entsteht und entwickelt sich im Austausch. Dieser funktioniert nicht nach den Regeln des freien Warenverkehrs, sondern setzt die Kenntnis der eigenen Identität mit ihren Licht- und Schattenseiten voraus. Dies mag einer Großmacht, wie die Beispiele des antiken Rom und der modernen USA zeigen, leichter fallen als einer Nation, die noch mit der Bewältigung ihrer jüngsten Vergangenheit kämpft.

Zwei-Klassen-Gesellschaft im alten Rom

In Rom folgten der Beseitigung der Königsherrschaft im 5. Jahrhundert vor Christus kriegerische Auseinandersetzungen mit Latium, den Sabinern, Aequern und Volskern. Die Aufwendungen für die ständigen militärischen Einsätze gingen zunächst zu Lasten derjenigen Bürger, die die Kosten für ihre nicht billige Hoplitenrüstung in der Phalanx, einer keilförmigen Schlachtordnung, selbst aufbringen mussten. Aber auch derjenige Teil der Bevölkerung, der hierzu nicht verpflichtet war, litt unter den wirtschaftlichen Schwierigkeiten, die Folge der ständigen Kriege waren. Eine Verschuldung beider Gruppen war unausweichlich. Gleichzeitig bildete sich ein gemeinsames „Standesbewusstsein“ der betroffenen Schichten. Unter der Bezeichnung *Plebs* grenzte sich der „neue Stand“ von den herrschenden Patriziern ab. 494 v. Chr. zog die *Plebs* in militärischer Formation auf den Aventin, einen Hügel Roms, und verschanzte sich dort. Sie gab sich eine eigene politische Organisation, nämlich zwei Tribunen als Vorsteher. Ferner schwor sie einen Eid, um deren Unverletzlichkeit zu garantieren.

Die Abwanderung der *Plebs* zeigt, dass in einer Gesellschaft bestehende soziale Spannungen diese nur bis zu einem bestimmten Punkt nicht in ihrem Bestand gefährden. Sind sie nicht mehr erträglich, so wirken sie sich auch auf den gesamten Staat als Organismus aus. Der patrizische Senat beschloss deshalb, Menenius Agrippa als Unterhändler in das plebejische Lager zu schicken. Er soll dort folgende Fabel erzählt haben: „Zu einer Zeit, als im menschlichen Körper – anders als gegenwärtig – nicht alles zu einer Einheit verbunden war, sondern jedes einzelne Glied sein eigenes Bewusstsein hatte und sprechen konnte, ärgerten sich die übrigen Körperteile, weil durch ihre Sorge, Arbeit und Leistungen alles nur für den Magen herbeigeschafft würde, dieser aber ruhig in der Mitte sitzen und nichts anderes tun würde, als das Dargebotene zu genießen. Daraufhin haben sie sich verschworen: Die Hände sollten keine Nahrung zum Mund führen, der Mund sollte nichts essen, auch wenn ihm etwas angeboten wurde, und die Zähne sollten keine Speise mehr zerkleinern. Bei ihrem zornigen Versuch, den Magen durch Hunger zu zähmen, wurden alle Glieder und der Körper als Ganzes von äußerster Schwäche befallen. Dadurch sahen alle ein, dass auch der Magen einen recht beachtlichen Dienst verrichte und ebenso andere ernähre, wie er selbst ernährt werde. Er gibt nämlich das Blut, durch das alle Körperteile leben und bei Kräften bleiben, an diese weiter, gleichmäßig durch die Adern verteilt und gesättigt von verarbeiteter Nahrung."

Auch in unserer Gesellschaft ist ein Trend der sozialen Kälte spürbar. Die Kluft zwischen den Reichen und den Armen wächst. Bereits Anfang der neunziger Jahre lebte jeder fünfte Stadtbewohner an der oder unter der Armutsgrenze. Immer mehr Menschen werden in die Hinterhöfe der Wohlstandsgesellschaft gedrängt. Gleichzeitig hat sich das private Geldvermögen zwischen den Jahren 1970 und 1990 in Deutschland verfünffacht. Obwohl es für Finanzeliten in den Zeiten der modernen Kommunikationstechniken nicht mehr auf Standorte ankommt, suggerieren manche Beiträge über soziale Themen, dass es für ein Land von Nachteil sei, nicht völlig nach den Vorgaben moderner Unternehmensberatung organisiert zu sein. Ziel scheint eine Totalökonomisierung zu sein, in der es immer nur noch auf das Mehr ankommt. Menschen scheinen dabei nichts anderes im Sinn zu haben, als ihr persönliches Glück zu maximieren. Die Gesellschaft wird zum Markt, auf dem Konkurrenten ihre privaten Interessen verfolgen und dabei das Gemeinwohl verwirklichen. Das Gegenteil, nämlich eine zunehmende soziale Ungleichheit, ist dagegen Tatsache. Eine Gesellschaft kann jedoch nur funktionieren, wenn in ihr keine (allzu große) Kluft zwischen Arm und Reich besteht. Eine Gesellschaft braucht nicht nur den Fetisch Wachstum, sondern auch Solidarität. Eine solidarische Gesellschaft könnte zudem dem Interesse des Einzelnen besser dienen, da sie zu Einschränkungen fähig wäre.

In den Anfangszeiten Roms folgten der lediglich vorübergehenden Einigung der Bürgerschaft weitere Ständekämpfe um gleiches Recht, die Aufhebung des Eheverbotes zwischen Patriziern und Plebejern, die Zulassung der Plebejer zu den Ämtern, die Einteilung der Volksversammlung und die Gleichstellung der Beschlüsse der Plebs, der so genannten Plebiszite, mit den Gesetzen. Eine Reihe von existenzbedrohenden Kriegen, insbesondere die Auseinandersetzung mit den von Hannibal geführten Karthagern, machten große wirtschaftliche Anstrengungen der Bürger notwendig. Der langjährige Militärdienst, der mit einer ständigen Abwesenheit vom eigenen Anwesen verbunden war, machte dessen Bewirtschaftung fast unmöglich. Der Volkstribun Tiberius Gracchus, ein Enkel des Siegers über Hannibal, initiierte deshalb eine Agrarreform, die dem Schwund der selbständigen bäuerlichen Existenzen entgegenarbeiten und den Armen das Staatsland zurückgewinnen sollte. Er bezog sich dabei auf ein altes Gesetz, nach dem niemand mehr als fünfhundert *Iugera* (125 ha) vom Staatsland besitzen dürfe. Die Initiative stieß auf den erbitterten Widerstand der Großgrundbesitzer. Tiberius Gracchus begründete seinen Vorstoß folgendermaßen: „Die wilden Tiere Italiens haben ihre Höhlen; jedes von ihnen kennt seine Lagerstätte und seinen Unterschlupf. Die Männer, die für Italien kämpfen und sterben, haben nichts als Luft und Licht. Unstet, ohne Haus und Wohnsitz, müssen sie mit Weib und Kindern im Land herumirren. Die Feldherrn lügen, wenn sie vor den Schlachten die Soldaten aufrufen, ihre Grabmäler oder Heiligtümer gegen die Feinde zu verteidigen; denn von so vielen Römern hat keiner einen väterlichen Herd, keiner eine Grabstätte seiner Vorfahren aufzuweisen. Nur für den Wohlstand und den Reichtum anderer müssen sie kämpfen und sterben. Sie heißen Herren der Welt, in Wirklichkeit aber können sie keine einzige Erdscholle ihr Eigentum nennen." Tiberius wird in der politischen Auseinandersetzung um sein Gesetzesvorhaben des Strebens nach der Königsherrschaft verdächtigt und getötet.

Sein Bruder Gaius Gracchus setzt sein Werk fort. Publikumswirksam verlegt er seine Wohnung vom vornehmen Palatin in ein Armenviertel. Gleichwohl wird er vom Volk in Stich gelassen, als dieses von angeblichen ungünstigen Vorzeichen erfährt, die auf drohendes Unheil hindeuten sollen. Gaius Gracchus erlebt sodann, wie schnell Unterstützung in Teilnahmslosigkeit umschlagen kann. Von seiner Flucht wird berichtet: „Alle ermunterten ihn zwar, ... aber niemand fand den Mut, ihm beizustehen, oder auch nur, worum er bat, ihm ein Pferd zu beschaffen, weil seine Verfolger ihm auf den Fersen waren.“ Die meisten seiner Anhänger waren sogar, als man ihnen Straflosigkeit zugesichert hatte, ins gegnerische Lager übergewechselt. Der Einsatz für eine gute Sache und für die breite Masse wird nicht nur in Rom in vielen Fällen nicht honoriert.

Das stärkste Band der Einigkeit

Bereits nach der Stadtgründung hatten sich die Fälle gehäuft, in denen eine Aushebung des Heeres und sein Ausrücken unter dem Vorwand angeordnet wurden, ein Nachbarvolk hätte kriegerische Handlungen aufgenommen. Grund war, dass man auf diese Weise internen Zwistigkeiten aus dem Weg gehen wollte. War doch die Furcht vor dem auswärtigen Feind das stärkste Band der Einigkeit. Das Anzetteln von Kriegen zur Ablenkung von innenpolitischen Problemen ist also keine „Errungenschaft“ der Moderne. Wahlkämpfe lassen sich nicht nur heute nach kriegerischen Auseinandersetzungen leichter gewinnen. Außenpolitische Erfolge können Kompetenz demonstrieren, selbst wenn kleinste innere Schwierigkeiten nicht gelöst werden können. Kriege bedrohen heute zudem meist nicht mehr das eigene Staatsgebiet, sondern werden unter Einsatz modernster Technologien in sicherer Entfernung geführt. Auch in Rom kam es nach den Siegen in Asien und Spanien – abgesehen von dem Bundesgenossenkrieg und den Aufständen der Sklaven – zu keinen ernsthaften Bedrohungen des Stadtgebietes durch äußere Feinde mehr. Kennzeichnend hierfür ist, dass das alle vier Jahre verrichtete Gebet, die Götter möchten den römischen Staat besser und größer machen, textlich dahingehend geändert wurde, dass die Götter nunmehr gebeten wurden, „die Stadt immer unversehrt zu erhalten“. Roms Macht nach außen war gefestigt. Aber im Inneren war es seit den gescheiterten Reformen der Gracchen nicht mehr zur Ruhe gekommen: Der Bürgerkrieg zwischen den Parteien des Marius und des Sulla, der Bürgerkrieg zwischen Pompeius und Cäsar, Cäsars Sieg und Tod, der Kampf zwischen Antonius und Octavian um Cäsars Nachfolge sowie schließlich der Sieg des späteren Kaisers Augustus bei Actium sind die Stationen dieser internen Probleme.

Der Geschichtsschreiber Sallust, der in dieser Umbruchzeit lebte, gibt folgende Schilderung: „Die guten Sitten wurden früher zu Hause und im Krieg geachtet; der Gemeinschaftssinn war sehr groß, ganz gering die Habsucht. Recht und Sitte galten bei den Vorfahren der jetzigen Römer weniger durch Gesetze, sondern mehr durch die Natur. Streitigkeiten trugen sie mit den äußeren Feinden aus; die Bürger wetteiferten untereinander um die Tüchtigkeit. Als aber der Staat durch die Mühe und Rechtschaffenheit gewachsen war, mächtige Könige im Krieg besiegt, wilde Stämme und große Völker gewaltsam unterworfen waren, Karthago, die Rivalin der römischen Macht, dem Erdboden gleich gemacht war, und nun alle Meere und Länder offen standen, begann das Schicksal zu wüten und alles durcheinander zu bringen: Denjenigen, die Mühen, Gefahren sowie unsichere und schwierige Lagen mit Leichtigkeit erduldet hatten, wurden nun die Ruhe und der Reichtum, eigentlich begehrenswerte Dinge, zu einer misslichen Last. Folglich wuchs zuerst die Geldgier, darauf die Herrschgier: Sie waren gleichsam der Grundstoff aller Übel. Denn die Habgier untergrub Treue, Redlichkeit und die übrigen guten Eigenschaften; an ihrer Stelle lehrte sie Überheblichkeit, Grausamkeit, die Missachtung der Götter und die Ansicht, alles sei käuflich. Die Ruhmsucht veranlasste viele, falsch zu werden, etwas verschlossen im Herzen und wiederum etwas anderes offen auf der Zunge zu haben, Freundschaft und Feindschaft nicht aus ihrem Wesen, sondern nach dem Nutzen zu bewerten, und lieber eine freundliche Mine als eine gute Gesinnung zu haben. All das entstand zunächst langsam; mitunter wurde dagegen eingeschritten. Dann aber, sobald die Ansteckung wie die Pest um sich griff, wandelte sich die Bürgerschaft, und aus der gerechtesten und besten Herrschaft wurde eine grausame und unerträgliche."

Auf diesen Aspekt war bereits in der Debatte über die Zerstörung Karthagos hingewiesen worden. Karthago, die große Gegenspielerin Roms, hatte im Bündnisvertrag von 201 v. Chr. das Verbot einer Kriegsführung ohne Zustimmung Roms unterschreiben müssen. Rom hatte in der Folgezeit den numidischen König Massinissa, der die römische Reiterei im Punischen Krieg entscheidend verstärkt hatte, stets – auch einseitig – gegen Karthago unterstützt. Seit eine römische Gesandtschaft 152 v. Chr. als Reaktion darauf antirömische Strömungen in Karthago ausgemacht hatte, forderte Cato der Ältere wiederholt die Zerstörung der Stadt. Seine Bemerkung *ceterum censeo Carthaginem esse delendam* (im Übrigen bin ich der Ansicht, dass Karthago zerstört werden müsse), welche er unabhängig vom Thema immer am Schluss seiner Diskussionsbeiträge anbrachte, verfehlte seine Wirkung nicht. Zusätzlich ließ er scheinbar unabsichtlich im Senat ein paar afrikanische Feigen aus seiner Toga fallen, und sagte, als man ihre Größe und Qualität bewunderte: „Das Land, das diese Feigen hervorbringt, ist nur drei Tage mit dem Schiff von Rom entfernt.“ Demgegenüber vertrat lediglich Publius Scipio mit einer Minderheit die Ansicht, dass Karthago bestehen bleiben müsse. Er sah nämlich, dass das Volk bereits ungezügelt über die Stränge schlug, im Stolz auf sein Glück sich nicht mehr vom Rat der Ältesten leiten lassen wollte und aufgrund seiner Macht das Staatswesen, wohin gerade seine Neigung es trieb, gewaltsam mit sich riss. Deshalb wollte er, dass wenigstens die Drohung mit Karthago der Willkür der Masse als wirksamer Zaum angelegt bliebe. Allerdings folgte diese Meinung nur eine Minderheit, sicherte doch die Einrichtung der Provinz Spanien der Staatskasse hohe Einnahmen. Allein die Bergwerke in der Nähe von Karthago Nova brachten zu dieser Zeit täglich 25000 Denare, im Jahr also mehr als 9 Millionen Denare Pacht ein. Es siegt in Debatten nicht immer das vernünftige politische Argument. In vielen Fällen behalten egoistische wirtschaftliche Interessen, die mit scheinbaren Sachzwängen und den Notwendigkeiten der eigenen Sicherheit begründet werden, die Oberhand.

Während die Verbindung der wirtschaftlichen Interessen Roms mit seinen Machtinteressen noch deutlich zu Tage trat, bleiben heute diese Strukturen und ihre Wechselwirkungen weitgehend anonym. Die globalen Folgen eigenen wirtschaftlichen Handelns werden jedenfalls für den Einzelnen nur am Rand spürbar und erkennbar. Die Konfrontation mit der fortschreitenden Verelendung immer größerer Teile der Menschheit in der Dritten Welt bleibt im wesentlichen Zahlenwerk. Der Umstand, dass die reichen Industrieländer einerseits niedrige Preise für Rohstoffe zahlen, andererseits aber ihre Märkte für Produkte aus den Entwicklungsländern abschotten, berührt den Einzelnen kaum. Dass das eigene Hemd oder die eigene Bluse von einem philippinischen oder indischen Kind unter Arbeitsbedingungen hergestellt wurde, die nicht einmal minimalen westlichen Sicherheitsstandards genügen, häufige Verletzungen die Folge sind und kein Sozialsystem für die verbrauchte „Produktionskraft“ vorhanden ist, wird nur selten bewusst. Dies gilt in gleicher Weise für fehlende Arbeitszeitbegrenzungen und mangelnde Hygiene. Dass große Konzerne Milliarden für Werbung und immense Summen für Stars ausgeben, die in Rundfunk und Fernsehen ihre Produkte anpreisen, gleichzeitig aber an den Arbeitskräften in der Dritten Welt sparen, stört die Verbraucher, die ihrerseits möglichst lückenlosen rechtlichen Schutz für sich selbst beanspruchen, kaum. Die „Argumente“, mit denen die Verlagerung von Teilen der Produktion in Billiglohnländer gerechtfertigt wird, nämlich die Sicherung der eigenen Arbeitsplätze im Land und des eigenen Wirtschaftsstandortes, sind auch heute vielfach nicht besser als die afrikanischen Feigen des alten Cato.

Politische Praxis in Rom – Strukturen einer Krisengesellschaft

Senat und Volk von Rom – Die Struktur der Mischverfassung der römischen Republik

Die Mischverfassung als Ursache für die Größe Roms

In der Mitte des 2. Jahrhunderts vor Christus, Rom war zu einer antiken Großmacht aufgestiegen, stellte der in Rom internierte griechische Sklave Polybios erstmals die Frage nach den Ursachen der Größe Roms. Ein Thema, das seitdem Historiker, Politiker, Philosophen und Gesellschaftswissenschaftler Jahrhunderte hindurch immer wieder beschäftigt und zu den unterschiedlichsten Erklärungsversuchen veranlasst hat.

Der Geschichtsschreiber Polybios hat die Hauptursache für den Erfolg Roms in der Vollkommenheit der Institutionen der römischen Verfassung gesehen. Er hält sie für eine gelungene Form der Mischverfassung, in der sich monarchische, aristokratische und demokratische Bestandteile, jeweils im Konsulat, im Senat und in der Volksversammlung repräsentiert, verbinden. Sie führen Polybios schließlich zur bewundernden Feststellung: „Die Römer haben gegenwärtig die beste Verfassung." Und diese Verfassung ist nach seiner Meinung und der Überzeugung vieler Römer nicht das Ergebnis einer theoretischen Spekulation, sondern das vieler Auseinandersetzungen und eines ständigen politischen Handelns.

Dieses Motiv des langsamen Wachsens der römischen Verfassung stellt auch der römische Politiker und Schriftsteller Cicero in einer Rede über die Verfassungsentwicklung in Rom voran: „Der alte Cato pflegte zu sagen, dass deswegen unsere Verfassung den übrigen Staatswesen überlegen sei, weil es in jenen meist einzelne Männer gewesen wären, von denen ein jeder sein Gemeinwesen durch seine Gesetze und Einrichtungen aufgebaut habe, unser Gemeinwesen aber nicht durch eines einzigen Mannes Geist, sondern vieler, und nicht in einem Menschenleben, sondern in vielen Generationen und Zeitaltern aufgebaut worden sei." Diese historische Erkenntnis über das allmähliche Wachsen der römischen Verfassung durch die Bildung ihrer Institutionen und Grundregeln verbindet sich mit der

Schlussfolgerung, dass die römische Verfassung die beste sei: „Keines von allen Staatswesen ist nach Verfassung, Ordnung oder Zucht zu vergleichen mit demjenigen, das uns unsere Väter, die dies ihrerseits schon von ihren Vorfahren empfangen haben, nunmehr hinterlassen."

Das Heer – ein wesentliches Stück Verfassung

Bereits der italienische Staatstheoretiker der frühen Renaissance Niccolò Machiavelli hat dagegen die Stellung Roms vor allem als Ergebnis militärischer Fähigkeiten gedeutet. Für ihn ist klar, dass da, wo man ein gutes Heer hat, auch eine gute staatliche Ordnung sein muss und dass es da auch selten an Glück fehlt. Die Erkenntnis, dass Gott stets auf der Seite der stärkeren Bataillone steht, prägt auch die spätere Sichtweise von Ferdinand Lassalle, dem Begründer der deutschen Sozialdemokratie. Dieser hat die Ansicht vertreten, Verfassungsfragen seien ursprünglich nicht Rechtsfragen, sondern Machtfragen. Und der Schweizer Kulturhistoriker Jacob Burckhardt hat in seinem berühmten Vortrag über historische Größe betont, wie schwer Größe von bloßer Macht zu unterscheiden sei. Macht und Erfolg sind historische Komponenten, deren eigenartigem und schwer zu beschreibendem Reiz sich weder der Zeitgenosse noch der später Lebende jedenfalls ganz entziehen kann. Der Besitz der Macht erzeugt nicht nur den Anschein der Wahrheit, sondern auch der Weisheit. Es ist das Ansehen der Macht, das Weisheit verleiht, die damit ihrerseits zur Funktion der Macht wird. Dies scheint nachträglich die Aussage des deutschen Historikers und Literaturnobelpreisträgers Theodor Mommsen zu unterstreichen, dass es kaum eine törichtere politische Spekulation gibt als diejenige, aus der Vortrefflichkeit der Verfassung die Erfolge Roms abzuleiten. Die Frage, inwieweit eine Verfassung, nach Ferdinand Lassalle ein bloßes Stück Papier, die Stabilität einer Staatsorganisation garantieren kann, ist zu allen Zeiten streitig geblieben. Die in der Antike am Beispiel Roms begonnene Diskussion dauert an.

Königliche Ohnmacht, weibliche Macht und die Herrschaft des Gesetzes

Die Organisation des antiken römischen Staates unterscheidet sich zunächst nicht vom Grundmuster des antiken Stadtstaates, zu dem auch die griechischen Poleis und die phönikischen Staaten zählen. Beamte (Magistrate), Ältestenrat (Senat) und Volksversammlungen bilden die Institutionen dieser Form antiker Gemeinwesen. Sie ist nicht selbstverständlich. In den größeren Herrschaftssystemen der Antike, zum Beispiel bei den Persern und Ägyptern, steht ein Monarch an der Spitze. Die Israeliten baten deshalb den Richter Samuel: „Setze einen König über uns, der uns richtet, wie ihn alle Völker haben." Auch die Römer waren zunächst mit ihren Königen zufrieden. Ihre grundlegenden Staatseinrichtungen führten sie noch in späterer Zeit auf das segensvolle Wirken der ältesten römischen Könige zurück. Diese organisierten nach der Überlieferung die Volksversammlungen und stifteten den Senat, die Kulte, die Rechtsbräuche für den Krieg und die Vermögensschätzung für die Aufbürdung von Pflichten und die Zuteilung von Rechten.

Das Ende der Periode der gerechten Könige wird dadurch gekennzeichnet, dass Tarquinius Superbus ohne Auftrag des Volkes und ohne Bestätigung durch den Senat herrschte. An der Verwaltung beteiligte er niemanden, sondern leitete sie wie sein eigenes Hauswesen. Er stürzte allerdings nicht über seine Unrechtsherrschaft, sondern wegen eines Verbrechens seines Sohnes, der die keusche Lucretia durch Gewalt und Drohung zum außerehelichen Geschlechtsverkehr nötigte. Das Volk setzte daraufhin unter Führung von L. Iunius Brutus, eines Neffen des Königs und Führers der königlichen Leibwache, den König ab und schickte ihn ins Exil. Brutus verpflichtete das Volk durch Eid, niemals wieder einen König in Rom zu dulden. Der Geschichtsschreiber Livius leitet die nun folgende Geschichte der römischen Republik mit folgenden Worten ein: „Von den Taten des freien römischen Volkes im Frieden und im Krieg, von seinen jährlich wechselnden Amtsträgern und von der Herrschaft der Gesetze, die mächtiger ist als die der Menschen, werde ich von nun an erzählen."

Im Unterschied zur Königsherrschaft war das Amt der nun regierenden römischen Konsuln auf ein Jahr begrenzt. Zudem war durch das Prinzip der Kollegialität, das heißt des Vorhandenseins zweier gleichrangiger Beamter, eine Einzelherrschaft ausgeschlossen. Demgegenüber ist die Amtsgewalt als solche nicht geschmälert worden. Selbst die Zeichen der Königswürde behielten die ersten Konsuln bei. Die bald laut werdende Kritik an der neuen Einrichtung zeigte den wesentlichen Unterschied: Während der König den Unterschied von Freund und Feind kenne, seien die Gesetze unpersönlich und taub, Bitten nicht zugänglich, für den Schwachen besser und zuträglicher als für den Starken. Sie gäben keinen Spielraum und keine Verzeihung, sobald man sie auch nur ein wenig übertreten habe. Es sei geradezu gefährlich, wenn bei der moralischen Anfälligkeit der

Menschen nur strengste Gesetzlichkeit die Grundlage des Lebens bilden solle. Umgekehrt wird die Gleichheit vor dem Gesetz, das alle Bürger ohne Ansehen der Person gleich behandelt, als der wesentliche Unterschied zu einer Willkürherrschaft angesehen. Die erwähnte Kritik daran zeigt allerdings, dass es in jeder Ordnung, selbst in einer Diktatur, nicht nur einzelne, sondern eine größere Zahl von Menschen gibt, die von dem System profitieren oder zumindest in ihm gut leben können. Auch in einer Demokratie werden Ungerechtigkeiten akzeptiert, solange man von ihnen selbst profitiert. Beispiele sind ein Steuervorteil, eine Subventionsgewährung und eine hohe Abfindungszahlung bei Vereinbarungen im Vorfeld einer Enteignung. Ein Staat, der derartige Differenzierungen trifft, wird von den (positiv) Betroffenen gerne akzeptiert. Der auf Gesetze gegründete unpersönliche Rechtsstaat hat demgegenüber wenig Freunde.

Die römische Republik war weder eine antike noch eine moderne Demokratie. Für die Inhaber öffentlicher Ämter galt geradezu der Grundsatz, dass derjenige, der nichts zu verlieren habe, nicht an verantwortlicher Stelle stehen solle. Auch das Stimmrecht in den Volksversammlungen war Spiegelbild von Pflichten, insbesondere der aufgrund der äußeren Bedrohung wichtigen Wehrpflicht. Die Beteiligung des Einzelnen an der Meinungsbildung und Entscheidungsfindung vollzog sich regelmäßig mittelbar über (Vertrauens-)Beziehungen. Die politische Gestaltung und Entscheidung lag in den Händen einer führenden Schicht. Die römischen Verfassungsinstitutionen waren in diesem Sinn aristokratische Institutionen. Bei aller Freiheit des Volkes wurde wenig durch das Volk selbst, das meiste nach Ansehen, Einrichtung und Gewohnheit des Senates ausgeführt. Das römische Staatswesen war, wie dies der Soziologe Max Weber ausgedrückt hat, „halbfeudal".

Die Einbindung in eine relativ homogene Führungsschicht verhinderte lange Zeit, dass eine Person übermächtig wurde. Aber auch die Institutionen der römischen Republik selbst und ihre Funktionsmechanismen ließen eine Einzelherrschaft (*regnum*), die das System selbst hätte bedrohen können, nicht entstehen. Die Beschränkung der Amtsperiode auf ein Jahr und vorgeschriebene Ämterlaufbahnen verhinderten eine Verstetigung der Macht und förderten die Entstehung politischen Sachverstandes. Das Prinzip der Kollegialität bei gleicher Zuständigkeit, verbunden mit dem Recht, die Amtshandlung des Kollegen zu unterbinden (Intercessionsrecht), diente als Machtkontrollmechanismus. Auch die Volkstribune durften gegen Amtshandlungen der übrigen Beamten einschreiten. Da es von ihnen zehn gab, konnte man darauf vertrauen, dass zumindest einer von ihnen bereit war, für das politisch Richtige einzutreten. Neben dem für alle gleichen Recht sorgten somit institutionelle Kontrollmechanismen für die Beschränkung politischer Macht.

Die römische Verfassung ist aber auch ein Beispiel dafür, dass allein institutionelle Mechanismen der Machtkontrolle einen Zerfallsprozess nicht aufhalten können. So hatte bereits der täglich wechselnde Oberbefehl der Konsuln den Römern im Krieg gegen Hannibal einige schmerzhafte Niederlagen eingebracht, weil die Art der Kriegsführung wechselte. Außerdem war unter den Volkstribunen nicht nur immer ein überlegt Handelnder zu finden, sondern in der Krise der Republik häufig auch ein willfähriger Karrierist, der politisch notwendige Maßnahmen mit seinem Vetorecht verhindern konnte. Aus der notwendigen Kontrolle der Macht kann in Krisenzeiten eine Blockade wichtiger Entscheidungen werden. Institutionelle Kontrollen und das Bestehen von Gesetzen allein stellen keine ausreichende Sicherheit gegen Machtmissbrauch dar. Dies hatte bereits die römische Staatstheorie erkannt.

Die res publica – Allgemeininteresse und Einzelinteresse

Der Vorwurf gegen den tyrannischen König Tarquinius Superbus hatte gelautet, dass er das Gemeinwesen (*res publica*) aufgrund von Besprechungen mit engsten Vertrauten wie sein Privatvermögen leitete. Demgegenüber hatte der Tyrannenmörder L. Brutus, obwohl er Privatmann war, doch das ganze Gemeinwesen vertreten und als Erster in Rom gelehrt, dass in der Erhaltung der Freiheit niemand Privatmann ist. Nach der Verbannung des Tyrannen wurden die öffentlichen Angelegenheiten wieder Sache des gesamten Volkes. Das Volk wiederum ist nach römischem Verständnis nicht jede irgendwie gebildete Ansammlung von Menschen, sondern eine Vielzahl von Personen, die die Anerkennung des Rechtes und des gemeinsamen Nutzens vereinigt.

Es sind im Wesentlichen diese beiden Aussagen, die das römische Verständnis vom eigenen Gemeinwesen ausmachen: Die öffentlichen Angelegenheiten als Sache aller Bürger fallen mit dem privaten Interesse zusammen. Diese römische Staatsidee hatte sich bewährt, als Rom von äußeren Feinden existentiell bedroht war. Solange äußere Widerstände dem individuellen Streben des Einzelnen entgegenstanden, war das Gemeinwesen die wichtigste Aufgabe. Mit dem Ende der Zeiten der unmittelbaren Bedrohung Roms durch äußere Feinde konnten sich dann wieder die Privatinteressen gegen das allgemeine Interesse erheben. Der Konsens war somit lediglich ein in der Not der Willkürherrschaft entstandener und in Zeiten äußerer Bedrohung verfestigter kleinster gemeinsamer Nenner, der bei einer Veränderung der äußeren Umstände selbst einem Wandel und sogar einem Schwund unterlag. Gemeinnutz ist auch heute – nicht nur wegen seines propagandistischen Missbrauchs im Dritten Reich – mitunter ein Schimpfwort, jedenfalls meist nur ein kurzzeitig und durch äußere Einflüsse bedingt anerkannter Wert. Er wird nur akzeptiert, solange er mit dem eigenen Interesse übereinstimmt. Fordert er Einschränkungen des persönlichen Nutzens, so wird er in Frage gestellt. In letzter Konsequenz führt dies dazu, dass in vielen Fällen das allgemeine Interesse nur eine Verbrämung eigener Interessen darstellt.

Die Verbindung der einzelnen Personen durch Recht und Gerechtigkeit, die nach der politischen Theorie Staatswesen von großen Räuberbanden unterscheiden sollte, konnte allein den Staat ebenfalls nicht ausmachen. Die Schlussfolgerung des römischen Politikers und Philosophen Cicero, dass dort, wo Recht und Gerechtigkeit als Fundament fehlen, trotz aller Machtkonzentration kein Staatswesen im eigentlichen Sinn vorhanden sei, lässt sich nämlich nicht umkehren. Gesetz und Recht allein vermögen nicht gemeinschaftsbildend zu wirken. Cicero erwähnt zusätzlich eine ausgeglichene Verteilung von Rechten, Pflichten und Aufgaben im Staat, sodass genügend Macht bei den Beamten, Ansehen bei den führenden Männern und Freiheit beim Volk seien; nur dann könne nach seiner Meinung das Gemeinwesen bewahrt werden. Das Gleichgewicht der Gewalten ist allerdings labil und kann, wie die Krisenzeit der römischen Republik zeigt, jederzeit verloren gehen.

Die verlorene Republik – Krise und Alternative

Der Würfel ist geworfen

Der junge Cäsar soll in einem Alpendorf, in dem wenige Einwohner ein armseliges Leben fristeten, auf die Frage seiner Begleiter, ob sich die Bürger dieses Ortes wohl auch um Ämter streiten und gegenseitig den Rang ablaufen würden, geantwortet haben: „Ich wenigstens wollte lieber hier der Erste als in Rom der Zweite sein." Er war auf diese „Alternative" jedoch nicht angewiesen, da er eine einflussreiche Stellung durch eine private Vereinbarung mit den beiden Politikern Crassus und Pompeius erreicht hatte (so genanntes 1. Triumvirat). Nach dem Tod von Crassus und von Julia, Cäsars Tochter, die mit seinem früheren Verbündeten und späteren Gegenspieler Pompeius verheiratet war, kam es zum Machtkampf zwischen dem sich mit Pompeius verbündenden Senat und Cäsar. Letzterer wollte sich im unmittelbaren Anschluss an sein Prokonsulat in Gallien in Abwesenheit um das Konsulat für das Jahr 48 v. Chr. bewerben. Das Privileg der Bewerbung in Abwesenheit war ihm früher gesetzlich eingeräumt worden. Diese gesicherte Position wurde durch neuere Gesetze jedoch ausgehöhlt. Der einflussreiche Politiker Cato der Jüngere machte keinen Hehl daraus, dass er Cäsar nach Beendigung seines Amtes vor ein Sondergericht stellen würde. Cäsar war zunächst auf einen Ausgleich bedacht. Mit Hilfe des Volkstribuns Curio versuchte er, mit Gegenvorschlägen, Geschäftsordnungstricks und dem Intercessionsrecht Zeit zu gewinnen. Curio selbst war in der Vergangenheit ein entschiedener Anhänger der Gegner Cäsars gewesen. Aber nachdem Cäsar seine Schulden in einer angeblichen Höhe von zweieinhalb Millionen Denaren übernommen hatte, war er auf die Gegenseite gewechselt.

Am 7. Januar 49 v. Chr. erklärte der römische Senat den Staatsnotstand (*senatus consultum ultimum*). Konsuln, Prätoren, Volkstribunen und die mit konsularischer Gewalt ausgestatteten Beamten in Stadtnähe sollten dafür sorgen, dass dem Staat kein Nachteil erwachse. Die beiden Volkstribunen Antonius und Cassius, die sich vergeblich dagegen gestemmt hatten, flohen zu Cäsar. Dieser forderte die Soldaten seiner 13. Legion auf, das an ihm und den Volkstribunen begangene Unrecht abzuwehren. Als Cäsar an den Grenzfluss kam, der seine Provinz vom eigentlichen Italien trennte, hielt er an und sann darüber nach, wie viel Unglück über alle Menschen kommen müsse, wenn er den Fluss überschritte, und wie die Nachwelt wohl über ihn urteilen werde. Als er den Rubikon überschritt, zitierte er ein Wort des griechischen Autors Menander: „Der Würfel soll geworfen sein!" Der Würfel war noch nicht gefallen, der Ausgang des Bürgerkrieges ungewiss. Ein Zurück gab es jedoch nicht mehr.

Das nicht mehr manövrierbare Staatsschiff

Führende Politiker hatten vor Ausbruch des Bürgerkrieges wiederholt festgestellt, dass es kein Gemeinwesen (*res publica*) mehr gäbe, keinen Senat, keine Gerichte und keine Würde mehr bei allen. Besonders deutlich stellte dies Cicero fest: „Nur mit dem Wort halten wir das Staatswesen noch fest, das wir durch unsere eigenen Fehler, nicht etwa durch irgendeinen Schicksalsschlag, in der Wirklichkeit schon längst verloren haben." Der Staat wird mit einem kostbaren Gemälde verglichen, das sich in seinen Farben und Umrissen zu verflüchtigen beginnt. Das alte Rom stand jedoch noch, sein Machtbereich war fast grenzenlos und wurde immer größer. Auch die Institutionen waren noch vorhanden. Es gab Konsuln, Prätoren und Volkstribune; weitere Magistraturen wurden gebildet. Der Senat existierte. Die Volksversammlung fasste Beschlüsse. Die Zahl der Gesetze nahm sogar zu. Zeigt nicht schließlich auch die wiederholte Ausrufung des Staatsnotstandes, dass man in der Verteidigung des Staates sogar zum Äußersten bereit war? Die römische Republik präsentierte sich gegenüber inneren Feinden als wahrhaft „wehrhafter Staat". Auch kleinere Angriffe wurden unverzüglich erfolgreich mit der vollen Härte der Staatsmacht abgewehrt. Der römische Staat schien im Inneren gefestigt zu sein. Allerdings zeigt häufig der Umstand, dass etwas bis aufs Äußerste verteidigt wird, dass es nicht mehr unumstritten ist.

Tatsächlich hatte sich die Einstellung gegenüber dem Staat in Rom bereits geändert. Er wurde nicht mehr als gemeinsame Sache empfunden, die jeden etwas anging. Eine Identifikation fand nur noch im eigenen Interesse statt. Es ist bezeichnend für die Gesetzgebung der Politiker dieser Zeit, vor allem derjenigen von Curio, Milo, Cäsar und Clodius, dass es in zentralen politischen Fragen keine Kompromissbereitschaft mehr gab. Jeder glaubte sich im Recht, das dann bis zum Äußersten verteidigt wurde. Das Staatswesen, das sich im Existenzkampf herausgebildet und bewährt hatte, wurde mit dem Ende der äußeren Bedrohung funktionsunfähig. Standen früher politische und private Angelegenheiten in einem Über- und Unterordnungsverhältnis, wurde nunmehr das öffentliche Interesse reklamiert, wo es um private Belange ging. So trat in Reden der Appell an das Interesse des Staates dort gehäuft auf, wo es sich doch nur um die privaten Ziele des einzelnen Politikers handelte. Jede Gruppe nahm den Staat für sich in Anspruch. So sahen sich am Ende der römischen Republik redliche Besorgnis und der Eigennutz egoistischer Interessengruppen zum Verwechseln ähnlich. Ein Tatbestand, der sich in der Gegenwart, wie manche politischen Debatten zeigen, zu wiederholen scheint. Das nahezu stereotype Argument auf Reformvorschläge lautet heute, dass die Folgen einer Maßnahme Nachteile für den Standort Deutschland und der Verlust von Arbeitsplätzen seien. Ein Hinterfragen dieser

Position nach den dahinter stehenden Interessen findet dann meist nicht mehr statt. Ähnliches gilt für die häufig missbrauchten Begriffe der Gleichberechtigung, Rechtssicherheit und Deregulierung.

Auch in Rom scheinen sich die Verhältnisse zugespitzt zu haben. Die römischen Historiker geben folgende Schilderung der damaligen Situation: Wo Machtinteressen herrschten, galten Verbrechen aus bloßer Armut für verächtlich. Höchst rühmlich schien es dagegen und den Einsatz von Gewalt wert, das Staatswesen in Besitz zu nehmen. Recht bemaß sich nach der Macht. Gesetze wurden ebenso erzwungen wie Volksbeschlüsse. Konsuln rüttelten gemeinsam mit Tribunen am Recht. Es gab Amtserschleichung um Geld, die Masse versteigerte ihre Stimmen, Bestechung herrschte und jährlich kam es bei den Wahlen zum Hökern um die Wählergunst. Wucher, fristgieriger Zins, erschütterte Vertragstreue und für eine größere Zahl von Menschen Profit durch den Krieg bestimmten die wirtschaftliche Situation. Recht wurde nur noch geachtet, wenn es im eigenen Interesse opportun erschien. Treffend beschreibt dies ein Vers des Euripides, den Cäsar wiederholt zitiert haben soll: „Wenn Recht gebrochen werden soll, so sei das Ziel ein Königreich; sonst sollst du achten das Gesetz."

Der „letzte Republikaner" Cicero stellte mit Ingrimm fest, dass sich die führenden Männer Roms im siebten Himmel wähnten, wenn ihnen in ihren Teichen die Goldfische aus der Hand fraßen und sie sich um sonst nichts kümmern mussten. Auch die Angst hielt viele von der Teilnahme am öffentlichen Leben ab. So soll sich Bibulus, Cäsars Kollege im Konsulat, nach erfolglosen Widerstandsversuchen für den Rest seiner Amtszeit in seinem Hause eingeschlossen haben. Nur wenige Senatoren nahmen an Senatssitzungen teil. Als der hochbetagte Senator Considius die Bemerkung wagte, die Ratsherren kämen aus Furcht vor Waffen und Soldaten nicht zusammen, fragte ihn Cäsar: „Warum hält denn dich die Furcht nicht zu Hause fest?" Considius erwiderte: „Das Alter hat mich von der Angst befreit. Das bisschen Leben, das mir noch bleibt, bedarf keiner Vorsicht mehr." Andererseits zeigt die Parteinahme des Volkes für den von Cäsar festgenommenen Cato, dass eine Verteidigung der alten Republik durchaus möglich gewesen wäre. Diese erfolgte eher anlässlich von Bagatellen, wo man sich als Herr der Lage erweisen konnte. Beispiel war die immer häufigere Anwendung des Staatsnotstandes ohne eigentliche Bedrohung des Staatswesens, wie zum Beispiel unter Cicero gegen Catilina. Wenn etwas verteidigt wird, was vorher kaum angegriffen wurde, tritt sehr schnell der Effekt ein, dass bei einem wirklichen Angriff niemand mehr die Notwendigkeit der Abwehr einsieht. Die führenden Politiker warteten vielmehr auf den Notstand, um dann nicht etwa im Dienste der Republik, sondern als herausragende Einzelne in der Rolle des Retters aufzutreten. Teilweise wurden deshalb Notstandssituationen in Rom von daran Interessierten sogar selbst geschaffen. Während in früheren Zeiten einzelne Bürger Schutz bei der Mehrheit fanden, suchte nunmehr die Gesamtheit diesen bei einer Einzelperson, dem „starken Mann". Angst vor dessen Einzelherrschaft hatte kaum jemand. Die Mehrheit lehnte sie nämlich nicht ab, wenn man sie nur in Ruhe ließ.

Die zornige Klage Ciceros über die verwaisten öffentlichen Angelegenheiten, die hinter der Sorge um die Goldfischteiche zurückstehen müssten, kennzeichnet die Krise der römischen Republik. Niemand wollte die überkommene Verfassung verlieren, aber keiner hielt sie fest. Niemand wollte sie zerstören, aber keiner verteidigte sie ernsthaft. Niemandem blieb die Unsicherheit im Umgang mit ihr verborgen, aber niemand war so unzufrieden, dass er eine tiefergehende Veränderung gefordert hätte. Einerseits scheute man sich zwar nicht, zur Erreichung eigener Ziele ohne Rücksicht auf das Ganze vorzugehen, andererseits klammerte man sich mit aller Kraft an das Gefährdete. Das formelle Bekenntnis zur Verfassung verdeckte nur die fehlende Bereitschaft, sich wirklich im übergeordneten Interesse für sie einzusetzen. Dies hätte nur unter Inkaufnahme eigentlicher Nachteile erfolgen können; aber das wollte niemand. Im demokratischen Staat sind die Regierenden zudem nicht bereit, Nachteile für ihre Wähler hinzunehmen, da sie um ihre Wiederwahl fürchten. Dies zeigt sich besonders deutlich an dem besonderen Schutz, den die Familie als Verfassungsinstitution erfahren soll. Wenn eine Scheidung für Paare sogar mit Steuervorteilen verbunden sein kann und damit die Stabilität der Familie gefährdet ist, kann von einer Erfüllung des Verfassungsgebotes nicht die Rede sein. Auch in Rom kaschierte das Vorhandensein der Verfassungsinstitutionen ihre tatsächliche Schwäche. Die Einrichtungen und Regeln der Verfassung bestanden noch, aber sie funktionierten nicht mehr. Es herrschte mehr die Ruhe eines altersschwachen, denn eines sich ausruhenden Staatswesens. Es bedarf auch heute steter Kontrolle, ob bestehende Institutionen noch funktionieren und Grundwerte mit Inhalten verbunden sind. In nicht wenigen Fällen verbirgt sich nämlich hinter wohlgestalteten Fassaden und schön klingenden Begriffhülsen nur inhaltsleere Politik.

Es scheint gegenwärtig sogar eine gewisse Tendenz zu bestehen, umstrittene Sachfragen verfassungsmäßig zu „überhöhen“. Beispiele hierfür sind die Gleichstellung behinderter Mitbürger und die Verankerung des Umweltschutzes im Grundgesetz. Wie sehr dies plakativ ist, belegt wiederum die Förderung der Familie, und zwar der Schwächsten in ihr, nämlich der Kinder. Schulen, die für Jugendliche eine Stätte der Bildung sein sollen, werden zu Orten, die sich viele Kinder nur mit Waffen zu betreten trauen. Verbrechen Heranwachsender nehmen ständig zu. Und muss es nicht erschrecken, dass alle zwölf Minuten ein Kind im Straßenverkehr verletzt wird? Deutschland liegt in puncto Kinderverkehrssicherheit trotz des grundrechtlichen besonderen Schutzes europaweit auf einem der letzten Plätze. Auch ohne verfassungsrechtliche Garantie hat die Schnelligkeit und Leichtigkeit des Autoverkehrs Vorrang vor dem Schutz der schwächsten Verkehrsteilnehmer. Institutionen der Verfassung sind häufig nichts anderes als Ausdruck einer weitgehend hilflosen Politik.

Krise ohne Alternative?

Das römische Staatsschiff war trotz seiner vermeintlichen Stärke an den Flanken von Rudern entblößt und kaum noch manövrierbar; die Kräfte des Volkes erschöpften sich in der Zeit vor der Jahrtausendwende selbst. Aufgrund dieser Situation ergab sich die Notwendigkeit, das Politische neu zu definieren. Die maßgeblichen politischen Kreise in Rom, insbesondere die Senatsschicht und die führenden Männer um Cicero und Pompeius, hielten jedoch im Gegenteil umso mehr an den Institutionen der Verfassung fest, je mehr sie versagten. Das heißt, eigentlich hielt man gar nicht an ihnen fest, sondern an einer schwärmerischen Vorstellung davon. Je schlechter der tatsächliche Zustand wurde, desto größere Anforderungen wurden an das Idealbild gestellt. Die Kluft zwischen Wunschbild und Realität wurde immer größer. Die Chance zur Realisierung einer Alternative nahm damit immer mehr ab. Bei diesem Verhalten wurden die Institutionen starr. Schließlich konnten weder die Fehlfunktionen der Verfassung noch die Heilmittel dagegen ertragen werden. Die Situation schien ausweglos. Die Krise wurde übermächtig; ein Zustand, der sich in der Gegenwart zu wiederholen scheint.

Das diskutierte Programm einer Wiederherstellung der Republik umfasste die Wiedereinsetzung der Gerichte, die Schaffung von Sicherheit, die Unterdrückung von rücksichtslosen Exzessen, die Forderung nach einer Sorge um die Kinder und die Neuverankerung aller Einrichtungen, die sich im Zerfallsprozess schon auflösten. Als vornehmste Aufgabe eines Staatsmannes wurde die Erhaltung bzw. Wiederherstellung der Kulte, der Befugnisse der Magistrate, des Ansehens (*auctoritas*) des Senats, der Gesetze, der überkommenen Sitten, der Straf- und Zivilgerichtsbarkeit, des Vertrauens in das gegebene Wort, der desolaten Provinzen, des guten Verhältnisses zu den Bundesgenossen, des Ruhmes des Imperiums, eines funktionierenden Heeres und eines ausgeglichenen Staatshaushalts angesehen. Das Ziel stand fest, allerdings konnte man sich über die erforderlichen Maßnahmen nicht einigen. Man unterließ es deshalb immer wieder, richtige und notwendige Entscheidungen zu treffen. Die praktische Politik beschränkte sich damals wie heute weitgehend auf Schadensbegrenzung. Die Folge ist die Unregierbarkeit. Unregierbarkeit in diesem Sinn bedeutet, dass Einrichtungen des Staates in bestimmten Situationen an auftretenden Problemen zu scheitern drohen. Die Diskrepanz zwischen dem Raum, in dem die Probleme entstehen, und dem, in dem sie gelöst werden sollen, wächst.

Im Prozess des Unterlassens kommt noch hinzu, dass man es unterlässt, erkannte Fehler zu korrigieren. Grund dafür ist, dass in der Krise eine selbstgeschaffene Verengung auf einen kleinen Bereich von (bequemen) Alternativen eintritt. Gleichzeitig verbreitet sich bereits die Furcht davor, auf irgendeinen Missstand hinzuweisen. Man hatte in Rom den Weg durchlaufen: Feststellung von Mängeln, Reformversuche, Revolution, Bürgerkrieg, Massenmord. Der bloße Gedanke, Mängel entlarvt zu sehen, schreckte die Menschen deshalb als erste Etappe in der Wiederholung des Erlebten. Hinzu kam ein zweites Gefühl der Angst vor einem Verlust. Das Wohlbefinden in der Krise war noch euphorisch. Man lebte weiterhin gut. Deshalb bemühte man sich, mit der Krise zu leben und auf seine Kosten zu kommen. In diesem Sinn schrieb der Richter und spätere französische Außenminister Alexis de Tocqueville Anfang des 19. Jahrhunderts über die Französische Revolution: „Die Franzosen haben ihre Lage umso unerträglicher empfunden, je besser sie wurde. Man gelangt nicht immer dann zur Revolution, wenn eine schlimme Lage zur Schlimmsten wird. Sehr oft geschieht es, dass ein Volk, das die drückendsten Gesetze ohne Klage und gleichsam, als fühle es sie nicht, ertragen hatte, diese gewaltsam beseitigt, sobald ihre Last sich vermindert." Je unglücklicher Menschen werden, desto weniger sind sie gegenüber Neuerungen aufgeschlossen, da sie von einer Veränderung der Verhältnisse nur eine weitere Verschlechterung befürchten. Die Menschen leben in einem „goldenen Käfig". Der Aufenthalt dort ist durchaus komfortabel. Aber: auch ein goldener Käfig ist ein Käfig. Die Angst vor einer Verschlechterung lässt keine Alternative aufkommen. Erst am Rand der Katastrophe oder nach ihr, wenn noch viel Schlimmeres getan werden muss, als das, wozu seinerseits der Wille und der Mut fehlten, ist plötzlich alles machbar. So hat kein Römer vor dem Bürgerkrieg an die Notwendigkeit einer strukturellen Veränderung gedacht. Später verhinderte dann die Angst vor einer neuen Katastrophe bereits den Gedanken an eine Alternative.

Die Krise ohne Alternative ist die Krise, die übermächtig wird. Sie entsteht nicht von heute auf morgen. Auch in Rom schlitterte man in sie mehr oder weniger hinein, obwohl es zahlreiche warnende Hinweise gab. Die Rolle der Verfassung in der von einem gewissen Zeitpunkt normativ nicht mehr regierbaren Krisengesellschaft kann dann nur noch eine nominalistische sein. Wortpolitik tritt an die Stelle politischer Entscheidung. Politische Macht wird zur Ohnmacht einer lediglich symbolischen Politik. Je begrenzter die tatsächlichen Handlungsspielräume sind, desto zielstrebiger werden symbolische Handlungen inszeniert, bei denen die Handelnden so tun, als ob sie etwas täten. Politik hat die Aufgabe alles wegzureden, was Probleme oder gar Angst macht. Politische Macht wird in der Krise weitgehend zur Show. Im ähnlichen Sinn forderte der letzte Republikaner und Verteidiger der römischen Republik, Cicero, letztlich, man möge nur dafür sorgen, dass eine Art Staat erhalten bliebe.

Es war nicht der große „Paukenschlag", der den Sturz der römischen Republik bewirkt hatte. Es waren vielmehr Kleinigkeiten. Diese waren für sich jedes Mal vermeidbar, höhlten aber langsam die bestehende Ordnung aus, sodass irgendwann der Eindruck der Unlösbarkeit der Schwierigkeiten entstand, der später dann sogar zur Wirklichkeit wurde. Erst am Ende der Republik, als die Bestandsreserven der römischen Verfassung erschöpft waren, erhielten die Probleme eine Eigendynamik. Keines war mehr für sich lösbar, sondern die Lösung des einen führte zur Entstehung von anderen. Cicero beschrieb diesen Zustand: „Zurzeit siecht die Bürgerschaft an einer ganz neuen Krankheit dahin; niemand ist einverstanden mit dem, was vorgegangen ist, alles jammert, ist empört, aber eine Medizin schafft keiner herbei." Der Ausweg in der „Sackgasse" ist die Umkehr. Sie bedeutet etwas anderes als denselben Weg zurückzugehen. Die Krise ohne Alternative ist Kennzeichen der fehlenden

Handlungsbereitschaft einer Gesellschaft. Weisen nicht auch heute die ausstehenden Lösungen zu den Stichworten Staatsverschuldung, Bildungsnotstand, Umweltzerstörung, innere Sicherheit, Familienleistungsausgleich und Generationenvertrag auf eine Krise ohne Alternative hin? Obwohl es sich dabei um Grundfragen handelt, die vor allem auch die künftigen Generationen betreffen, weicht die Politik aus und beschränkt sich auf ein Krisenmanagement. Als einzige Orientierung wird die Unterscheidung zwischen wirtschaftlichem Erfolg und Misserfolg geboten. Damit gerät die Politik in den für die Krise ohne Alternative typischen Teufelskreislauf. Jeder verhält sich in ihr aus seiner Sicht völlig vernünftig, gleichwohl geraten alle zusammen damit ins Verderben, aus dem es kein Entrinnen gibt. Es stellt sich das bekannte Allmende-Problem. Je mehr nämlich der Einzelne die allgemeinen Ressourcen für sich verbraucht, desto weniger hat er langfristig selbst davon. Der Ausweg könnte darin bestehen, dass die Menschen – wie dies bereits der Philosoph Immanuel Kant formuliert hat – reicher werden, indem sie ärmer werden, dass sie gewinnen, indem sie verlieren. Nicht die Verfolgung des eigenen Nutzens, wie in der liberalistischen Theorie vertreten, führt zum allgemeinen Nutzen, sondern der Verzicht auf (kurzfristigen) eigenen Nutzen garantiert (langfristig) den allgemeinen und damit auch den individuellen Vorteil. Dies mag zunächst unbequem und deshalb schwer vermittelbar sein. Es ist aber fraglich, ob sich die Menschen nicht nach einer Politik sehnen, die Orientierung gibt und nicht nur zu beschwichtigen versucht, wenn sich Probleme nicht mehr leugnen lassen.

Der ohnmächtige Diktator und der siegreiche Verlierer

In Rom hatte Cäsar nach den Schlachten bei Pharsalos und Thapsos in dem Kampf um die Macht seine Gegner endgültig militärisch nahezu vernichtet. Die Krise schien zu Ende. Sein Gegenspieler Cato lehnte Cäsars Gnade mit folgender Begründung ab: „Ich mag dem Tyrannen für seine Missachtung der Gesetze nicht auch noch Dank schuldig sein. Denn er missachtet die Gesetze, wenn er als Herr und Gebieter Menschen begnadigt, über die ihm keine Gewalt zusteht.“ Als dem 48-Jährigen sein Sohn und seine Freunde aus Angst um sein Leben das Schwert versteckten, fragte er sie: „Seid ihr entschlossen, einen Mann, der schon so viele Jahre zählt, mit Gewalt im Leben zurückzuhalten? Oder habt ihr mir den Beweis mitgebracht, dass es für Cato weder eine Schmach noch eine Schande sei, vom Feind die Rettung zu erwarten, wenn kein anderer Ausweg offen steht? Warum redet ihr nicht, überzeugt mich davon und belehrt mich eines Besseren, damit ich die Ansichten und Grundsätze, die mich bis jetzt durchs Leben begleitet haben, über Bord werfe und mich Cäsar umso mehr zu Dank verpflichtet fühle, weil er mir zu tieferer Einsicht verholfen hat?" Cato stürzte sich anschließend in sein Schwert.

Als Cäsar die Nachricht von Catos Tod überbracht wurde, soll er sich verärgert geäußert haben: „Cato, ich gönne dir diesen Tod nicht, denn du hast mir die Erhaltung deines Lebens auch nicht gegönnt." Cicero verfasste auf Cato eine Lobschrift, die in Rom mit Begeisterung gelesen wurde. Cäsar fühlte die darin liegende Anklage gegen sich und seine Politik. Seine Gegenschrift wurde unter dem Titel „Anticato" veröffentlicht; es scheint aber, dass sie anders als der „Cato" nicht zu überzeugen vermochte. Cäsar fand Mitläufer. Die zerstörte Republik dagegen konnte – allerdings zu spät – begeistern. Cato hatte gesagt, was zu sagen war, und getan, was zu tun war. In einer Krisengesellschaft, in der Politiker prinzipiell die Wahrheit verschweigen, ist derjenige, der die Wahrheit sagt, gefährdet. Gleichwohl genießt die Übereinstimmung von Reden und Handeln als seltene Ausnahmeerscheinung Bewunderung. Es ist die Glaubwürdigkeit, die bewirkt, dass auch ein Misserfolg gerade unter jungen Menschen Anhänger findet. Cato hatte nichts erreicht. Seine Ohnmacht war Realität. Aber sie machte deutlich, dass auch die Mächtigen, insbesondere der allmächtige Diktator, keine Lösungen hatten. Catos Niederlage relativierte außerdem die Verbindung von Erfolg und der Macht, wirklich etwas zu bewirken, das Verhältnis von Niederlage und Ohnmacht: Die siegreiche Sache hatte zwar den Göttern gefallen, doch die verlorene Sache dem Cato – ein zeitloses Motto für die Niederlage einer gerechten Sache, für die Paradoxie von Macht und Legitimität.

Der römische Philosoph Seneca schrieb später über Cato: „Cato hat nicht mit wilden Tieren gekämpft, hat weder Ungeheuer mit Feuer oder Schwert beseitigt, noch ist er in eine Zeit geraten, in der man glauben konnte, der Himmel laste auf den Schultern eines einzigen, denn schon war der alte Glaube dahin und der Zeitgeist zu höchstem geistigen Raffinement gelangt. Mit politischer Bestechung zusammengeraten, dem vielgestaltigen Übel, und mit der maßlosen Gier nach Macht, die selbst der ganze unter drei Männer verteilte Erdkreis, nicht zu sättigen vermochte. Gegen die Entsittlichung einer entarteten und durch ihr eigenes Gewicht absinkenden Gesellschaft stand er allein. Als die Republik fiel, hielt er sie, solange sie eine Hand zurückhalten konnte. Bis er schließlich fortgerissen, sich dem lange aufgehaltenen Untergang nicht mehr entgegenstemmte, und gleichzeitig das gelöst wurde, was nur gleichsam unter Verstoß gegen göttliches Recht zu trennen war: Weder lebte nämlich Cato nach dem Tod der Freiheit weiter noch die Freiheit nach dem Tod Catos." Das Beispiel Catos zeigt, dass die Verteidigung der Freiheit gegen die Macht häufig erfolglos, niemals aber sinnlos ist.

Wiederhergestellte Republik – Das Paradoxon der neuen Ordnung

Des Kaisers neue Kleider – Vom Recht zum Mythos

Cäsar hatte während der Auseinandersetzung mit seinen Gegnern – möglicherweise notgedrungen – zunächst die republikanischen Formen gewahrt und war mehrfach zum Konsul, vorübergehend ohne Kollegen, gewählt und zum Diktator ernannt worden. Es folgte sodann eine Reihe von zehn aufeinander folgenden Jahresdiktaturen, die im Herbst 45 v. Chr. in eine Diktatur auf unbefristete Zeit umgewandelt wurden. Insoweit sollte jedoch zunächst noch jährlich eine Niederlegung und Wiederaufnahme der Diktatur erfolgen, sodass zumindest ein Rest des republikanischen Amtscharakters erhalten geblieben wäre. Mit der Ernennung zum Diktator auf Lebenszeit (*dictator perpetuus*) im Frühjahr 44 v. Chr. brach Cäsar endgültig mit den republikanischen Formen. Er äußerte öffentlich, dass er die römische Republik nur noch für einen Namen ohne Körper und Gestalt hielt. Vorstöße, eine Alternative zur überkommenen Ordnung zu begründen, scheiterten jedoch. Als ihm sein Freund Marc Anton beim Luperkalienfest am 15. Februar 44 v. Chr. eine Krone aufs Haupt setzte, wurde dieser Akt mit eisigem Schweigen quittiert. Auch das ständige Tragen der roten Triumphaltracht, die an das Königtum erinnerte, sowie die Verehrung der Milde Cäsars (*clementia Caesaris*) in einem Tempel wiesen in die Richtung einer Königsherrschaft.

Am 15. März 44 v. Chr. verhinderten die Dolche der Verschwörung unter der Führung von Brutus und Cassius auch den Ansatz einer Neuordnung. Zum Kreis der Verschwörer gehörten nicht nur Gegner Cäsars, sondern auch alte Anhänger und Männer, welche zumindest in der Vergangenheit eine neutrale Haltung eingenommen hatten. Die alte Ordnung konnte einen letzten Triumph feiern. Dennoch trat an die Stelle des Regimes von Cäsar zunächst ein Vakuum. Die Macht lag für denjenigen, der in der Lage war, sie aufzuheben, gleichsam auf der Straße. Die Soldaten Cäsars, welche politisch herrenlos waren, standen hierfür bereit, ebenso sein Vermögen.

Testamentarischer Erbe Cäsars war sein Großneffe, der 19-jährige Gaius Octavius, der posthum die Adoption durch Cäsar aussprechen ließ und den Namen Gaius Julius Cäsar mit dem Zusatz Octavianus annahm. In den Auseinandersetzungen mit dem früheren Freund Cäsars, Marc Anton, taktierte er geschickt und erreichte die Übertragung der uneingeschränkten Macht, die in Form eines Treueides der italienischen Bevölkerung zusätzlich legitimiert wurde. Marc Antons Einfluss wurde durch einen Propagandafeldzug untergraben. Er wurde zum Trunkenbold und zum Opfer der Zauberkünste der orientalischen Hexe Cleopatra stilisiert. Die unrechtmäßige Öffnung seines in Rom deponierten Testaments, in dem Marc Anton die Verbringung seiner Leiche in das ägyptische Alexandria angeordnet hatte, schaffte eine Frontstellung zwischen dem italienischen Westen und dem orientalischen Osten des Reiches. In der Seeschlacht von Actium (44 v.Chr.), die Octavian propagandistisch in der alten Form eines gerechten Krieges gegen einen auswärtigen Feind führte und möglicherweise wegen einer voreiligen Flucht Cleopatras gewann, wurde die (scheinbare) Bedrohung durch den Orient abgewandt. Die alte römische Republik gehörte damit aber endgültig der Vergangenheit an. Ebenso wie nach der Ermordung Cäsars stellte sich nunmehr die weitaus schwierigere Frage einer Neuordnung.

Vor allem galt es, sollten nicht die Fehler Cäsars wiederholt werden, eine neue Form der Legitimität zu finden. Mit einer großzügigen Geste übertrug Octavian am 13. Januar 27 v.Chr. die gesamte außerordentliche Gewalt, die er damals besaß, zurück an Senat und Volk. Auf Drängen hin ließ er sich schließlich erweichen, die Macht, deren er sich eben entledigt hatte, wieder anzunehmen, freilich in neuer Form. Augustus, wie er nach Verleihung dieses Ehrennamens nunmehr hieß, vereinte eine Reihe von Amtspositionen in seiner Hand, die sich jedoch formal in das alte Gewand der Republik einfügten. Eine Basis für eine neuerliche rechtliche Legitimität im Rahmen des Bestehenden ergab sich nicht mehr, vielmehr entstand etwas Neues unter Berufung auf die alten Rechtsformen. Augustus hat selbst in seinem Tatenbericht hervorgehoben, dass er viele Einrichtungen der Vorfahren wieder erneuert habe. Dann wies er darauf hin, dass er alle übrigen in Rom an Autorität (*auctoritas*) überragt hätte, an Amtsgewalt aber nicht mehr besessen hätte als die anderen, die auch er im Amt zu Kollegen hatte.

Unter den zahlreichen Ehrungen, die ihm zuteil wurden, ist die Verleihung eines Ehrenschildes, auf dem seine Tugenden, nämlich Tapferkeit, Milde, Gerechtigkeit und Frömmigkeit (*virtus, clementia, iustitia, pietas*), eingeschrieben sind, hervorzuheben. Der Ehrenname Augustus verlieh seinem Träger eine besondere religiöse Weihe. Der nach römischer Zählung sechste Monat wurde in August umbenannt. Am 5. Februar 2 v. Chr. wurde Augustus schließlich der Name eines Vaters des Vaterlandes (*pater patriae*) verliehen. Als solcher stand Augustus in der Nachfolge des Gründers von Rom. Eine Parallele zwischen der Neugründung des Staates und seiner ersten Gründung lag nahe. Nicht zufällig liebäugelte Augustus mit dem Namen Romulus und verzichtete nur deshalb darauf, weil er ihn des Strebens nach der Königswürde verdächtig gemacht hätte. Im Vergleich mit Romulus schneidet er bei dem römischen Dichter Vergil sogar noch besser ab: Während bei Romulus, wie der Raub der Sabinerinnen, die strengen Strafen, der Brudermord und seine Anrede als Herr (*dominus*) zeigen, Rechtlosigkeit überwog, belegen im Kontrast dazu die Ehegesetzgebung, umfassende weitere Gesetzesreformen, die Großzügigkeit gegenüber Gegnern und die Anrede als „Erster" (*princeps*) die nunmehr herrschende Rechtssicherheit. Die neue Ordnung der Dinge ist damit gleichzeitig Neubegründung im uralten Gewande und Durchbruch zu der seit Anfang der Stadt bestehenden Sendung. Vergil stellt sie als die nüchterne Staatsbegabung seines Volkes der Kunst der Griechen gegenüber: „Andere formen Erz in weicheren Zügen, bilden in Marmor lebendige menschliche Mienen, führen gewandter das Wort vor Gericht, zeichnen die Bahnen des Himmels mit dem Stab und sagen den Aufgang der Sterne voraus. Römer, gedenke, dies sind deine Künste, Völker herrschend zu lenken sowie Gesittung und Frieden zu stiften, Unterworfene zu schonen und Aufsässige zu unterwerfen."

Augustus stiftete Frieden. Der augusteische Friede, die *pax Augusta*, nach außen entsprach diesem alten Rombild. Im Inneren war die überkommene Ordnung wiederhergestellt (*res publica restituta*). In ihr verbanden sich Vergangenheit und Gegenwart. Die Einrichtungen trugen noch die gleichen Namen. Und wie viele gab es noch, die die alte Republik wirklich erlebt hatten? Die Sicherheit der Gegenwart wurde den Gefahren der Vergangenheit vorgezogen. Und so fand sich im alten Gewand nirgends mehr ein Rest der alten Gesinnung. In den letzten Stunden seines Lebens fragte Augustus deshalb die zu ihm eingelassenen Freunde, ob sie fänden, dass er die Komödie des Lebens bis zum Ende trefflich gespielt habe. Auf Griechisch fügte er dann die auf der Bühne übliche Schlussformel hinzu: „Wenn es euch gut gefallen hat, so klatscht Beifall, und dankend lasst uns alle nun nach Hause gehen." In Rom kam auch nach seinem Tod der Gedanke einer Alternative nicht mehr auf. Vielmehr rannte alles in die Knechtschaft, Konsuln, Senatoren, Ritter und schließlich die gesamte Bevölkerung. Wie bereits das griechische Beispiel gezeigt hat, wirkt der „starke Mann", der Ruhe und Ordnung garantiert, nicht abschreckend. Politische Systeme, selbst Demokratien, sind deshalb immer für autoritäre „Lösungen" anfällig. Hieran hat sich seit der Antike nichts geändert.

Klare hierarchische Strukturen, die Verantwortlichkeit des Mannes an der Spitze und die Möglichkeit der Identifikation mit ihm, faszinieren vor allem auch Jugendliche. Während sich die Strukturen der Familien infolge ständig steigender Scheidungszahlen und zeitlich aufeinander folgender wechselnder Beziehungen zunehmend verflüchtigen, vermittelt die Führung in radikalen Organisationen das Gefühl von Gemeinsamkeit. Scheint in der Welt des Fernsehens alles möglich zu sein und werden in der Erziehung Heranwachsende wie kleine Erwachsene behandelt, so sagt den Jugendlichen nunmehr (endlich) jemand, was gut und böse ist. Dass die Differenzierung stark vereinfachend ist, macht sie nachvollziehbar. Sie wird deshalb eher begrüßt, als hinterfragt. Und was offenkundig falsch ist, wird von den Mitgliedern der Gruppe gerne übersehen. Ähnliche Verhaltensweisen zeigen auch Erwachsene, die nicht nur in persönlichen Angelegenheiten, sondern auch in politischen Fragen – nach einer Unterscheidung des Psychologen Eric Berne – auf die Stufe des angepassten Kindheits-Ich zurückfallen. Je weniger die Menschen mit ihrer Situation und sich selbst nach ihrem eigenen Empfinden zufrieden sind, desto eher werden sie derartige Reaktionen zeigen. In echten, aber auch in lediglich scheinbaren Krisensituationen werden sie sich deshalb als für autoritäre Lösungen aufgeschlossen erweisen. Die Aussage des englischen Philosophen Bertrand Russell, dass die Einfältigen ihrer Sache stets todsicher sind, während die Nachdenklichen immer voller Zweifel stecken, trifft für Vergangenheit und Gegenwart gleichermaßen zu.

Rolle und Maske – Die entschwundene Wirklichkeit und die politische Philosophie

Die Schulen der verhinderten Politik

Die Römer waren Philosophen und Rhetoren nicht wohlgesonnen. 161 v. Chr. wurden sie sogar per Senatsbeschluss aus Rom verwiesen. Der Prätor sollte dafür Sorge tragen, dass sich diese Leute nicht länger in Rom aufhielten, vorausgesetzt, dass ihm dies zum Wohle des Staates und nach seinem eigenen Amtsverständnis erforderlich erschien. Die „Schulen der Unverschämtheit" erfreuten sich dennoch großen Zulaufs. Sie wurden aber von den herrschenden Kreisen abgelehnt. Die Jugend sollte sich nach ihrer Ansicht dem „Rekrutendienst auf dem Forum" unterziehen, das heißt erfahrene Politiker zu Gerichtsverhandlungen und Volksversammlungen begleiten und so in der Praxis lernen, was notwendig sei. Der berühmte römische Censor Cato der Ältere empfahl der Jugend, in die Bücher der Griechen hineinzusehen, sie aber nicht genau zu studieren. Von ihm wird überliefert, dass er in seinem ganzen Leben nur drei Dinge bereut habe: Das Erste, dass er einer Frau ein Geheimnis anvertraut habe, das Zweite, dass er zu Schiff an einen Ort gereist sei, wohin er zu Land hätte kommen können, das Dritte, dass er einen Tag hingebracht habe, ohne sein Testament gemacht zu haben. Philosophische Spekulationen schienen diesem Denken fremd zu sein. Der Komödiendichter Apuleius hat sogar einmal geklagt, dass sich jeder Arbeitsscheue Philosoph nenne. Und auf der Grabinschrift des reichen Trimalchio heißt es in dem Schelmenroman „Satyrica" des Dichters Petronius: „Fromm, tapfer, treu kam er aus kleinen Anfängen hoch, hinterließ dreißig Millionen und hat niemals einen Philosophen gehört."

Man hielt sich in Rom zunächst an die Empfehlung der Alten: Halte nur die Sache fest, die Worte werden folgen (*rem tene, verba sequentur*). Cato der Ältere ließ deshalb in seinem Geschichtswerk die Namen der Feldherrn weg, überlieferte jedoch, dass der Elefant, der am tapfersten vorne im punischen Heere kämpfte, Surus hieß und einen abgebrochenen Stoßzahn hatte. Aber auch Catos Schriften sind bereits reichlich mit griechischen Gedanken und Erzählungen gespickt. Unter seinen Aussprüchen sind viele wörtlich aus dem Griechischen übersetzt. Die Römer schätzten zudem das gebildete Gespräch im Freundeskreis. Cicero schrieb in seinen Briefen an seinen Bruder Quintus zu einer Zeit, in der er aufgrund der äußeren Umstände zu weitgehender politischer Abstinenz verurteilt war, dass er an einem staatswissenschaftlichen Werke arbeiten würde und die Mühe gut angelegt wäre. Sollte es nicht gelingen, würde er etwas anderes anfangen, da er nicht still sitzen könnte. In einem anderen Brief freute er sich über das Lob eines Lesers des Inhalts, dass dieser selbst bei den Griechen nie etwas Besseres gelesen habe. Die Beschäftigung mit der Staatstheorie, die in Rom seit den Krisenzeiten in größerem Umfang einsetzte, war zum Politikersatz der Gebildeten geworden. Der römische Schriftsteller Plinius drückte dies in einem Brief später einmal folgendermaßen aus: „Umso mehr wollen wir diese kurze Spanne der flüchtigen Zeit, die uns beschieden ist, wenn sie nicht Taten gewidmet wird (die Gelegenheit dazu liegt ja nicht in unserer Hand), jedenfalls mit geistiger Arbeit verlängern, und, weil uns nun einmal ein langes Leben versagt ist, etwas hinterlassen, was davon zeugt, dass wir gelebt haben.“ Die Liebe zur Unsterblichkeit (*amor immortalitatis*), die sich in der politischen Praxis nicht mehr realisieren ließ, wurde somit literarisch kompensiert. Es war also nicht der Weise, der sich wie Diogenes in Athen, willentlich abseits von den öffentlichen Angelegenheiten hielt, sondern der verhinderte Politiker, der sich in Rom der Philosophie widmete.

Philosophie als Emigration bei Cicero

Cicero hatte als Politiker das Scheitern kennen gelernt, die Undankbarkeit von Freunden und schließlich sogar die Verbannung. Er räumte deshalb ein, dass er zu seiner Tröstung schreibe. Und mit einem Schuss Selbstironie bemerkte er, dass er das Leben für den höchsten Wert halte und deshalb nicht umhin könne, Cäsar ergeben zu sein, dem er sein Leben verdanke. In einem Gespräch mit Freunden äußerte er auf die Empfehlung „leb' mit deinen Büchern“: „Glaubst du, ich täte etwas anderes und ich könnte noch leben, wenn ich nicht mit meinen Büchern lebte?“ Nach seiner Ansicht benötigt man zum politischen Beruf von der Philosophie die Ethik. Unentbehrlich sind ferner Rechtskenntnisse und die Kenntnis der Geschichte. Ein persönlicher Schicksalsschlag, der Tod seiner geliebten Tochter Tullia, verursachte ihm zusätzliches Leid. Und er wies darauf hin, dass seine Bücher nunmehr seine einzige Unterhaltung seien. Politisches Unglück und persönliches Leid bildeten somit bei ihm den Antrieb für die philosophische Schriftstellerei. Bis zu diesem Zeitpunkt hatte Cicero allerdings durchaus einen Hang zu Scherzen. So soll er bei seiner Eheschließung mit einem blutjungen Mädchen namens Publilia, die über großes Vermögen verfügte, auf den Vorwurf, dass er als 60-Jähriger keine Frau, sondern ein junges Mädchen heirate, geantwortet haben: „Morgen *ist* sie eine Frau."

Cicero befasst sich mit den Werken der Philosophie, von der er kein Gebiet auslassen will. In den Mittelpunkt stellt er den Menschen. Durch die Beseitigung der Schrecken, nämlich durch die Verachtung des Todes, das Ertragen von Schmerz und die Linderung von Kümmernissen, und durch die Unterdrückung der Leidenschaften erreicht der Mensch den Frieden, der das Glück bedeutet. In der Staatsphilosophie bildet die Gerechtigkeit für Cicero die Grundlage des Staates. Sie ist jedoch nicht so sehr ein philosophisches Prinzip, eine geistige Norm, sondern ein in Gesetz und Recht festgelegter Begriff, der Richtschnur für politische Macht ist. Römisches Recht, römische Rechtsprechung und Gesetzgebung werden als Verwirklichung des Naturrechtes begriffen. Wer sich an politischer Weisheit erfreuen möchte, der wird sie im Zwölftafelgesetz aus der Gründungszeit Roms entdecken, wo alle nützlichen Einrichtungen und Grundlagen des Staates niedergelegt sind. Wenn auch der römische Staatsmann griechischer Denkweise nicht ganz entraten kann, findet er doch in den Normen des alten römischen Rechtes, der Vätersitte (*mos maiorum*) und den Vorbildern der Vorfahren (*exempla maiorum*) eine Richtschnur.

Die Philosophie hat damit die gleichen Quellen, die im bürgerlichen Recht und in Gesetzen enthalten sind. Für den Politiker werden die Grundlagen der Jurisprudenz als unentbehrlich angesehen. Dem Staatsmann ist der – Cicero selbst versagte – Platz im Himmel oder, wie es bei Platon heißt, auf der Insel der Seligen gewiss. Die Beschäftigung mit der praktischen Philosophie sorgt für den nötigen inneren Abstand. Sie setzt die Politik in Relation zur Ewigkeit. Die Politiker müssen nicht Philosophen werden, aber etwas „Liebe zur Weisheit" ist für ihre Überzeugungsbildung zunächst nicht hinderlich. Politisches Handeln sollte jedenfalls stets – auch heute – nach seinen ethischen Grundlagen hinterfragt werden.

Es ist kein Zufall, dass Ciceros Nachdenken über den gerechten Staat und den wahren Staatsmann praxisbezogen das römische Staatswesen im Blick hat. Staatsphilosophie in einer politischen Krise muss, will sie nicht nur theoretische Spekulation bleiben, an reale Gegebenheiten anknüpfen. Dies ist freilich für den Philosophen nicht ungefährlich, wenn sich eine autoritäre Lösung, und zwar gleichgültig ob man sie mit dem Namen Cäsar, Pompeius oder Augustus verbindet, bereits abzeichnet. Was Staatsphilosophie in dieser Situation leisten soll, hängt nicht zuletzt vom persönlichen

Risiko für den Philosophen ab. Noch schwieriger ist die Frage zu beantworten, was Staatsphilosophie in einem beginnenden autoritären Regime leisten kann. Als oppositionelle, rein kritisierende Theorie wird sie symbolisch bleiben und kaum Einfluss auf die reale Politik nehmen können. Versucht sie zumindest graduelle Verbesserungen, so ist sie gezwungen, bis zu einem bestimmten Grad die Sprache der Mächtigen zu sprechen; auf diese Weise wird sie teilweise „mitschuldig". Die Nachgeborenen dürfen es sich später nicht zu leicht machen und hieran nur pauschal Kritik üben.

Philosophische Ohnmacht und Widerstand bei Seneca

Seneca ist ein Beispiel für das Wirken eines Philosophen in einem totalitären Regime. Wie Cicero verband auch er die eigene Person mit seiner Philosophie, allerdings unter einem neuen Vorzeichen. Die Zeit des öffentlichen Wirkens war nämlich endgültig vorbei. Unter dem berüchtigten Kaiser Nero nahm der Schein der Freiheit immer mehr ab. Ziel des Philosophen Seneca war die heitere Ruhe des Gemüts. Die eigene politische Ohnmacht konnte täglich erfahren werden. Ein Philosoph sollte deshalb außerhalb der Politik zu wirken versuchen, durch geistige Vertiefung, durch Humanität und durch Dienst an den Mitmenschen.

Seneca erlebte zunächst die ersten fünf Jahre der Regierung Neros, die von dem Kaiser Trajan später als das beste Regiment aller bisherigen Kaiser bezeichnet wurden. Seneca geht davon aus, dass Herrscher und Volk wechselseitig aufeinander angewiesen sind. Dem Herrscher ziemt dabei Milde wie den Göttern. Wie diese ist auch der Herrscher an seine Größe gebunden und ihr verpflichtet. Der Herrscher, der Vater des Vaterlandes (*pater patriae*), wird denjenigen Grundsätzen unterworfen, die das Regiment des Hausherrn, des *pater familias*, schon immer zu befolgen hatte. Seneca musste aber auch der Ermordung Agrippinas, der Mutter Neros, durch ihren eigenen Sohn, dessen Erziehung er übernommen hatte, zusehen. Nero täuschte ein Attentat seiner Mutter vor. In einem von Seneca aufgesetzten Schreiben an den Senat berichtet er, dass seine Mutter von eigener Hand gestorben sei. Sie habe nach der Mitherrschaft gestrebt, herausragende Männer mit Prozessen bedrängt und schon unter Claudius viel Unheil angerichtet. Nero heuchelte Betroffenheit: „Dass ich gerettet bin, kommt mir bis jetzt weder glaubhaft noch erfreulich vor." Seneca wurde der Komplizenschaft mit Nero bezichtigt. Die Zeit der Majestätsprozesse und Justizmorde kehrte wieder. Auch Seneca fiel bei Nero in Ungnade. Nach seiner

Entmachtung widmete er sich nur noch seinen philosophischen Studien. Er fügte sich in sein Schicksal. Widerstand dagegen wäre angesichts der kaiserlichen Macht auch Torheit gewesen: „Wer sich fügt, den führt das Schicksal, wer sich sträubt, den zieht es fort."

Neros Frau Octavia fiel einer Intrige zum Opfer, als Nero seine Geliebte Poppaea Sabina heiraten wollte, die laut Tacitus alles hatte, nur keine Moral. Eine Verschwörung gegen Nero scheiterte. Seneca hatte sie gebilligt, da er für einen Menschen von Neros Wesensart allein den Tod als Heilmittel ansah. Allerdings rief er selbst nicht aktiv zum Widerstand auf, da kein Joch so schwer sei, dass es nicht weniger den verletze, der es trage, als den, der Widerstand leiste: „Einzige Erleichterung ist es bei ungeheurem Unglück, zu dulden und sich in die Unvermeidlichkeiten zu schicken." Der Aufstand gegen eine Willkürherrschaft ist allerdings nahezu unvermeidlich: „Untergegangen ist alles, sobald das, was der Zorn rät, die Stellung ermöglicht, und nicht lange kann Macht, die unter vieler Elend ausgeübt wird, bestehen. Sie gerät nämlich in Gefahr, sobald die, welche einzeln stöhnen, gemeinsame Furcht verbunden hat. Die meisten haben sie daher bald einzeln getötet, bald gemeinsam, wenn sie der allgemeine Schmerz gezwungen hatte, ihren Zorn zu vereinen." Seneca selbst unterzog sich nach dem Scheitern des Anschlags auf Nero freiwillig dem Ritual des Sterbens, und zwar seiner eigenen Forderung folgend: „Wie im Theaterstück, so im Leben kommt es nicht darauf an, wie lange, sondern wie gut es gestaltet ist. Nichts tut es zur Sache, an welcher Stelle du aufhörst. Wo immer du willst, höre auf: Nur sorge für einen guten Schluss."

Die Stellung des Staatsphilosophen in der Tyrannei wird stets ambivalent bleiben. Der Staatsphilosoph wird nahezu zwangsläufig mit der korrumpierten Macht in Berührung kommen und teilweise sogar versucht sein, sie zu rechtfertigen. Die Rechtfertigung der Ermordung seiner Mutter durch Seneca und der Artikel „Der Führer schützt das Recht" anlässlich des Röhm-Putsches unterscheiden sich nicht. Das große Thema der politischen Philosophie kann im totalitären Regime nur die Rechtfertigung des Sturzes des Machthabers, das heißt des Tyrannenmordes sein. Hierzu hat die Staatsphilosophie nicht nur zur Zeit des Kaisers Nero eine zurückhaltende Position eingenommen. Eine klare Parteinahme gegen den Tyrannen ist von ihr kaum zu erwarten. Dass diese Zurückhaltung seitens des Machthabers bereits als Verrat gedeutet wurde, ändert daran nichts. Für viele Philosophen bedeutete dies allerdings persönliche Verfolgung bis hin zum Tod.

Auch im Verhältnis zum stets präsenten Tod versuchte Senecas Philosophie durch den Blick auf das Ganze Trost zu spenden: „Stell dir der unergründlichen Zeit gewaltige Größe vor und umfasse das All, dann vergleiche das, was wir ein Menschenleben nennen, mit der Unendlichkeit: Sehen wirst du, wie klein das ist, was wir uns wünschen und was wir verlängern wollen. Wie viel davon nehmen Tränen, wie viel nehmen Sorgen in Anspruch, wie viel der Tod, bevor er unerwünscht kommt, wie viel Krankheit, wie viel Furcht? Wie viel die Jahre der Kindheit oder der Unbildung oder der Nutzlosigkeit? Die Hälfte des Lebens verschläft man. Füge hinzu Anstrengungen, Trauerfälle, Gefährdungen, und du wirst erkennen, auch in einem sehr langen Leben ist die Zeitspanne sehr klein, in der man wirklich lebt. Das Leben ist weder ein Gut noch ein Übel: Es ist der Platz von Gutem und Schlechtem." Der Tod hatte angesichts der täglichen Bedrohung durch das Terrorregime seinen Schrecken teilweise verloren. Die in Rom bei missfälligen Personen übliche Auslöschung des Andenkens an den Verstorbenen (*damnatio memoriae*), die mit einer Vernichtung seiner Statuen, dem Entfernen seines Namens in Inschriften und der Zerstörung seines Hauses verbunden war, vernichtete die Spuren des bereits erloschenen Lebens. Was blieb also dauerhaft vom Menschen? Einige wenige Erinnerungen, möglicherweise aber auch nichts. Selbst der Tod ist in einer Schreckensherrschaft wenig tröstlich.

Marc Aurel – Philosophie und Macht im Bewusstsein des Todes

Dem von Seneca propagierten Ideal eines guten Herrschers entsprach etwa ein Jahrhundert später der Kaiser Marc Aurel. Er setzte das stoische Lehrgebäude fort, was ihn möglicherweise jedoch nicht an Christenverfolgungen hinderte. Sein Ziel war das Leben in Übereinstimmung mit der Vernunft im Inneren des Einzelindividuums, der Menschheit und des Kosmos. Ein Leben als Philosoph ist nach seiner Lehre nur in der Distanz möglich. Das stoische Ziel des darüber Stehens sollte sich in der täglichen Anwendung beweisen. Als Grundlage diente anders als bei den Epikureern nicht die Lebensfreude, sondern das Bewusstsein des Todes. Philosophie wird so zur gelebten Askese. Die Antwort auf die Frage nach dem Sinn des Lebens lautet: „Mensch, du betätigst dich als Bürger in dieser großen Stadt. Was macht es dir aus, ob fünf Jahre oder drei? Denn die Betätigung nach dem Gesetz ist für jeden gleich. Was Schlimmes ist es also, wenn dich aus der Stadt wegschickt nicht ein Tyrann und nicht ein ungerechter Richter, sondern die Natur, die dich hineingeführt hat? Wie wenn einen Schauspieler der Prätor entlässt, der ihn in Dienst genommen hat. ‚Aber ich spielte nicht die fünf Akte, sondern die drei.‘ Richtig, aber im Leben sind die drei das ganze Drama. Denn was fertig ist, bestimmt jener, der einmal für die Mischung verantwortlich war, jetzt für die Auflösung. Du bist für beides nicht verantwortlich. Geh also heiter weg, denn auch der, der dich entlässt, ist heiter.“

Dass Geist und Macht zusammenfallen wie bei Marc Aurel, ist eher zufällig. Die Philosophie dient in der Krisengesellschaft Politikern angesichts nicht änderbarer Umstände zur inneren Emigration. Politiker werden teilweise gezwungenermaßen zu Philosophen. Das Nachdenken über die Krise der Politik, die Anzeichen eines autoritären Regimes und die totalitäre Herrschaft hat resignative Züge. Wo Handeln geboten ist, bleibt nur das Schreiben. Die Philosophie vermag zwar noch immer, den Menschen im Hinblick auf deren Endlichkeit Trost zu spenden. Sie wird jedoch in Rom – anders als in Griechenland – nie zur „Hauptdisziplin“. Die wahre Philosophie muss das Gegebene infrage stellen, um Alternativen aufzeigen können. Dies war in Rom nur in Ansätzen der Fall. Die römische Republik und das theoretische Nachdenken über den Staat an ihrem Ende und in der Kaiserzeit blieben den Umständen verhaftet. Die politische Praxis in Rom kann wichtige Hinweise auf die Struktur einer modernen Krisengesellschaft geben. Die römische Staatstheorie ist hierin eingebunden. Eine eigenständige Bedeutung für das moderne Europa hat sie demgegenüber nicht. Es ist fast programmatisch, wenn in einem römischen Schauspiel ein Darsteller sagt: „Philosophieren ist mir vonnöten – ein wenig jedenfalls, denn ganz und gar gefällt mir nicht.“

Römisches Recht – Rechtsnormen und Rechtspraxis

Von den zwölf Tafeln zum *Corpus Iuris Civilis* – Gesetzes- und Juristenrecht in Rom

Die Quelle allen öffentlichen und privaten Rechtes

Die Gesetzgebung ist keine Erfindung der Neuzeit. Schon in den frühen Hochkulturen Mesopotamiens und in der Antike ist Rechtssetzung auch durch Gesetzgebung praktiziert worden. Meist kam es aufgrund des Interesses an einer übersichtlichen Zusammenfassung der zerstreuten Normen zu Rechtszusammenstellungen. Bereits am Anfang der römischen Geschichte steht ein derartiges und zudem imposantes Gesetzgebungswerk, das Zwölftafelgesetz von 451 v. Chr. Noch ein halbes Jahrtausend später bezeichnet es der römische Geschichtsschreiber Livius trotz der ungeheueren Menge immer wieder aufgehäufter weiterer Gesetze als Quelle allen öffentlichen und privaten Rechtes. Der Politiker Cicero berichtet, dass er als Knabe das Gesetz in der Schule auswendig lernen musste. Und im 2. Jahrhundert n. Chr. schreibt der Jurist Gaius sogar noch einen Kommentar zu dem inzwischen 600 Jahre alten Gesetz. Dem würde entsprechen, wenn heute Passagen aus der Peinlichen Gerichtsordnung Kaiser Karls V. von 1532 in der Schule unterrichtet würden und zu diesem Gesetz mit seinen Delikten der Zauberei, der Homosexualität und des Ehebruchs, mit der Beweiserhebung der „Peinlichen Frage“ (Folter) und mit der durch die Verfassung zwischenzeitlich verbotenen analogen Anwendung von Straftatbeständen noch ein moderner Kommentar für die Rechtspraxis verfasst würde.

Unmittelbarer Anlass für das römische Gesetzgebungswerk des 5. Jahrhunderts v. Chr. waren die Vorwürfe unkontrollierter Anwendung der Gesetze und der Strafvorschriften im Rahmen der Rechtsprechung. Die Publikation des Rechts, das jedermann zugängliche Rechtsbuch, sollte insoweit Abhilfe schaffen. Zu diesem Zweck wurde nach der Überlieferung eine Kommission eingesetzt, die die Aufzeichnung der Gesetze vornehmen sollte. Ihre zehn Mitglieder verfassten zunächst zehn Tafeln und fügten danach in einem politisch und juristisch umstrittenen Akt zwei weitere Tafeln hinzu, bevor es zu ihrem Sturz wegen Machtmissbrauchs kam.

Wenn du vor Gericht gerufen wirst, so gehe

Der erste Satz des Zwölftafelgesetzes (*si in ius vocat, ito*) enthält den Befehl an den Beklagten, auf Aufforderung des Klägers vor Gericht zu erscheinen. Weitere Bestimmungen betreffen detaillierte Regelungen über die Ladung, die Verhandlung in einem Rechtsstreit und die Vollstreckung des Urteilspruchs. In diesem Regelungsschwerpunkt des Gesetzes kommt die große Bedeutung vom Prozess als Rechtsverhältnis zum Ausdruck. Es ist allerdings dennoch fraglich, ob der streitige Rechtsaustrag die ursprüngliche Form der Konfliktbewältigung darstellt. Vor den Vorschriften über die Gerichtsentscheidung findet sich nämlich der Satz „Wenn sich die Parteien vergleichen, soll so entschieden werden". Ähnlich wird an anderen Stellen das Recht, sich gütlich zu einigen, betont und klargestellt, dass ein richterlicher Spruch erst erfolgen solle, wenn keine Einigkeit erzielt werde. Das Ziel einer gütlichen Erledigung des Streits während des ganzen Verfahrens ist Ausdruck einer Befriedungstendenz. Zwischen den Parteien soll der Rechtsfriede zunächst von diesen selbst, das heißt ohne obrigkeitliches Eingreifen, wiederhergestellt werden. Dies entspricht der Erfahrung, dass von den Streitparteien selbst gefundene Lösungen leichter akzeptiert werden und deshalb dauerhafter sind als fremdbestimmte Entscheidungen eines Dritten. Das Recht kann nur zuteilen, nicht verteilen. Die Betroffenen können demgegenüber nach gemeinsamen Lösungen suchen. Selbst wenn die moderne Ansicht, Gerichtsverfahren stellten nur „Null-Summen-Spiele" dar, in denen beide Teile verlieren, während es sich bei der durch einen Dritten vermittelten Einigung um eine Doppel-Gewinner-Lösung handelt, bei der beide Teile gewinnen, überspitzt ist und rechtsförmige Verfahren vorschnell abwertet, hat das wechselseitige Nachgeben für den Rechtsfrieden jedoch eine nicht zu unterschätzende Bedeutung.

Ist eine einvernehmliche Konfliktbeilegung nicht möglich, so stellt der Befehl, vor Gericht zu erscheinen, einen Versuch dar, Streitigkeiten zwischen Einzelnen und Gruppen in einer gemeinverträglichen Form auszutragen. Das damit geschaffene Rechtsprechungsmonopol setzt zweierlei voraus: eine Entscheidungsfindung, die durch ihr Verfahren und ihre Ergebnisse für Richtigkeit, das heißt für weitest mögliche Gerechtigkeit bürgt. Zusätzlich muss das Gemeinwesen so stark sein, dass es vermag, einen Richterspruch auch gegenüber Einzelinteressen durchzusetzen. Aus der Sicht der Betroffenen war für die Einführung einer Gerichtsbarkeit des Gemeinwesens gegenüber dem früheren unkontrollierten Rechtsaustrag entscheidend, dass diese nicht willkürlich handelte und Urteile erst dann gefällt wurden, wenn ein freiwilliger Ausgleich zwischen den Beteiligten nicht mehr möglich war. Staatliche Gerichtsverfahren werden deshalb vor allem dann Anerkennung finden, wenn sie effizient sind. Dies setzt nicht nur angemessene Erledigungszeiten voraus, sondern auch eine anschließende erfolgreiche Vollstreckung. Wenn ein Gläubiger nach einem jahrelangen Gerichtsverfahren endlich ein Urteil erstritten hat, er dann mehrfach mittels Vordrucks davon verständigt wird, dass die zuständigen Gerichtsvollzieher überlastet seien, und anschließend ein Abstandsprotokoll erhält, wonach der Schuldner zwischenzeitlich kein verwertbares Vermögen mehr habe, aber die Abgabe einer eidesstattlichen Versicherung (früher Offenbarungseid) gefordert werden könne, wird sein Vertrauen in die staatliche Rechtsdurchsetzung schwinden. Dubiose Büros, die die Realisierung von Forderungen garantieren, treten aus diesem Grund heute teilweise bereits an die Stelle des staatlichen Entscheidungs- und Durchsetzungsmonopols.

Die weiteren Regelungen des Zwölftafelgesetzes betreffen die typischen Rechtsbeziehungen in einem agrarisch geprägten Gemeinwesen. Schwerpunkte bilden das Familien- und Erbrecht, insbesondere die Aussetzung, der Verkauf und die Adoption von Kindern, die Heirat und die Scheidung, die Errichtung eines Testaments und das Nachbarrecht. Im Schadensersatzrecht wird wiederum die Verhinderung der Streiteskalation deutlich. Wenn jemand einem anderen ein Glied verstümmelt, soll er (nur) das Gleiche erleiden, falls er sich nicht mit dem Geschädigten vergleicht. Damit war die (Blut-) Rache bis in die zehnte Generation ausgeschlossen. Zugleich war dem Prinzip „Auge um Auge, Zahn um Zahn" ein gütlicher Ausgleich vorgeschaltet. Bereits das antike Recht betont somit durchgängig die Wichtigkeit einer einvernehmlichen Konfliktregelung, ein Prinzip, das angesichts einer zunehmenden Prozessflut die modernen Juristen nunmehr wieder zu entdecken scheinen. Nicht der Kampf ums Recht, sondern der einvernehmliche Rechtsaustrag, das heißt der Rechtsfriede, ist für den Bestand einer Rechtsordnung vorrangig.

Privilegien sollen nicht beantragt werden

„Privilegien sollen nicht beantragt werden" (*privilegia ne inroganto*). Dieser Satz des Zwölftafelgesetzes dient der Rechtsgleichheit.

Allerdings enthalten die beiden nachträglich noch hinzugefügten Gesetzestafeln ein Verbot der patrizisch-plebejischen Mischehen, also durchaus ungleiches Recht. Die zweite Gesetzgebungskommission habe, so wird überliefert, in einer unmenschlichen Gesetzesbestimmung das schon bestehende Recht einer Heirat zwischen Plebejern und Patriziern außer Kraft gesetzt. Da dieses Heiratsverbot bereits fünf Jahre später wieder abgeschafft wurde, scheint es sich nicht um ein neues Verbot, sondern lediglich um die Fixierung einer politisch nicht mehr unumstrittenen Rechtsregel gehandelt zu haben. Rechtsetzung ist stets auch politische Entscheidung und somit Machtausübung. Dies wird durch die außerordentliche Gewalt der Zehn-Männer-Kommission, die für die Niederschrift der Zwölftafelgesetze eingesetzt wurde, deutlich. Allerdings ist auch umgekehrt das schlechteste Gesetz nicht nur ein Erfahrungssatz der Machtausübung, sondern stellt immer auch einen Versuch dar, Rechtssicherheit zu verwirklichen. Durch eine vernünftige praktische Handhabung kann selbst ein schlechtes Gesetz hinnehmbar werden. Zudem scheint Rechtsunsicherheit mitunter weniger tolerabel als ein Rechtszustand, auf den man sich zumindest einstellen und den man – gegebenenfalls – umgehen kann. Nicht nur der Wirtschaftsverkehr, auch der Einzelne benötigt für seinen Lebensplan einen stabilen rechtlichen Rahmen. Ständige Reformen und Nachbesserungen führen nur zur Verunsicherung. Ein besonders eklatantes modernes Beispiel hierfür ist der Versuch, Steuergerechtigkeit zu schaffen. Dieser hat nur zu jährlich wechselnden Steuergesetzen, nicht aber zu einer steuerlichen Gleichbehandlung geführt. Die Folge sind vielmehr immer neue Steuertricks, die die Cleveren oder gut Beratenen nutzen können, während die braven Steuerzahler die „Dummen“ sind. Zurückhaltung des Gesetzgebers an Stelle übereilter Reformen dient nicht zuletzt der Gerechtigkeit.

Das Verbot von Sondergesetzen zum Nachteil einzelner Personen ist ein Ideal. Ein Privileg – im heutigen Sprachgebrauch ein Vorrecht, ursprünglich aber das Einzelfallgesetz – war in Rom nämlich eher der Prototyp des Gesetzes als die Ausnahme. So wurde beispielsweise das Bürgerrecht durch Volksbeschluss verliehen, die Adoption von Personen durch Gesetzesbeschluss ausgesprochen und einzelne Personen wurden per Gesetz einer Untersuchung oder Strafen unterzogen.

Das Gesetz als Ausdruck eines allgemeinen Willens gehört ideengeschichtlich in das 18. bzw. 19. Jahrhundert. Die Allgemeinheit wurde erst durch die Französische Revolution und das liberale staatstheoretische Denken zum Merkmal des Gesetzesbegriffes. Ihm liegt eine Fiktion zugrunde. Es ist die der Gleichheit aller Menschen. Wenn nämlich alle Menschen gleich sind, ist es ein Gebot der Gerechtigkeit, alle auch danach zu behandeln. Das Merkmal der Allgemeinheit schützt so vor legislativer Ungleichbehandlung und Willkür. Das Ideal der generellen Norm wurde aber schon bei seiner Entstehung durchbrochen. Auch die französische Verfassung von 1791 kennt Einzelanordnungen. Die dennoch bestehende Reserviertheit gegenüber Privilegien beruht auf der nahe liegenden Gefahr des Missbrauchs. Schon der römische Schriftsteller Tacitus sieht die gegen einzelne Personen beschlossenen Gesetze als letzte Stufe auf dem Weg zur größten Korruptheit des Staatswesens an. Es ist nicht die Unzulässigkeit des Mittels, die diesen Eindruck bewirkt, sondern das Missfallen an dem Regelungsinhalt. Das Gesetz soll nicht allgemein, sondern gerecht, das heißt frei von jeder Benachteiligungsabsicht sein. Der Zwölftafelsatz, dass Spezialgesetze zum Nachteil einer Person nicht erlassen werden dürfen, kann deshalb als eine Mahnung an den Gesetzgeber, seine Gewalt nicht in dieser Art zu missbrauchen, verstanden werden. Missbrauch kann – wie die moderne Gesetzgebung zeigt – auch darin bestehen, dass aufgrund des Drucks mächtiger Interessengruppen für diese bestimmte Sonderregeln geschaffen werden. Gesetzeswerke, die nur noch den Einfluss der Lobby des Gesetzgebungsorgans erkennen lassen, dienen nicht dem Rechtsbewusstsein.

Bereits Cicero hatte in einer Verteidigungsrede die überragende Bedeutung der für alle geltenden Gesetze im römischen Gemeinwesen für die Freiheit und Gleichheit folgendermaßen hervorgehoben: „… dann musst du mir gestehen, dass es noch viel unwürdiger ist, wenn in einer Bürgerschaft, die sich auf Gesetze stützt, von diesen Gesetzen abgewichen wird. Dies ist nämlich das Band der Stellung, die wir in den öffentlichen Dingen einnehmen, dies ist die Grundlage der Freiheit, dies ist die Quelle der Gerechtigkeit; Geist, Sinn, Einsicht und Bedeutung der Bürgerschaft beruhen auf den Gesetzen. Wie unser Körper ohne Geist, so kann auch eine Bürgerschaft ohne Gesetze ihre Bestandteile, wie Sehnen, Blut und Glieder nicht gebrauchen. Diener des Gesetzes sind die Amtsträger, Ausleger des Gesetzes die Richter, Sklaven der Gesetze schließlich sind wir alle deswegen, damit wir frei sein können.“ Die Beamten sind das Sprachrohr des Gesetzes. Das Gesetz wiederum die sprachlose Magistratur. Der Amtsträger soll sich nach den Gesetzen richten und nach ihnen verfahren, anstatt nur zu befehlen. Die Bindung des Inhabers der Macht an das Gesetz wird so zum Symbol der für alle gleichen Freiheit. Die Gesetzesbindung schafft gleichzeitig Unabhängigkeit von anderen Interessen und Einflüssen, die sich nicht in Gesetzen artikulieren können. Hinter dem gegenüber der öffentlichen Verwaltung mitunter erhobenen Vorwurf eines „Bürokratismus" verbirgt sich deshalb in nicht seltenen Fällen der Wunsch nach einer Abweichung von Rechtsvorschriften zugunsten des Antragstellers. Im eigenen Fall soll „flexibel" entschieden werden, während bereits beim Nachbarn die Anwendung der ganzen Härte des Gesetzes unnachgiebig eingefordert wird. Der moderne „kooperative" Staat ist deshalb mit Gefahren für den einheitlichen Gesetzesvollzug verbunden. Zu leicht wird aus der Zusammenarbeit ein „Paktieren". Der Staat darf sich insbesondere seine Amtshandlungen nicht abkaufen lassen. Deshalb dürfen Leistungen, auf die der Bürger einen Anspruch hat, nicht von zusätzlichen Gegenleistungen abhängig gemacht werden. Die Gesetzesbindung der Verwaltung ist im Interesse der Gleichheit vor dem Gesetz ein so wichtiges Prinzip, dass von ihm nicht ohne Schaden für das Ganze ständig abgewichen werden kann.

Gesetzes- und Juristenrecht

Die Rechtsentwicklung in Rom nach dem In-Kraft-Treten des Zwölftafelgesetzes liegt im Wesentlichen in den Händen eines Priesterkollegiums (*pontifices*). Der Erlass neuer Gesetze blieb dagegen eher die Ausnahme. Die Jurisdiktionsmagistrate, insbesondere die Prätoren, schufen dafür ein Amtrecht, das das beherrschende Element in der römischen Rechtsentwicklung bildete. Daneben widmete sich die Rechtswissenschaft der Anwendung der verschiedenen Rechtsschichten. Die Ausbildung eines Juristenrechtes förderte auch die vom modernen Prozess, in dem der Richter den Rechtsstreit verhandelt und entscheidet, abweichende Zweiteilung des römischen Zivilprozesses. Er gliedert sich in das einleitende Stadium vor dem Gerichtsmagistrat (*in iure*) und die eigentliche Entscheidung vor dem Einzelgeschworenen oder dem Geschworenenkollegium (*apud iudicem*). Das Amtsrecht der Gerichtsmagistrate war durch seine prozessuale Einkleidung geprägt. Rechte und Pflichten erschienen darin stets in der Gestalt von Klagemöglichkeiten, Einreden und anderen prozessualen Behelfen. Das alte Zivilrecht wurde von diesem prozessualistischen Denken beherrscht.

Die römische Rechtswissenschaft entwickelte sich aus den Priesterkollegien. Der Verkehr mit den Göttern war ebenso Rechtsverkehr wie der Verkehr mit den Menschen. In beiden Bereichen kam es auf die Wahl der richtigen Worte an. Nur wer sie beherrschte, vermochte die Gottheit wirksam anzurufen und Bindungen zwischen Menschen zu stiften oder zu lösen. Der Bund zwischen dem Gott Jahwe und seinem Volk, rechtsverbindliche Pakte mit dem Teufel und die Aufforderung Mephistos an Faust „du musst es dreimal sagen" sind Belege für die Ähnlichkeit der Bindung und für die Macht des im Verkehr verwandten Wortes. Über die Priesterkollegien hinaus erteilten auch andere angesehene Bürger Rechtsauskünfte. Sie wurden nicht nur Einzelpersonen gewährt, sondern auch Beamten, die eine bedeutsame Entscheidung zu treffen hatten. Neben die Erteilung von Rechtsgutachten trat bereits frühzeitig die Abfassung von Geschäfts- und Prozessformularen (Kautelarjurisprudenz). Den gutachtenden Juristen umgaben seine Schüler. Auf diese Weise entstanden Rechtsschulen, die bestimmte Lehrmeinungen pflegten.

Unter der Herrschaft der römischen Kaiser wandelte sich die Stellung der Juristen. Ihre Schicksale sind vom Thema „Widerstand und Anpassung" geprägt. Die gegensätzliche Haltung wird personifiziert in den beiden augusteischen Rechtsgelehrten Labeo Antistius und Capito Ateius. Während es jener aufgrund seiner bestehenden Freiheitsliebe nur bis zur Prätor brachte, stieg dieser, obgleich nur Enkel eines Centurio und Sohn eines Prätors, aufgrund seiner Willfährigkeit gegenüber den Kaisern bis zum Konsulat auf. Den Parteigängern der neuen Ordnung unter den Juristen werden zwei Vorwürfe gemacht: ihr nur scheinbares Eintreten für die Freiheit (*quasi per libertatem*) und ihr Handeln trotz ihrer umfassenden Rechtskenntnisse, die ihnen die Unredlichkeit ihrer Argumentation hätten vor Augen führen müssen. Die neuen Herrscher fanden unter den Juristen somit solche, die ihnen Legitimität und Legalität zu verschaffen wussten. Als Ausgleich dafür erhielten sie die Lizenz, im Namen des Kaisers Gutachten zu erteilen. Alexis de Tocqueville hat dies im 19. Jahrhundert treffend folgendermaßen beschrieben: „Wenn man aufmerksam untersucht, was sich in der Welt zugetragen hat, seit die Menschen die vergangenen Ereignisse im Gedächtnis bewahren, könnte man mühelos feststellen, dass sich in allen zivilisierten Ländern neben einem Despoten, der befiehlt, fast immer ein Rechtsgelehrter befindet, der dessen willkürliche und unzusammenhängende Willensakte in eine Ordnung und Übereinstimmung bringt. Der eine liefert die Macht, der andere das Recht."

Da der Stoff der Rechtsquellen in der Spätzeit kaum noch überschaubar war, entstanden immer mehr Einführungsbücher und Sammlungen von Auszügen. Zugleich wurden Zitiergesetze erlassen, in denen bestimmt wurde, welche Juristenschriften vor Gericht angeführt werden durften und wie deren Rangverhältnis war. Gleichzeitig kam der bereits unter Cäsar gefasste Plan wieder auf, aus dem gewaltigen Stoff sowohl des Juristenrechts als auch der Gesetze ein Gesetzbuch zu schaffen, das keinen Irrtümern und Dunkelheiten Raum lassen und jedermann zeigen werde, was er zu tun und zu lassen habe. Verwirklicht wurde dieses Vorhaben freilich erst unter dem oströmischen Kaiser Justinian, der hierzu eine Kommission einsetzte, die unter Leitung seines „Justizministers" Tribonianus stand. Das Vorhaben begann im Jahre 528 und wurde 534 vollendet. Das *Corpus Iuris Civilis*, das diese Bezeichnung erst in der Neuzeit erhielt, umfasst ein amtliches Anfängerlehrbuch (*Institutiones*), eine Sammlung des Juristenrechtes (*Digesten* oder *Pandekten*) und die Kaisergesetze (*Codex*). Hinzugefügt wurden kaiserliche Nachtragsgesetze (*Novellen*).

Justinian verbot jede Kommentierung der Sammlung der juristischen Lehrmeinungen und bedrohte sie mit Bestrafung wegen Fälschung. Er wollte damit die zahllosen Streitfragen des älteren römischen Rechtes, die er alle beseitigt zu haben glaubte, nicht wiederaufleben lassen. Wörtliche Übersetzungen waren dagegen zugelassen. In ähnlicher Weise verbot das Preußische Allgemeine Landrecht von 1794 dem Richter die Auslegung zweifelhafter Gesetze. Bei der Entscheidung streitiger Rechtsfälle durfte danach der Richter den Gesetzen keinen anderen Sinn beimessen, als aus den Worten und deren Zusammenhang in Beziehung auf den Streitgegenstand oder aus dem nächsten unzweifelhaften Grund des Gesetzes, deutlich hervorging. Im Übrigen musste er die verliehenen Privilegien und Freiheiten so deuten, dass die wohltätige Absicht des Gebers dabei nicht verfehlt oder vereitelt wurde. In diesen Bindungen drückt sich die Angst davor aus, dass Juristen aus möglicherweise guten Gesetzen durch ihre Auslegung schlechte schaffen und damit mehr Streit stiften als Rechtsfrieden. Diese Befürchtung besteht nicht zu Unrecht. Das Sprichwort „Drei Juristen – fünf Meinungen" gibt dies treffend wieder. Mitunter sind es auch hier persönliche Interessen wie das eigene wissenschaftliche Ansehen, Empfindlichkeiten wie eine Nichtbeteiligung in Gesetzgebungskommissionen und nicht zuletzt ein mangelnder Überblick über rechtliche Gesamtzusammenhänge, die dazu führen, dass aus gesetzgeberischer Wohltat durch juristische Auslegungskunst Plage wird.

Andererseits erhalten Juristen ihr Handwerkszeug vom Gesetzgeber und müssen mit den Instituten und Formen umgehen, die ihnen zur Verfügung gestellt werden. Gleichwohl hat auch der Jurist Goethe die Angst vor einer allzu freudigen Auslegungskunst der Juristen formuliert: „Im Auslegen seid frisch und munter! Legt ihrs nicht aus, so legt was unter."

Die Kritik an der juristischen Wortklauberei und Definitionskunst

Auch im römischen Recht existierten bereits die Sätze: „Klare Worte bedürfen keines Interpreten", „Vom Wortlaut des Gesetzes darf nicht abgewichen werden" und „Gesetze müssen verständig ausgelegt werden, sodass ihre Absicht gewahrt wird". Noch deutlicher trifft dies die Formulierung: „Mit Sicherheit verstößt derjenige gegen das Gesetz, der an den Worten des Gesetzes festhaltend sich gegen die Absicht des Gesetzes auflehnt." Die Kritik an der juristischen Wortklauberei und Definitionskunst kann freilich auch eine vordergründige sein. Ein bekanntes Beispiel hierfür bildet die häufig verspottete Eisenbahn-Definition des Reichsgerichts aus dem Jahre 1879. Das Gericht verstand unter einer Eisenbahn: „Ein Unternehmen, gerichtet auf wiederholte Fortbewegung von Personen oder Sachen über nicht ganz unbedeutende Raumstrecken auf metallener Grundlage, welche nur durch ihre Konsistenz, Konstruktion und Glätte den Transport großer Gewichtmassen, beziehungsweise die Erzielung einer verhältnismäßig bedeutenden Schnelligkeit der Transportbewegung zu ermöglichen bestimmt ist, und durch ihre Eigenart in Verbindung mit den außerdem zur Erzeugung der Transportbewegung benutzten Naturkräften (Dampf, Elektricität, thierischer oder menschlicher Muskelthätigkeit, bei geneigter Ebene der Bahn auch schon der eigenen Schwere der Transportgefäße und deren Ladung, u.s.w.) bei dem Betriebe des Unternehmens auf derselben eine verhältnismäßig gewaltige (je nach den Umständen nur in bezweckter Weise nützliche, oder auch Menschenleben vernichtende und die menschliche Gesundheit verletzende) Wirkung zu erzeugen fähig ist."

Anders als die Definition war der zur Entscheidung anstehende Streit einfach: Einem Bauarbeiter war beim Betrieb einer Schmalspurbahn aufgrund eines umstürzenden Gerüstes ein Schaden entstanden. Der Gesetzgeber hatte hierzu erst 1871 das Reichshaftpflichtgesetz erlassen, in dem entgegen einer starken Eisenbahnlobby eine Schadensersatzpflicht des Eisenbahnunternehmers enthalten war. Das Gesetz wurde in der juristischen Literatur denkbar eng ausgelegt. Eine Schmalspurbahn fiel nach der damals herrschenden Ansicht nicht unter den Begriff des Eisenbahnunternehmens, ebenso wenig Unfälle beim Eisenbahnbau. Das Reichsgericht zog demgegenüber in seiner vielfach bespotteten Definition des Begriffes der Eisenbahn die Grenzen der Unternehmerhaftpflicht so weit, dass dem Kläger geholfen werden konnte. Es handelte sich somit um eine sozialpolitische Auslegung und – im römischen Sinn – damit auch um eine Entscheidung, die dem (möglicherweise nur halbherzig verwirklichten) Willen des Gesetzgebers gegen wirtschaftlichen Druck einer Lobby Geltung zu verschaffen suchte.

Die Rezeption des römischen Rechtes als wissenschaftlicher und praktischer Prozess

Auf dem Mistkarren nach Deutschland

Die Rechtsregeln und -ideen des römischen Rechtes bilden auch heute noch die gemeinsame Grundlage des kontinentaleuropäischen Privatrechtes. Die Rezeption, das heißt die Übernahme des römischen Rechtes als geltendes Recht durch die anderen Völker Europas, ist sagenumwoben. Eine (eher unwahrscheinliche) Tradition besagt, dass die berühmte florentinische Handschrift des *Corpus Iuris Civilis* 1135 von den Pisanern am Golf von Salerno erbeutet und nach Pisa gebracht worden sei. Die Einführung des römischen Rechtes in Deutschland ist ebenfalls mit einer Legende verbunden, nämlich der von dem Theologen Melanchthon geförderten Überlieferung, Kaiser Lothar von Süpplingenburg habe 1135 das römische Recht durch Reichsgesetz ausdrücklich angeordnet. Die Wirklichkeit sah freilich anders aus. Schon seit dem 12. Jahrhundert studierten Juristen auch aus deutschen Ländern in Bologna und anderen Rechtsschulen Oberitaliens. Die Universität Bologna war gleichsam die Wiege des europäischen Gemeinrechtes (*jus commune*). An ihr soll eine Professorin namens Novella d'Andrea gelehrt haben, die gezwungen war, ihre Vorlesungen hinter einem Schleier zu halten, damit die Studenten nicht durch ihre Schönheit verwirrt wurden. Es wird ferner berichtet, dass es den Schülern des Rechtes nicht immer gelang, das mit den Glossen versehene römische Gesetzeswerk nach ihrem Studium mit nach Hause zu nehmen. Zeitweise war der „Export" aus der Stadt Bologna sogar verboten, und die gelehrten Doctores mussten ihre juristische Befähigung als Erstes dadurch unter Beweis stellen, dass es ihnen gelang, ihre Bücher aus der Stadt zu schmuggeln. Es ist überliefert, dass dies häufig in einer Mistkarre geschah. Dies war der tatsächliche Weg, auf dem das römische Recht sich in die meisten Länder Europas verbreitete.

Die Rezeption des römischen Rechtes war nur am Anfang ein wissenschaftlicher, später jedoch ein eminent praktischer Prozess. Der Unterricht des römischen Rechtes an den Universitäten hatte sich im Lauf der Zeit immer wieder verändert. Eine moderne rechtswissenschaftliche Schule des 14. und 15. Jahrhunderts (*usus modernus pandectarum*) versuchte nicht mehr wie ihre Vorgänger, den ursprünglichen Sinn der römischen Rechtssätze zu ergründen, sondern war bemüht, unter der Verwendung der alten Texte Regelungen einzuführen und zu begründen, die der damaligen Zeit angepasst waren. Die Juristen Bartolus und Baldus sind die Spitzen dieser wissenschaftlichen Bewegung, die auf den Arbeiten der früheren Rechtslehrer Irnerius und Accursius aufbauen konnte. Das Bürgerliche Gesetzbuch (BGB), das auch heute noch die wesentlichen Teile des deutschen Zivilrechtes enthält, beruht selbst nach der Schuldrechtsreform weiterhin auf den Methoden dieser Rechtsschule.

Von der Universität in die Praxis

Der Umstand, dass verschiedene Völker Europas anstelle des von den eigenen Vorvätern überlieferten Rechtes ein von einem anderen Volk vor Jahrhunderten geschaffenes Recht übernahmen, erscheint zunächst merkwürdig. Besondere Bedeutung bei der Rezeption kommt dem am rationalen Recht geschulten Juristenstand zu. Die wissenschaftlich ausgebildeten Juristen besetzten die Gerichte und die Verwaltung. Die wenigsten Juristen verließen allerdings als gelehrte Doctores die Universität. Die große Masse absolvierte ein Kurzstudium oder eignete sich die Kenntnis des Rechtes durch eine untergeordnete Tätigkeit bei den Gerichten an. Klagen über Juristen, die das Recht handhaben wollten, ohne es gelernt zu haben, und die gütliche Verträge verhindern, mehrten sich. So gering ihr persönliches Ansehen, so groß war jedoch ihr Einfluss. Denn erst durch sie war das römische Recht in die Alltagspraxis eingeführt worden. Übernommen wurde auch nicht das reine justinianische Recht. Das *Corpus Iuris* und die großen Kommentare waren meist kaum bekannt. Verbreitet waren dagegen die Traktate der halbgebildeten Juristen. Begünstigt wurde die Rezeption dadurch, dass die Kirche ohnehin nach römischem Recht lebte. In ihr war durch das Kirchenrechtsbuch (*Corpus Iuris Canonici*) die Rechtseinheit bereits hergestellt. Das weltliche Recht war dagegen in einer Fülle von

Rechtsaufzeichnungen zersplittert. An der Feststellung aus dem 9. Jahrhundert, dass von fünf Leuten, die sich in einem Raum trafen, jeder nach einem anderen Recht lebte, hatte sich noch nicht allzu viel geändert. Dieses Recht befriedigte die Bedürfnisse der aufblühenden Städte und ihres Handels nicht mehr.

Die Entwicklung des modernen Staates und die Rezeption des römischen Rechtes sind eng verbunden. Der Gedanke des Römischen Reiches (*Imperium Romanum*), der im Heiligen Römischen Reich Deutscher Nation fortlebte, und die Kaiseridee haben zur Rezeption des römischen Rechtes beigetragen. Die Verbindung des römischen Rechtes mit dem alltäglichen Rechtsverkehr wurde durch die Idee der Rechtseinheit gefördert. Das römische Recht war zugleich Kaiser- und Reichsrecht. Die Vorstellung, dass etwas Fremdes angenommen wurde, war den Zeitgenossen nicht geläufig. Vielmehr wurde das römische Recht als die ursprüngliche Rechtsordnung des Abendlandes ohne Rücksicht auf die Nationalität der einzelnen Völker, gleichsam als Naturrecht angesehen. Wieder entdeckt worden war allerdings nicht das ursprüngliche *Corpus Iuris*, sondern das rezipierte, den eigenen praktischen Bedürfnissen angepasste und damit veränderte römische Recht. Die Rechtsgelehrsamkeit ist in ihren Anfängen somit eine eminent praktische Wissenschaft. Demgegenüber wird heute bei juristischen Problemen im akademischen Streit häufig übersehen, dass sie der Lösung praktischer Fragen dienen. Gefundene Ergebnisse müssen deshalb stets im Hinblick auf ihre „Alltagstauglichkeit" überprüft werden.

Größtes Recht – größtes Unrecht – Rechtsprinzipien und Wertordnung

Gerechtigkeit durch (mehr) Gesetze?

Eine Reihe von Rechtsprinzipien und -begriffen, die auch heute noch gelten, stammen aus dem römischen Recht. Folgende Beispiele belegen dies: Das Gesetz ist nach antiker römischer Definition die Maßregel, die das Ehrenhafte gebietet und das Gegenteil verbietet. Als Kennzeichen guter Gesetze wird ihre Einfachheit hervorgehoben. So findet sich in den Institutionen der Satz: „In Gesetzen ist Einfachheit besser als Kompliziertheit." Nicht nur die Einfachheit ist Maßstab für eine gute Gesetzgebung. Auch die Zahl der Gesetze lässt nach antiker Anschauung Rückschlüsse auf ihre Qualität zu. Der römische Historiker Tacitus meint, dass es bei der größten Verderbtheit des römischen Staates die meisten Gesetze gegeben habe (*corruptissima re publica plurimae legis*). Als Heilmittel waren sie ärger als die Krankheiten, gegen die sie helfen sollten.

Das Unbehagen gegenüber dem Erscheinungsbild der Gesetzgebung artikuliert sich äußerlich an der steigenden Anzahl der Gesetze und den unüberschaubaren Regelungsbereichen. Dieses Gefühl betrifft jedoch weniger Zahl und Umfang, Form und Inhalt der Gesetze, sondern resultiert in der Hauptsache aus dem Widerspruch zwischen Anspruch und Realität hinsichtlich der Gesetze. Auch der von dem großen römischen Juristen C. Cassius Longinus betonte Grundsatz, dass jede Veränderung des Rechtes nur eine Verschlechterung sein könne, drückt nicht nur eine konservierende Ablehnung gegenüber Rechtsreformen aus, sondern wendet sich vor allem gegen die Beliebigkeit der Geltung rechtlicher Normen.

Ein eindrucksvolles Beispiel bildet hierfür der Streit um ein Gesetz zur Beschränkung von Luxus, die so genannte *lex Oppia*. Dieses Gesetz war im Krieg mit Karthago erlassen worden und verbot Frauen, mehr als eine halbe Unze Gold zu haben, ein buntes Gewand zu tragen und in Rom oder einer Latinerstadt mit einem bespannten Wagen zu fahren. Nach dem Sieg über die feindliche Stadt sollte dieses Gesetz aufgehoben werden. Der spätere Censor Cato der Ältere wandte sich gegen diesen Antrag mit folgender Begründung: „Kein Gesetz ist für alle angenehm. Es geht nur darum, ob es der großen Mehrheit oder der Allgemeinheit nützt. Wenn einem persönlich eine Rechtsbestimmung im Weg ist und man sie deswegen umstößt und beseitigt, was liegt dann noch daran, dass alle Gesetze beantragen, die diejenigen, gegen die sie sich richten, schon bald wieder aufheben lassen könnten? Es ist besser, wenn ein schlechter Mensch nicht angeklagt wird, als wenn er freigesprochen wird." Allerdings setzte sich unter dem öffentlichen Druck der römischen Frauen ein Antrag auf Aufhebung des Oppischen Gesetzes durch. Die Diskussion zeigt jedoch, dass die Aufhebung von Gesetzen die Ausnahme ist und die Beweislast eindeutig bei demjenigen liegt, der sie fordert. Entsprechend erfolgte die Stimmabgabe in den römischen Volksversammlungen. Die Ja-Stimme lautete *uti rogas*, wie du beantragst, die Ablehnung wurde durch *antiquo*, ich lasse es beim Alten, erklärt. Hierin drückt sich nicht nur eine konservative Tendenz aus. Die Anerkennung eines Gesetzes kann nicht davon abhängig gemacht werden, dass es dem einzelnen Rechtsunterworfenen gefällt oder nicht. Andernfalls verlieren Gesetze ihre Kraft, normativ zu wirken.

Ein altes chinesisches Sprichwort besagt, dass untergehende Staaten und Reiche viele Gesetze haben. Die zahlenmäßig zunehmenden Gesetze werden ohnmächtig als Regelungsinstrumente, jedoch als Institutionen übermächtig. Die meisten Gesetze entbehren der inneren Überzeugungskraft, die allein Achtung vor dem Gesetz und Bereitschaft zur Befolgung seiner Anordnungen zu verbürgen vermag. Jeder, der nicht absichtlich die Augen davor verschließt, erkennt in den einzelnen Paragraphen die Handschrift mächtiger Interessen, die im Gewande der Gesetzgebung ihre Belange und Vorteile zu sichern verstehen. Die Volksversammlung beschloss in den letzten Jahren der römischen Republik mit dem bewaffneten Heer im Rücken. Ein Unterschied zu modernen Interessengruppen und -verbänden bestand nur in der Methode, nicht in der Sache. Gesetze werden Kampfinstrumente. Und sie werden beliebig. Die Legalität wird nur noch vom eigenen Interesse abhängig gemacht. Damit sollen nicht die Augen davor verschlossen werden, dass Gesetze stets Ergebnis eines Interessenausgleichs sind. Fehlt ihnen allerdings dieser Kompromisscharakter, weil sich einseitig bestimmte Interessen durchsetzen, wird die zunächst unterlegene Partei nur darauf sinnen, nach einer Änderung der Machtverhältnis das Gegenteil, nämlich ihr eigenes Interesse, im Weg des Gesetzesbeschlusses mit Rechtskraft zu versehen.

Es werden Gesetze gegeben, die wegen ihrer Einseitigkeit oder wegen ihrer Zweideutigkeit zu Rechtsstreitigkeiten Anlass geben. Unter solchen Prämissen wird Rechtssetzung zur Zersetzung. Werden die Gesetze nämlich zuerst rechtlos und dann zu Unrecht – und dies alles in den Formen der Legalität –, so stellt dies einen Rechtsbruch des Staatswesens dar, das zugleich Garant der Rechtsordnung ist. Ein derartiger Rechtsbruch wiegt aber weitaus schwerer als ein Rechtsbruch einer Einzelperson, zerstört er doch das Vertrauen in die Rechtsordnung als solche. Keine Ungerechtigkeit ist verabscheuenswürdiger als diejenige, die vortäuscht, das Recht zu verwirklichen. Die Rechtsnormen beherrschen nicht mehr den politischen Prozess, sondern umgekehrt passt sich dieser die Normen an und ordnet sie sich unter. Die Gesetze bestehen noch, aber sie funktionieren nicht mehr. Der scheinbar „perfektionistische Gesetzesstaat“ der ausgehenden römischen Republik war – wie stets in der Geschichte – ein Krisenstaat. Das forcierte Bestreben nach juristischer Perfektion verdeckte nur die tatsächlich herrschende Unsicherheit. Funktionierende Staaten bedürfen nicht vieler Gesetze. Gute Gesetze benötigen nicht viele Worte. Ständige Gesetzesänderungen schaffen nicht mehr Gerechtigkeit, sondern Rechtsunsicherheit. An dieser Stelle sei daran erinnert, dass das deutsche Grundgesetz in den letzten fünfzig Jahren häufiger geändert wurde als die amerikanische Verfassung in über zweihundert Jahren.

Rechtswahrung und Rechthaberei

So wie unbequeme Gesetze zu respektieren sind, so müssen auch Verträge eingehalten werden, und zwar grundsätzlich alle (*pacta sunt servanda*). Die Diskussion darüber, auf Grund welcher Norm das gegebene Wort binde, ist auch heute noch nicht beendet. Nach römischer Ansicht beruht die Bindung an das gegebene Wort darauf, dass das Recht im Großen und im Kleinen ein Austauschprozess ist. Es herrscht das Prinzip: Ich gebe, damit du gibst (*do ut des*). Eine rechtsgeschäftliche Einigung ist ebenso bindend wie ein Gesetz. Lediglich der Abschluss eines Vertrages ist frei, seine Erfüllung dann nicht mehr. Die Worte eines Vertrages sind sein Gesetz und wie dieses einzuhalten. Für die Wahrheit einer Urkunde spricht immer eine Vermutung. Diese Bindung an Vereinbarungen ist letztlich Ausfluss des Verbotes, sich in Widerspruch zu seinem eigenen Verhalten zu setzen (*venire contra factum proprium*). Der Versuch, sich von einer vertraglich eingegangenen Bindung zu lösen oder diese einseitig zu seinen Gunsten auszulegen, stellt deshalb Unrecht dar. Für eine Wortverdrehung und eine allzu scharfsinnige, auf die Spitze getriebene Rechtsauslegung haben die Römer das Sprichwort geprägt: „Größtes Recht, größtes Unrecht" (*summum ius summa inniuria*). Richtigerweise kommt es nämlich nicht auf die bloßen Buchstaben des Rechtes, sondern auf seinen Sinn an.

Von seinem Recht Gebrauch zu machen schädigt niemanden. Darüber hinausgehend wird die unterlassene Verfolgung von Unrecht selbst als Unrecht angesehen. Wer nämlich den Bösen schont, schädigt den Guten. Der große Göttinger Jurist des 19. Jahrhunderts Rudolph v. Ihering hat dies später auf die einprägsame Formel gebracht: „Nicht das Unrecht soll man anklagen, wenn es das Recht von seinem Sitz verdrängt, sondern das Recht, welches sich dies gefallen lässt."

Allerdings ist Rechtsstrenge der Ungerechtigkeit sehr nahe. Gerechtigkeit ohne Gnade ist mit den Worten des Schriftstellers Albert Camus nicht viel mehr als Unmenschlichkeit. Wer einem Armen das Schwein wegnimmt, nimmt ihm das Auge weg. Aus diesem Grunde dürfen für den Mindestunterhalt notwendige Sachen nicht beschlagnahmt werden und müssen dem Schuldner Mittel verbleiben, um einer Erwerbstätigkeit nachzugehen. Bei zu viel Streit bleibt letztlich die Wahrheit auf der Strecke. Es zeichnet deshalb einen guten Richter aus, dass er Streitigkeiten beilegt und seine Prozesse so zu Ende führt, dass daraus kein neuer Streit entsteht. Das Recht lebt vom Kompromiss und nicht von Sieg und Niederlage. Die Berufung auf das eigene Recht kann auch Züge der Rechthaberei annehmen. Selbst nach einem gewonnenen Prozess gilt: Wer Recht bekommt, hat es darum noch nicht. Die Römer haben die sinnvolle Rechtsbeschränkung auf die kurze Formel gebracht: Nicht alles, was erlaubt ist, ist ehrenhaft.

Die Kunst des Guten und Gerechten – Möglichkeiten und Grenzen des Rechtes

Der römische Jurist Ulpian hat die Rechtswissenschaft als die Kenntnis der göttlichen und menschlichen Dinge, als die Wissenschaft dessen, was Recht und was Unrecht ist, bezeichnet. Das Recht selbst hat er ebenso wie sein Kollege Celsus als „die Kunst des Guten und Gerechten" (*ars boni et aequi*) definiert. Das „Rechtshandwerk" ist durch seinen Praxisbezug gekennzeichnet. Auch die römischen Rechtsregeln geben vielfach lediglich Lebenserfahrungen wieder: So gilt für Verträge der Hinweis darauf, dass Überflüssiges nicht schadet, während unübliche Vertragsklauseln verdächtig sind. Aus Unrecht soll kein Recht hervorgehen und Bosheit dürfe niemand zum Vorteil gereichen. Gleichzeitig wird die Selbstverantwortung betont: Das Recht hilft den Wachsamen, nicht den Träumenden. Und entgegen einem häufig anzutreffenden menschlichen Verhalten könne und müsse man einen Schaden, an dem man selbst schuld sei, nur sich und nicht anderen anrechnen. Derjenige, der mit einer Handlung einverstanden sei, könne aus einem daraus entstehenden Nachteil keine Ansprüche herleiten (*volenti non vit iniura*). Eine tägliche Erfahrung gibt schließlich der Grundsatz wieder, dass Liebe und Eigentum keinen Teilhaber dulden, das heißt, dass gemeinsame Mitberechtigungen streitträchtig sind.

Eine Reihe von Rechtsgrundsätzen betrifft Regeln für ein faires Prozessverfahren. Grundlegend ist die Pflicht, vor einer Entscheidung einer streitigen Angelegenheit zunächst beide Parteien zu hören. Die Entscheidung soll sodann ohne Ansehen der Person und emotionslos gefällt werden. Auch für einen Richter gilt: Liebe mit Urteil, aber urteile nicht nach Liebe. Ähnliche Fälle sind gleich zu entscheiden. Sonderbestimmungen dürfen dabei nicht erweiternd ausgelegt werden. Auch Billigkeitsentscheidungen dürfen niemals dem Gesetz zuwiderlaufen. Wichtige Grundsätze des Straf- und

Strafprozessrechtes finden sich bereits im römischen Recht. Als Orientierungshilfe bei der Verbrechensaufklärung dient der Grundsatz „Wem nützte die Tat?“ (*cui bono?*). Strafen sollen nach dem Maß der Schuld zugemessen werden. Eine Strafe soll nicht ohne bestehendes Gesetz ausgesprochen werden. Je schwerer die Schuld ist, desto schwerer muss die Strafe sein. Niemand darf jedoch zweimal wegen ein und desselben Verbrechens verurteilt werden. Bleiben letztlich Zweifel hinsichtlich der Täterschaft, so ist zugunsten des Angeklagten zu entscheiden. Nicht gelöst ist damit allerdings die grundlegende Frage, inwieweit ein Mensch Richter über einen anderen sein kann. Der moderne Schriftsteller Stefan Zweig lässt hierzu einen Richter, der nach Ansicht seiner Mitmenschen weiser war als je ein Richter, Folgendes bekennen: „Ich kann nicht mehr wahr sprechen, seit ich weiß: keiner kann keines Richter sein. Es ist Gottes, zu strafen, und nicht der Menschen, denn wer am Schicksal rührt, fällt in Schuld. Und ich will mein Leben leben ohne Schuld.“

Jedem das Seine

Die Römer haben die Gerechtigkeit als den stetigen und fortwährenden Willen, jedem das Seine zu geben, definiert. Die Maßregel „Jedem das Seine“ (*suum cuique*) begreift die Gerechtigkeit aus ihrem Gegenteil, der Ungerechtigkeit. Die Ablehnung von ungerechter Behandlung ist im Rechtsempfinden des Einzelnen tief verwurzelt. Gerechtigkeit nach dieser Definition bedeutet kein Recht auf alles, was letztlich ein Recht auf nichts sein würde. Mit dem Gut und dem Begriff der Gerechtigkeit sollte auch heute zurückhaltend umgegangen werden. „Gerechtigkeit“ war in den letzten Jahren eines der am häufigsten verwendeten Wörter. Die inflationäre Verwendung in der politischen Auseinandersetzung trägt jedoch zur Banalisierung des Begriffes bei. Es ist zudem Vorsicht geboten: Je mehr von Gerechtigkeit die Rede ist, desto weniger wird sie in der Praxis verwirklicht. Die größte Pervertierung hat der Begriff der Gerechtigkeit erfahren, als das Motto „Jedem das Seine“ im Dritten Reich über dem Eingang zu Konzentrationslagern stand. Dies darf bei der Diskussion um eine europäische Rechtskultur niemals vergessen werden.

Gerechtigkeit ist kein Endzustand, sondern ein Prozess. Dem von römischen Geschichtsschreibern verwendeten Bild der infolge von Gewalt „schweigenden Gesetze“ und der infolge von Nichtanwendung „schlafenden Gesetze“ kann heute das „ohnmächtige Gesetz“ hinzugefügt werden. Früher noch eindeutige Rechtsgrundsätze werden immer mehr zweifelhaft. So bestand über Jahrhunderte der

Grundsatz, dass die Mutter eines Kindes immer gewiss sei (*mater semper certa est*). Nunmehr sieht man sich infolge der modernen Fortpflanzungsmedizin gezwungen, die Mutter gesetzlich zu definieren. Dies ist nur unzulänglich möglich: Mutter eines Kindes ist nach deutschem Recht die Frau, die es geboren hat (§ 1591 BGB). Dass die gebärende Frau trotz der medizinischen Möglichkeit der Eispende Mutter sein soll, ist nicht zwingend. Auch der Gesetzgeber kann diese Definition etwa beim Eheverbot der Blutsverwandtschaft oder bei der Bestrafung wegen Beischlafs unter Verwandten nicht konsequent durchhalten. Weitere Rechtsprobleme ergeben sich im Rahmen der Zulässigkeit der Sterbehilfe und ihrer Abgrenzung zu einem strafbaren Tötungsdelikt. Muss man bei einem unabwendbarem Sterbeprozess eingreifen, wenn der Betroffene stets erklärt hat, er lehne lebensverlängernde Maßnahmen ab? Ist es zulässig, einem Sterbenden auf seinen Wunsch Schmerzmittel, auch wenn diese lebensverkürzend wirken, zu verabreichen? Darf der Staat zulassen, dass Ärzte oder Angehörige dem unheilbar Kranken Gift zur Selbsteinnahme geben? Muss mit allen Mitteln der modernen Apparatemedizin Leben künstlich verlängert werden? Auf diese Fragen lassen sich keine eindeutigen Antworten geben. Ähnliches gilt im Rahmen vorgenommener oder unterlassener Schwangerschaftsabbrüche. Die Jurisprudenz ist überfordert, wenn sie entscheiden soll, ob Leben in Leid und mit Behinderungen gegenüber der Alternative des Nichtlebens einen Schaden oder eine immer noch bessere Situation darstellt. Kann ein Gericht einem Kind ein Schmerzensgeld dafür gewähren, dass ein Arzt wegen eines Diagnosefehlers die von seinen Eltern gewünschte Abtreibung unterlassen hat und es deshalb mit schwersten Behinderungen geboren wurde? Ist Leben bereits deshalb ein Schaden, weil es nicht der Norm des gesunden und erfolgreichen Menschen entspricht?

Das Recht stößt bei der Beantwortung dieser Fragen an Grenzen, weil eine rechtliche Regelung der Verantwortung für weitgehend schicksalhafte und naturbedingte Verläufe nicht mehr sinnvoll und tragbar ist. Rechtsnormen müssten hier so unbestimmt bleiben, dass nicht mehr von Recht geredet werden könnte. Rechtlich verbindliche Antworten auf die dargestellten Probleme lassen sich ohnehin nicht geben. Die weise Selbstbeschränkung des Rechtes in diesen Bereichen entspricht letztlich dem römischen Grundsatz, dass alles Recht um der Menschen Willen gesetzt ist. Die Idee des Rechtes ist das Vermächtnis Roms für das moderne Europa. Es ist nicht zuletzt Ausdruck einer Rechtskultur, dabei auch die diesem Recht gesetzten Grenzen anzuerkennen.

Gott, Christus und Kirche – die jüdisch-christliche Tradition

Der ethische Monotheismus – Der Glaube an den einen Gott und seinen Bund im Judentum

Der verlässliche Gott und seine Anforderungen an den Menschen

Begegnungen mit dem Nichts und mit Gott

Zu allen Zeiten haben sich die Menschen die Fragen gestellt: Soll man darauf vertrauen, dass hinter allem Seienden, hinter mir, den Mitmenschen, der Menschheit und ihrer Geschichte und schließlich der ganzen Welt ein Sein als Urgrund steht, das die Welt geschaffen hat, sie erhält und letztlich mich und die Zukunft der Menschheit in Liebe zum Guten lenkt? Oder soll man misstrauen: Nichts steht hinter allem Seienden. Alles ist ein Produkt des Zufalls. Das Letzte ist die Kälte des Weltalls.

Eine Antwort hierauf bietet die Offenbarung transzendenter Gottheit in der Religion des Judentums. Man kann sie als ethischen Monotheismus bezeichnen. *Ein* Gott existiert, er allein in seiner Einzigkeit, nichts neben ihm, keine anderen Götter, keine Geister, keine Gottmenschen wie im Griechentum und später im Christentum und kein Mittler zwischen Gott und den Menschen. Er allein ist Grund menschlichen Urvertrauens. Von der jüdischen Religion wird deshalb jeder Aberglaube an Zauberei, Hexerei und Götzendienst aller Art abgelehnt. Zählt dazu nicht auch die moderne Vergötterung von Kapital, Technik, Konsum, Wohlstand und Jugendwahn, jener verdrängten, nunmehr ausschließlich irdisch gerichteten Sehnsucht nach ewigem Leben?

Ethisch ist dieser Glaube an den einen Gott zunächst deshalb, weil in ihm Gott das ethische Sein im absoluten Sinn ist. Er ist treu, verlässlich, wohl tuend und menschenliebend. Er ist in letzter Konsequenz anders als die griechischen Götter, die auch als eifersüchtig, trügerisch und menschenverführend dargestellt wurden. Vom Menschen fordert dieser eine Gott, dass er nach seinem Bild menschenfreundlich handelt. Die von Gott den Menschen gegebenen Gebote wollen deshalb nicht einengen, den Menschen die Freiheit nehmen oder sie versklaven, sondern hilfreiche Lebensordnung sein.

Dieser eine Gott will letztlich, obwohl die bittere Realität nicht geleugnet wird, nicht den Tod des Menschen. Er will ihm vielmehr unendliche Zukunft schenken, ewiges Leben in Gemeinschaft mit ihm, dem Ewigen. Die grundlegenden Lebensregeln des jüdischen Menschen finden sich als Gabe Gottes in den Zehn Geboten. Sie erinnern zunächst noch einmal daran, dass der eine Gott das Volk Israel aus der Sklaverei in Ägypten herausgeführt hat. Diese Befreiungstat ist die grundlegende Überlieferung Israels. Jeder Angehörige des jüdischen Volkes soll sich immer wieder als ein durch Gott Mitbefreiter in der Vergegenwärtigung des Ereignisses verstehen. Als Angehöriger seines Volkes soll er teilhaben an dem Auftrag des Volkes, sich vor allen Völkern zu dem einen Gott zu bekennen, auf dass andere Menschen zum Glauben an ihn und zur Erfüllung seiner Gebote angeregt werden.

Strenge Gebotserfüllung oder Bund des Herzens?

Nicht fremden Göttern darf der Jude anhängen. Bildnisse seines Gottes oder von Götzen darf er nicht anfertigen. Den Namen Gottes soll er nicht unnütz aussprechen. Den siebten Tag der Woche, den Sabbat, soll er heilig halten, an ihm nicht arbeiten, sondern ruhen und über die Existenz des Menschen vor Gott angesichts von Zeit und Ewigkeit nachsinnen. In ähnlicher Weise sollen weitere Gebote dem Schutz der menschlichen Gemeinschaft dienen, der humanen Gestaltung ihrer Beziehungen. Das Leben selbst soll geschützt werden, Frieden mit anderen Menschen und ihr Wohlergehen sollen gefördert werden. Das Eigentum anderer Menschen soll geachtet werden. Niemand soll zu Schaden kommen. Die auf den Mitmenschen bezogenen Verhaltensweisen können zusammengefasst werden in dem Gebot „Du sollst deinen Nächsten lieben wie dich selbst“, das schon im Alten Testament steht. Eine konkretisierende Ausübung des Liebesgebotes geschieht in Liebestaten wie dem Krankenbesuch, dem Totengeleit, dem Zusprechen von Trost, dem Friedenstiften, dem Almosengeben, der Sorge für Alte, Kranke, Witwen und Waisen, der Unterstützung von Fremden und der Sorge für die Erziehung armer Kinder.

Wer so nach den Geboten Gottes handelt, jedenfalls wer sich mit all seinen Kräften darum bemüht, der ist nach jüdischem Glauben vor Gott gerecht. Das, was er bei allem guten Willen nicht leisten kann, wird Gottes Barmherzigkeit ergänzen. Wer gesündigt hat, seine Schuld ernsthaft bereut und zur Beachtung der Gebote umkehrt, darf auf Erlösung von seiner Schuld durch Gottes Güte hoffen. Eine ausführliche Lehre über das ewige Leben nach diesem irdischen hat das Judentum nicht entwickelt. Es vertraut aber mit Gewissheit darauf, dass diejenigen Menschen, die sich um ein Leben nach den Geboten bemüht haben, an Gottes künftiger Welt teilhaben werden. Vorstellen kann man sich das in der vertrauten bildhaften Weise von der Auferstehung aus den Gräbern, aber auch andere Vorstellungen wie die von der Unsterblichkeit der Seele sind nicht ausgeschlossen.

Der eine Gott, der selbst absolut verlässlich gegenüber den Menschen ist, erwartet solche Verlässlichkeit in der Einhaltung seiner Gebote auch von den Menschen. Wer diese jüdische Glaubenslehre respektiert, mag sich dennoch die Frage stellen, ob nicht manche Gebote des Alten Testaments geschichtlich bedingt sind, sodass sie heute schwerlich noch als Verpflichtung gelten können. Muss man beispielsweise unbedingt die Speisegebote in der Weise halten, dass man nicht Fleisch und Käse zu einer Mahlzeit isst und Geschirr für Fleisch- und Milchprodukte getrennt aufbewahrt. Erfordert das Feiertagsgebot, dass man am Sabbat nicht mehr als 2000 Schritte geht? Ist das Gebot der Beschneidung noch zu beachten, das Männer verpflichtet, sich die Vorhaut an ihrem Penis beschneiden zu lassen? Wer so fragt, kann darauf verweisen, dass auch gläubige Juden nicht alle auf Gott zurückgeführten Aufträge zeitübergreifend bejaht und befolgt haben. Im 15. Kapitel des ersten Buches Samuel wird für den „heilige Krieg“ in Gottes Namen befohlen, alles, was dem Gegner gehört, dem Untergang zu weihen, auch Frauen, Kinder und Säuglinge. Es wird kaum einen Juden geben, der sich heute verpflichtet fühlt, noch „heilige Vernichtungskriege“ in dieser Weise zu führen. Kann es diesem Beispiel entsprechend nicht auch gewisse Freiheiten gegenüber anderen, nur zeitbedingt zu verstehenden Geboten geben?

Der Prophet Jeremia spricht von einem neuen Bund, den Gott mit seinem Volk am Ende der Verbannung in Babylon schließen will: „Fürwahr, Tage kommen – Spruch Jahwes –, da schließe ich mit dem Haus Israel einen neuen Bund, nicht dem Bunde gleich, den ich mit ihren Vätern schloss, als ich sie bei der Hand nahm, um sie aus dem Lande Ägypten herauszuführen. Sie waren es ja, die meinen Bund brachen, während ich über sie die Herrschaft ausübte. Vielmehr so soll der Bund sein, den ich mit dem Haus Israel nach jenen Tagen schließe. Ich lege mein Gesetz in ihr Inneres und schreibe es ihnen ins Herz. Ich will ihr Gott sein und sie sollen mein Volk sein. Dann brauchen sie einander nicht mehr gegenseitig zu belehren:

Erkennet Jahwe!, sondern sie alle werden mich erkennen, ob klein oder groß. Ja, ich verzeihe ihre Schuld, und ihrer Sünde gedenke ich nicht mehr." Kann man sich heute durch diesen Text angesprochen fühlen, sodass man sich „in seinem Herzen" gebunden weiß an Gott und an die Ehrfurcht vor dem Leben und der Würde der Mitmenschen, sodass man die detaillierten, historisch bedingten Gebote nicht mehr benötigt? Solche setzen sich bekanntlich leicht der Gefahr aus, vom eigentlichen Wesensgehalt des in ihnen Gemeinten abzulenken. Gott hat deshalb die Freiheit eines neuen Bundes „des Herzens" als zeitlose Alternative angeboten.

Heilsgeschichte – Mythos oder Märchen?

Mose – der fehlerbehaftete Befreier

Einmal im Jahresverlauf werden in den Synagogen die fünf Bücher Mose der Bibel gelesen, an den drei Hauptfesten die Erzählungen von der Befreiung des Volkes Israel aus Ägypten, der Offenbarung am Sinai mit den Zehn Geboten und der Wanderung durch die Wüste. Jüdische Gottesdienste sind immer auch Erinnerungen an die Geschichte. Jeder Hörer soll sich so verstehen, als wäre er bei den Ereignissen dabei gewesen, als gälten sie ihm, als sei er als Angehöriger seines Volkes ein von ihnen Betroffener. Der Bund Gottes in seiner Liebe zu dem Volk Israel bezieht sich auf jeden Einzelnen, allerdings unter der Voraussetzung, dass er die Gebote als Bedingung des Bundes mit den Menschen einzuhalten versucht.

So wird erzählt: Der Pharao fürchtet die wachsende Zahl der in seinem Land internierten Israeliten. Sie müssen bei ihm zwar Zwangsarbeit leisten, dennoch werden sie mehr und mehr. Es besteht die Gefahr, dass sie sich im Kriegsfall den Feinden der Ägypter anschließen werden. So ergeht der Befehl, jedes ihrer männlichen Kinder in den Nil zu werfen und nur die Mädchen am Leben zu lassen. Die Mutter des Mose will ihr Kind retten. Sie legt es in ein Kistchen aus Binsen und überzieht dieses mit Pech. Darin setzt sie ihr Kind im Nil aus. Die Tochter des Pharao, die im Nil baden will, sieht das Körbchen und in ihm das Kind. Sie hat Mitleid mit ihm, nimmt es an Sohnes statt an und nennt es Mose. Der Erzähler meint, das hieße auf ägyptisch „der aus dem Wasser Gezogene". Die Schwester des Mose ist in der Nähe, um zu sehen, was mit ihrem Bruder geschieht. Sie vermittelt der Tochter des Pharao eine Amme für das Kind – „zufällig" seine eigene Mutter. Der moderne Leser wird geneigt sein, in dieser Erzählung wie in vielen anderen der Bibel eine Legende oder Sage zu sehen und nicht einen historischen Tatsachenbericht. Aber solche volkstümlich-dichterische Gestaltung hindert nicht daran nachzuvollziehen, dass die alten Erzähler gerade in diesen Geschichten Wesentliches zur Existenz des Mose ausgesagt sahen: Er ist ein von Gott für seine Aufgabe, die Rettung seines Volkes, Berufener und deshalb ein vor frühem Unheil Bewahrter, ja in seiner Entwicklung wunderbar Geförderter.

Es ist für den Leser der Geschichte durchaus beruhigend: Auch der von Gott auserwählte Mensch ist nicht fehlerfrei. Mose wächst am Hof des Pharao heran. Als er eines Tages beobachtet, wie ein ägyptischer Aufseher einen Hebräer, seinen Stammesgenossen, schlägt, tötet er den Ägypter. Das kommt dem Pharao zu Gehör, er will Mose töten lassen. Aber Mose entflieht nach Midian. Dort heiratet er die Tochter eines Priesters. Dessen Herde hütet er am „Gottesberg". In einer Feuerflamme in einem Dornbusch erhält er eine Botschaft von Gott. Dieser ruft ihn aus dem Dornbusch an: „Ziehe deine Schuhe von deinen Füßen; denn der Ort, auf dem du stehst, ist heiliger Boden." Gott spricht weiter: „Ich sah gar wohl das Elend meines Volkes in Ägypten, und ihr Schreien angesichts ihrer Peiniger hörte ich; ja, ich kenne ihre Schmerzen. Ich bin herabgekommen, um sie aus der Hand der Ägypter zu befreien. Geh und versammle die Ältesten Israels und sprich zu ihnen: Jahwe, der Gott eurer Väter, ist mir erschienen und hat gesprochen: Genau beobachtet habe ich euch und alles, was euch in Ägypten angetan wird. Darum habe ich mich entschlossen, euch aus dem Elend in Ägypten herauszuführen." Mose erwiderte und sprach: „Wenn sie mir aber nicht glauben und nicht auf meine Stimme hören, sondern sagen: Jahwe ist dir nicht erschienen?" Da antwortete Jahwe: „Was ist das in deiner Hand?" Er erwiderte: „Ein Stab." Und Gott sprach: „Wirf ihn zu Boden!" Er warf ihn zu Boden, und der Stab ward zur Schlange, sodass Mose vor ihr floh. Weiter sprach Jahwe zu Mose: „Strecke deine Hand aus und fasse sie am Schwanz!" Er streckte seine Hand aus und ergriff sie; da wurde sie in seiner Hand wieder zum Stab. Und Jahwe fuhr fort: „Stecke deine Hand in den Bausch deines Gewandes!" Er steckte seine Hand in den Bausch seines Gewandes und zog sie wieder heraus. Sie war vom Aussatz weiß geworden wie Schnee. Dann sagte er: „Stecke deine Hand noch einmal in den Bausch deines Gewandes." Er steckte sie hinein, zog sie wieder heraus, und sie war wie sein übriges Fleisch. Mose aber sagte zu Jahwe: „Ich bin kein redegewandter Mann, weder gestern noch seitdem du zu deinem Knecht redest; vielmehr bin ich schwerfällig mit dem Mund und der Zunge." Jahwe erwiderte ihm: „Wer hat den Menschen den Mund gegeben, oder wer macht ihn stumm oder taub, klar sehend oder blind? Bin nicht ich es? Gehe also hin, ich werde mit deinem Munde sein und werde dich lehren, was du reden sollst." Nicht menschliche Intelligenz, Organisationsgabe und Führungsqualitäten allein sind es, die das Werk der Befreiung gelingen lassen, sondern des einen Gottes Wille und menschenfreundliches Wirken, so will der Erzähler deutlich machen. Erfolg kommt nicht aus der Selbstüberhebung, sondern aus der Bescheidenheit.

Mose will wissen, wie der Gott heißt, der zu ihm gesprochen und ihm seinen Auftrag erteilt hat. „Wenn ich nun zu den Kindern Israels komme und zu ihnen spreche: Der Gott eurer Väter hat mich zu euch gesandt, und sie mich dann fragen werden: Was ist sein Name?, was soll ich ihnen dann antworten?" Gott entgegnete dem Mose: „Ich bin, der ich bin." Er fuhr fort: „So sollst du zu den Israeliten sprechen: Der Ich bin hat mich zu euch gesandt." Man kann auch anders übersetzen: Ich bin, der ich sein werde. Oder, vielleicht am sinngemäßesten: Ich bin, der für euch da ist.

Mose geht nach Ägypten zurück und versucht, des Pharaos Zustimmung zur Entlassung seines Volkes in die Freiheit zu erlangen. Immer wieder verweigert sie der Herrscher. Eine Reihe von Plagen kommen über das Land, doch wird immer wieder das Herz des Pharao verhärtet. Zuletzt tötet Gott die Erstgeborenen der Ägypter, auch die ihres Viehs. An den Häusern der Israeliten geht er vorüber, denn sie haben die Türpfosten mit dem Blut der Passahlämmer (Passah heißt Vorübergang) gekennzeichnet. So erkennt Gott, dass es ihre Häuser sind. Jetzt endlich lässt der Pharao das Volk Israel ziehen. Doch bald bereut der Pharao seinen Entschluss. Er schickt den Israeliten seine Streitwagen nach, um sie aufzuhalten. Der Pharao steht für denjenigen Menschen, der im Vertrauen auf seine eigene Macht nicht einmal aus Erfahrung klug wird und deshalb unweigerlich auf die Katastrophe zusteuert. Die Israeliten fliehen vor den Verfolgern durch das Meer. Sie gelangen wunderbarerweise gerettet an das andere Ufer, während die nachrückenden Ägypter ertrinken. Das war für die Israeliten das Werk ihres fürsorgenden Gottes.

Die Zehn Gebote und der (moderne) Mensch

Vierzig Jahre muss das Volk Israel durch die Wüste wandern, ehe es in das ihm verheißene Land Kanaan einwandern darf. Auf diesem Weg offenbart sich ihm Gott: „Donner brachen los, und Blitze zuckten, schweres Gewölk hing über dem Berg und überaus stark schmetternder Posaunenschall war zu hören. Das gesamte Volk im Lager zitterte. Mose führte es aus dem Lager heraus und Gott entgegen. Die Menschen stellten sich am Fuße des Berges auf. Der Berg Sinai war vollständig mit Rauch bedeckt, weil Jahwe im Feuer auf ihn herabgekommen war. Der Rauch stieg wie der Rauch eines Schmelzofens auf. Der ganze Berg bebte gewaltig. Der Posaunenschwall ward stärker und stärker. Mose redete und Gott antwortete ihm unter Donnerschall. Jahwe war auf den Berg Sinai, und zwar auf die Spitze, herabgekommen. Er rief den Moses auf die Spitze des Berges und Mose stieg hinauf. Das Volk nahm die Donnerschläge, die Blitze, den Posaunenschall und den rauchenden Berg wahr; da fürchteten sich die Leute, zitterten und blieben entfernt stehen. Sie sprachen zu Mose: Rede du mit uns, wir wollen darauf hören. Aber Gott soll mit uns nicht reden, sonst müssten wir sterben. Da antwortete Mose dem Volke: Fürchtet euch nicht. Denn um euch zu prüfen, ist Gott gekommen; damit die Furcht vor ihm bei euch herrsche, auf dass ihr nicht sündigt. Das Volk blieb entfernt stehen, Mose aber näherte sich der dunklen Wolke, in der Gott war."

Dramatische Donner und Blitze mögen das eine Bild von Gottes Offenbarung sein. Ein anderes ist das der absoluten Stille, der Empfangsbereitschaft der Welt. So wird erzählt: „Bei der Offenbarung Gottes am Sinai stand die ganze Welt still: Sonne, Mond und Sterne rührten sich nicht von ihrer Stelle, es wehte kein Wind, kein Tier bewegte sich, nicht der Vogel in der Luft, der Fisch im Wasser und das Tier auf dem Felde. Die Vögel zwitscherten nicht, kein Tier brüllte. Selbst die Wellen und Wogen im Meer hielten inne. Kein Laut ließ sich vernehmen. Und in dieser Stille durchdrangen die Worte Gottes das ganze Universum: Ich bin der Herr, dein Gott!"

Gott gibt dem Volk Israel die Zehn Gebote: „Ich bin Jahwe, dein Gott, der dich aus dem Lande Ägypten, dem Sklavenhaus, herausgeführt hat. Du sollst keine anderen Götter neben mir haben."

1. Du sollst dir kein Schnitzbild machen, noch irgendein Abbild von dem, was droben im Himmel oder auf der Erde unten oder im Wasser unter der Erde ist. Du sollst dich vor ihnen nicht niederwerfen und sollst sie nicht verehren; denn ich, Jahwe, dein Gott, bin ein eifersüchtiger Gott, der die Schuld der Väter an den Kindern, am dritten und vierten Geschlecht heimsucht bei denen, die mich hassen. Ich erweise aber meine Gnade bis ins tausendste Geschlecht denen, die mich lieben und meine Gebote halten.

Gott sagt in diesem Gebot, dass er für seine Anerkennung bereits Vorleistungen erbracht hat. Er war es, der sein Volk aus der Sklaverei, das heißt der Abhängigkeit, befreit hat. Unter den Menschen sind meist nur Eltern bereit, ohne eine Gegenleistung derart in Vorleistung zu gehen. Die Anerkennung Gottes befreit auch heute noch von Abhängigkeiten. Wenn Gott den Mittelpunkt im Leben bildet, können dies nicht andere Gottheiten wie Erfolg, Ansehen, Reichtum etc. tun. Während sie zur Abhängigkeit führen, will Gott nur, dass sich die Menschen von ihm kein Bild machen, so wie sie es im Verkehr mit Mitmenschen zu tun pflegen. So wird häufig ein Idealbild vom Partner entworfen und dieser dann dem Bild immer ähnlicher gemacht, bis er ihm entspricht und damit seinen Reiz verliert. Auch Kinder sollen dem Bild entsprechen, das sich Eltern längst vor ihrer Geburt von ihnen gemacht haben. Und macht man sich nicht auch gerne ein Bild von sich selbst, das man in den schönsten Farben malt, während man die unangenehmen Dinge bagatellisiert oder auf Dritte verlagert? Gott soll außerdem weder als Mann noch als Frau dargestellt werden.

2. Du sollst den Namen Jahwes, deines Gottes, nicht unnütz aussprechen; denn Jahwe lässt denjenigen nicht ungestraft, der seinen Namen unnütz ausspricht.

Gott lässt sich weder mit Bildern noch durch Worte begreifen. Diejenigen, die den Namen eines anderen stets im Munde führen, missbrauchen häufig seine Stellung für ihre Zwecke. Auch dies will Gott nicht. Es ist nicht Gottes Wille, wenn in seinem Namen Kreuzzüge und Kriege geführt werden, Menschen verfolgt werden und Scheiterhaufen brennen. Dies ist und war nicht Gottes Wille. Der Mensch soll deshalb nicht meinen, dass er, wenn er Gott beim Namen nennt, ihn verstehen könnte. Häufig nennen die Menschen den Namen aber auch, um eine Entschuldigung zu suchen. Schlimmstenfalls verfluchen sie einen anderen sogar. Dabei wird regelmäßig eigene Schuld auf einen anderen geladen. Dies ist bequem, weil dann nicht nach der eigenen Verantwortung gefragt werden muss.

3. Gedenke des Sabbattages, um ihn heilig zu halten. Sechs Tage lang sollst du arbeiten und alle deine Geschäfte verrichten. Doch der siebte Tag ist ein Ruhetag für Jahwe, deinen Gott. Du sollst an ihm keinerlei Arbeit tun, weder du selbst, noch dein Sohn, noch deine Tochter, noch dein Knecht, noch deine Magd, noch dein Vieh, noch dein Fremdling, der sich in deinen Toren befindet. Denn in sechs

Tagen hat Jahwe den Himmel, die Erde, das Meer und alles, was in ihnen ist, erschaffen; doch am siebten Tage ruhte er. Darum segnete Jahwe den Sabbat und erklärte ihn für heilig.

Gott verordnet dem Menschen zwangsweise eine „Auszeit". Sie soll der Findung der eigenen Identität und der Neudefinition der Beziehung zu den Mitmenschen dienen. In früheren Zeiten ließ man beim Ackerbau ein Feld alle drei Jahre unbestellt, um ihm Erholung zu gönnen. Die Natur ruht im Winter. Raubtiere sind nicht ständig auf der Jagd. Naturvölker unterscheiden Arbeits- und Festzeiten. Menschen die ständig unter Stress stehen, sind nicht mehr leistungsfähig. Die vom Diktat der modernen Produktion geforderte Auslastung der Maschinen führt zur Überlastung des Menschen. Dieser wird sehr bald spüren, dass es nicht mehr weiter geht. Dieser Zustand des Ausgebranntseins (*Burn-out*) tritt immer häufiger auf. Der Mensch hat keine Kraft mehr. Für nichts mehr. Im Inneren ist nur noch eine große Leere. Gott will diese Leere nicht. Der Mensch soll auch Zeit haben, darüber nachzudenken, wofür er tätig ist. Würden sich die Menschen heute an dieses Gebot halten, so litten sie nicht unter Nervosität, Neurosen und Sinnentleerung des Lebens. Deshalb ist das Sabbatgebot aktueller denn je.

4. Ehre deinen Vater und deine Mutter, damit du lange lebst in dem Lande, das Jahwe, dein Gott, dir gibt.

Gott fordert keine Liebe zu den Eltern. Er verbietet auch nicht den Widerspruch, das Aufbegehren der Jugend gegen die Älteren. Was heißt nun ehren? Es bedeutet wohl nur, dass Kinder anerkennen, dass Eltern ihr Bestes versuchen, um ihnen eine behütete Kindheit und eine Erziehung zu geben, die ihnen einen guten Start ins Leben ermöglicht. Es bedeutet aber auch, dass nur dort, wo ein Volk den „Generationenvertrag" einhält, wonach die älteren Menschen um ihrer Lebenserfahrung willen Respekt und Anerkennung durch die Jüngeren verdienen, die Jüngeren aber die Unterstützung und Hilfe der Älteren auf ihrem Weg ins Leben erhalten, für eine Gesellschaft eine Zukunftsperspektive besteht. Vater und Mutter zu ehren heißt aber auch, den eigenen Kindern das weiterzugeben, was man selbst als Vorschuss von seinen Eltern erhalten hat. Dies setzt freilich voraus, dass den Kindern im Rahmen der Erziehung auch Werte vermittelt werden. Die „Familienerfahrung" geht heute zunehmend verloren. Wenn Familie nur noch als „Halbkreis vor dem Fernsehapparat" definiert wird, zeigt dies, dass der Umgang miteinander durch Gleichgültigkeit ersetzt wird.

5. Du sollst nicht töten.

Gott verbietet, Leben, das er geschaffen hat, zu vernichten. Das Gebot richtet sich aber nicht nur gegen potentielle Mörder. Es will vielmehr jedes sinnlose Blutvergießen vermeiden. Dazu gehört auch das Anzetteln von Kriegen. Soll sich der Mensch aber um des Lebens willen wirklich alles gefallen lassen? Darf er sich in kriegerischen Auseinandersetzungen oder bei persönlichen Angriffen wirklich nicht verteidigen? Und was will Gott in Notsituationen, wenn ein Mensch sein Leben nur durch Vernichtung eines anderen erhalten kann? Das kurze Gebot wirft Fragen auf, die so schwierig sind, dass sie der Mensch gerne von Gott beantwortet hätte. Aber wann kommt der Einzelne denn überhaupt in derartige Situationen? Kann nicht das Gebot mit der lapidaren Feststellung „Ich bin kein Mörder“ abgehakt werden? Gottes eindeutiger Befehl enthält allerdings keine Einschränkung auf Menschen. Auch das Leben der Mitgeschöpfe soll nicht sinnlos zerstört werden. Wann beginnt Leben überhaupt? Können Abtreibung und Kindesaussetzung als legitime Mittel der Familienplanung eingesetzt werden? Muss es nicht zu denken geben, wenn in den Ländern der Europäischen Union jede fünfte Schwangerschaft trotz des Wohlstandes in diesen Ländern künstlich abgebrochen wird? Kann man wirklich mit dem Selbstbestimmungsrecht der Eltern argumentieren, wenn in Rumänien auf eine Geburt ein Schwangerschaftsabbruch und in Russland auf eine Geburt anderthalb Schwangerschaftsabbrüche kommen? Damit soll die persönliche Notsituation einzelner Frauen und junger Mädchen, die in schwierige Konflikte wegen einer unerwünschten Schwangerschaft kommen, nicht geleugnet werden. Alarmierend sind allerdings die inzwischen trotz frühzeitiger Aufklärung, sicherer Verhütungsmethoden und materiellen Wohlstandes ständig steigenden Zahlen der Zerstörung ungeborenen Lebens. Auch in einem nicht armen Land wie den USA, kommt bereits auf drei Geburten eine Abtreibung.

Aber nicht nur die Frage, wann Leben anfängt, sondern auch die Frage, wann das Töten beginnt, lässt vorschnelle persönliche Feststellungen zum fünften Gebot nicht zu. Tötet bereits der Unternehmer, der seine Stoffe in Indien färben lässt, wenn er Kenntnis von den schlechten gesundheitlichen Bedingungen in der Fabrik hat, die dazu führen, dass Arbeiter regelmäßig nach einigen Jahren an unheilbaren Krankheiten leiden und auch daran sterben? Und wie ist es mit dem Käufer derartiger Bekleidungsartikel, der von diesen Umständen über die Presse erfährt? Kann er weiter Produkte von diesem Hersteller, die vielleicht sogar noch das Umweltschutzzeichen tragen, guten Gewissens erwerben? Und was ist, wenn wir in Wut geraten? Möchte man sich nicht manchmal im Streit eines Mitmenschen „entledigen"? Und tötet nicht letztlich auch Gleichgültigkeit, wenn wir für nahe Angehörige keine Zeit oder kein offenes Ohr mehr haben oder einfach das Interesse an ihnen verloren haben? Das fünfte Gebot enthält eine Warnung Gottes an die Menschen: Auch Gleichgültigkeit und Gedankenlosigkeit können töten!

6. Du sollst nicht ehebrechen.

Zeigt nicht gerade das sechste Gebot, dass Gottes Gebote für den Menschen nicht erfüllbar sind? Gott hat dem Menschen den Sexualtrieb gegeben, fordert aber von ihm, ihn zu unterdrücken. Möglicherweise war das Gebot zur Zeit des Alten Testaments noch zeitgemäß, als Männer mehrere Frauen haben durften und sich zusätzlich mit ihren Sklavinnen vergnügen konnten. Freilich blieben dabei die Bedürfnisse der Frauen auf der Strecke; dies gehörte aber zum (heute überholten) patriarchalischen Gesellschaftsmodell. Sex macht Spaß! Also weg mit der „Leibfeindlichkeit" der Kirche und ihrem prüden Gehabe! Ein Seitensprung kann prickelnd sein; vielleicht sogar gerade deshalb, weil dabei der Reiz des Verbotenen mitspielt.

Im sechsten Gebot wird das „Du" besonders deutlich. Gott sagt nicht, „die Menschen sollen nicht ehebrechen". Er spricht den Einzelnen und sein Gewissen an. Dabei weiß er auch um die Fehlbarkeit des Menschen gerade in Bereichen, in denen Leidenschaften mitspielen. Das Gebot richtet sich jedoch nicht allein und auch nicht in erster Linie gegen den Seitensprung. Ehebruch beginnt dort, wo Partner keine Mühe mehr in die Aufrechterhaltung ihrer Beziehung investieren, wenn an die Stelle des Versprechens, in guten und in schlechten Tagen zueinander zu stehen, die „Wegwerfehe" tritt, die beim Auftreten von Schwierigkeiten gegen eine neue, problemlose Beziehung eingetauscht wird. Die Ehe wird bereits gebrochen, wenn man dem Partner nur noch Vorwürfe macht, anstatt ihn zu verstehen, und deshalb die Nischen des Eigenlebens zu Lasten der Gemeinsamkeiten immer größer werden. Am Ende einer Ehe steht häufig die Aussage beider Partner, sie hätte es am meisten getroffen, dass sie sich im anderen so getäuscht hätten. Das sechste Gebot besagt demgegenüber: Ehe wird nicht im fremden Bett gebrochen, sondern dadurch, dass man die Fehler und die Verantwortung für Missstände in einer Partnerschaft ständig beim anderen sucht. Dies geschieht vor allem, wenn man selbst ein schlechtes Gewissen gegenüber dem Partner hat. Gott hindert den Menschen auch in einer Ehe nicht, Sünden zu begehen; das eigene Gewissen verhindert jedoch – mitunter erst „danach" –, sie uneingeschränkt zu genießen.

Zur Ehe – auch ohne Trauschein – zu stehen, heißt ferner, den gemeinsamen Kindern ein Zuhause zu geben. Die Ehe wird auch gebrochen, wenn sich die Eltern trennen und das Versprechen, das sie nicht nur sich gegenseitig, sondern durch die Geburt eines Kindes auch diesem gegenüber abgegeben haben, brechen. Niemand kann Menschen, die sich möglicherweise selbst verwirklichen wollen, durch ein rechtliches Band aneinander ketten. Auch Gott verbietet die Scheidung nicht. Es scheint aber zumindest nachdenkenswert, Kindern bei einer Trennung ihrer Eltern ein „moralisches" Vetorecht einzuräumen. Jedenfalls sollten Eltern ihren Kindern das mit einer Trennung verbundene Leid insoweit erleichtern müssen, als sie ihnen das soziale Umfeld bis zur Verarbeitung dieser Situation erhalten müssen.

7. Du sollst nicht stehlen.

Dieses Gebot Gottes richtet sich nicht nur gegen Ladendiebe und Einbrecher. Gott will, dass der Mensch sich nicht unrechtmäßig bereichert. Betroffen sind auch die Fälle des Kidnappings und der Vorteile, die zu Lasten der Allgemeinheit gehen. Steuerhinterziehung und Subventionsbetrug sind deshalb keine Kavaliersdelikte. Dies gilt aber auch für Umweltstraftaten, wie das Einleiten nicht genügend gereinigter Abwässer in Flüsse, die Verpestung der Luft durch giftige Abgase und die Verunreinigung des Bodens. Stehlen sich Menschen nicht zudem wechselseitig Zeit durch unnütze Streitereien, durch Gehässigkeiten und durch Egoismus?

8. Du sollst gegen deinen Nächsten kein falsches Zeugnis abgeben.

Dieses Gebot betrifft zunächst ganz praktisch die Wahrheitsfindung in einem Rechtsstreit. Zeugen, aber auch die Parteien sollen der Wahrheit verpflichtet werden. Aber auch außerhalb eines Prozesses soll man den Ruf eines anderen Menschen nicht schädigen. Jeder Angriff auf die Ehre eines Menschen beeinträchtigt nämlich zugleich die Würde, die ihm von Gott gegeben wurde.

Aber besteht nicht ein Großteil des modernen Miteinander aus Unwahrheiten? Wäre es nicht sogar unbarmherzig, einem Schwerkranken die Wahrheit zu sagen? Auch die Werbung operiert in großen Bereichen mit Anpreisungen, die nicht immer den Tatsachen entsprechen. Beruht nicht schließlich selbst politische Kommunikation auf wechselseitiger Manipulation? Warum soll der Einzelne, wenn die Verantwortlichen in Politik und Wirtschaft mit Halbwahrheiten sehr gut leben können, immer die Wahrheit sagen müssen? Gottes Gebot gibt auch der Hoffnung Ausdruck, dass sich Wahrhaftigkeit letztlich gegenüber Unwahrheiten, Halbwahrheiten und dem Schein der Wahrheit durchsetzen wird.

9. und 10. Du sollst nicht das Haus deines Nächsten begehren. Du sollst nicht begehren die Frau deines Nächsten und auch nicht seinen Knecht, seine Magd, sein Rind, seinen Esel und nichts von dem, was deinem Nächsten gehört.

Während Gott in den vorangegangenen Geboten die böse Tat verhindern möchte, setzt er in seinen letzten beiden Geboten eine Stufe früher an. Betroffen wird nicht erst das Handeln der Menschen, sondern bereits der Mensch in seiner Planung. Er soll sich fragen, ob ein immer Mehr, das heißt ein Leben auf Kosten anderer, wirklich erstrebenswert ist. Macht Begehrlichkeit im Herzen, die leicht zur Gier werden kann, reicher oder ärmer? Damit sollen nicht Sehnsüchte und Hoffnungen, die zum Leben gehören, ausgeschlossen werden, sondern ihre negative Seite, das Besitzen um des Besitzens willen. Besitz kann allerdings Sicherheit schaffen. Geht er jedoch zu Lasten Dritter, so ist er sozial unvertretbar und nicht mehr gottgewollt. Die letzten beiden Gebote sollen den Einzelnen anstoßen, auch über bestehende Zustände nachzudenken, um gegebenenfalls das Streben des Einzelnen auf notwendige Änderungen im menschlichen Zusammenleben zu lenken. Die letzten beiden Gebote sind vor allem auch Appelle an den einzelnen Menschen zu einer Umkehr des Denkens und Fühlens.

Im heutigen Text der Mose-Bücher schließen sich an die Zehn Gebote eine Vielzahl weiterer Rechtsvorschriften an, die in dieser Form sicher nicht aus der ältesten Zeit stammen. Zu ihnen gehören folgende Rechtsregeln: Entsteht ein dauernder Schaden, so sollst du geben Leben um Leben, Auge um Auge, Zahn um Zahn, Hand um Hand, Fuß um Fuß, Brandmal um Brandmal, Beule um Beule, Wunde um Wunde. Fremde, Witwen und Waisen sollst du nicht bedrängen und bedrücken. Wenn du Geld verleihst an einen aus meinem Volk und einem Armen neben dir, so sollst du an ihm nicht wie ein Wucherer handeln; du sollst keinerlei Zinsen von ihm nehmen. Du sollst das Recht eines Armen nicht beugen in seiner Sache. Du sollst dich als Richter nicht durch Geschenke bestechen lassen; denn

Geschenke machen die Sehenden blind und verdrehen die Sache derer, die im Recht sind. Du sollst nicht unrecht handeln im Gericht: du sollst den Geringen nicht vorziehen, aber auch den Großen nicht begünstigen, sondern du sollst deinen Nächsten recht richten. Vor einem grauen Haupt sollst du aufstehen und die Alten ehren und du sollst dich fürchten vor deinem Gott. Wenn jemand die Ehe bricht mit der Frau seines Nächsten, so sollen beide des Todes sterben, Ehebrecher und Ehebrecherin. Wer ein Wohnhaus verkauft in einer Stadt mit Mauern, der hat ein ganzes Jahr Frist, es wieder einzulösen.

Versteht man diese Rechtsvorschriften gewissermaßen als „Ausführungsbestimmungen" zu den Zehn Geboten, so kann man nachvollziehen, warum diejenigen, die die heutige Gestalt dieser Bücher schufen, sie an diese Stelle setzten. Wie bei den Zehn Geboten selbst geht es bei allen anderen Rechtsbestimmungen in Israel letztlich um ein einziges Thema: Der eine Gott hat dieses Volk für sich zu seinem Bund erwählt. Das Volk hat diesen Bund bejaht und muss deshalb in Treue die „Bundessatzungen" halten, die Gebote Gottes, die als Lebensordnungen gegeben werden um der rechten Ordnung der Beziehungen der Menschen zu Gott und der Menschen untereinander. Manchen Vorschriften sieht man aber an, dass sie keine Interpretationen der Gebote Gottes sind, sondern von eigenen Schuldgefühlen und von Rachegedanken geprägte Vorschriften von „Menschenhand". Anders als die Zehn Gebote können sie für das Handeln des modernen Menschen deshalb keine Richtschnur mehr sein.

Die Schöpfungsgeschichte –
Zufall oder Vertrauen in das Wirken Gottes?

Der Geschichte vom Auszug aus Ägypten und der Zehn Gebote ist in der Hebräischen Bibel die Urgeschichte der Schöpfung und der Menschheit vorangestellt. In ihr kommt das Volk Israel nicht vor. Es wird vielmehr ganz allgemein von der Schöpfung der Welt und der Menschen und von den Beziehungen zwischen Gott und den Menschen gesprochen. Weder wird ein naturwissenschaftlicher Schöpfungsbericht gegeben noch werden historische Tatsachen überliefert. Diese Erzählungen können nicht an die Stelle wissenschaftlicher Anthropologie, Vorgeschichte, Archäologie und Alter Geschichte treten. Was in ihnen erzählt wird, ist nie geschehen, aber es geschieht, existentiell und psychologisch betrachtet, täglich. Zwar wird in der Genesis nicht so bilderreich und phantasievoll erzählt wie in altorientalischen Schöpfungsberichten, dennoch kann man von einer mythischen Erzählweise sprechen. Es geht in diesen Geschichten zwar um das Verhältnis von Gott und den Menschen. Erzählt wird aber in archaischer Weise in menschlichen Bildern und Vorstellungen. Wer über diese Erzählungen meditativ nachdenkt, wird entdecken, dass sie vom Menschen generell, von jedem von uns, in urtümlichen, unseren Träumen verwandten Bildern sprechen. In die Gotteserfahrung Israels hineingestellt bezeugen diese Erzählungen bei allem Schuldhaften, Grausamen und Heimatlosen letztlich doch die Fürsorge des Schöpfers für die Menschen, seine Geschöpfe.

So wird in der älteren Urgeschichte erzählt: Zuerst schuf Gott Erde und Himmel. Dann formte er den Menschen, den Mann, aus Erde und blies in seine Nase den Atem des Lebens. Von der Erde ist der Mensch genommen wie alles andere Seiende auch, aber sein eigentliches menschliches Dasein erhält er aus Gottes Fürsorge ganz persönlich, nämlich durch Gottes Atem. Für den Menschen ließ Gott im Paradiesgarten schöne Pflanzen wachsen, zu seiner Freude aber auch zu seiner Nahrung. In der Mitte dieses Gartens stehen der Baum des Lebens und der Baum der Erkenntnis von gut und böse. Von diesen Bäumen soll der Mensch nicht essen. Beides, die allumfassende Erkenntnis, die mit der von gut und böse gemeint ist, und das ewige Leben, soll er nicht eigenmächtig an sich reißen. Er wird es in seiner Angst dennoch versuchen, statt sich die Zuneigung seines Schöpfers und mit ihr wahre Erkenntnis vertrauensvoll schenken lassen. Der Mensch bleibt bis heute misstrauisch: Kann es nicht sein, dass alles Zufall ist, dass „der Alte“ doch würfelt, was der Physiker Albert Einstein 1926 noch verneint hat?

„Es ist nicht gut, dass der Mensch allein sei; ich will ihm eine Hilfe machen“, so lautet die Aussage Gottes. Er lässt einen tiefen Schlaf über den Mann kommen, nimmt eine seiner Rippen und schafft ihm daraus die Frau. Ein altertümliches Bild, das in späteren Zeiten mitunter zur Begründung der Herrschaft des Mannes über die Frau herangezogen wurde. Versteht man es dagegen richtig, so besagt es, dass die Frau so sehr ein Teil des Mannes ist, dass er ohne sie kein ganzheitlicher Mensch ist. „Und der Mensch sprach: Das endlich ist Bein von meinem Bein und Fleisch von meinem Fleisch. Frau (*ischah*) soll sie heißen; denn vom Mann (*isch*) ist sie genommen. Darum verlässt der Mann Vater und Mutter und bindet sich an seine Frau, und sie werden ein Fleisch. Beide, Adam und seine Frau, waren nackt, aber sie schämten sich nicht voreinander.“

In Gestalt einer Schlange tritt die Versuchung an die Frau heran. Die Menschen würden gar nicht sterben, wenn sie vom Baum der Erkenntnis äßen, vielmehr würden sie sein wie Gott, der bis jetzt allein über umfassende Erkenntnis verfügt. Auch hier begegnet wieder ein Thema der menschlichen Existenz: Soll man die Erkenntnis wesentlicher Zusammenhänge vertrauensvoll und geduldig reifend erwarten oder sie gewaltsam und dadurch zerstörerisch an sich zu reißen? Eine sehr moderne Fragestellung! Die Frau nimmt von dem Baum, isst und gibt auch ihrem Mann zu essen. „Da gingen beider Augen auf, und sie erkannten, dass sie nackt waren." Sie, die so hoch hinaus und alles erkennen wollten, stehen „bloß" da, armselig und nackt. Im Windhauch geht Gott im Garten umher. Auch hier wieder eine menschliche Gottesvorstellung, aber auch eine menschenfreundliche. Wie der Mensch, so geht Gott gemeinsam mit ihm im Paradies „spazieren" – ein anschauliches Bild tiefer Gemeinschaft zwischen Gott und Mensch. Gott ruft die Menschen an, sie aber verstecken sich vor ihm. „Ich habe dich im Garten kommen hören; da geriet ich in Furcht, weil ich nackt bin, und versteckte mich. Darauf fragte Gott: Wer hat dir gesagt, dass du nackt bis? Hast du von dem Baum gegessen, von dem zu essen ich dir verboten habe? Adam antwortete: Die Frau, die du mir beigestellt hast, sie hat mir von dem Baum gegeben, und so habe ich gegessen. Gott, der Herr, sprach zu der Frau: Was hat du da getan? Die Frau antwortete: Die Schlange hat mich verführt, und so habe ich gegessen." Kaum kommt der Mensch zur Einsicht von gut und böse, erkennt er die eigene Schuld. Er hat gefehlt. Statt die Schuld zu bekennen und die Verantwortung dafür zu übernehmen, versucht er sofort, sie auf einen anderen abzuwälzen. Der Mensch wird auch in der Folgezeit für eigenes Fehlverhalten stets einen Schuldigen, einen Sündenbock suchen.

Die Menschen müssen die Folgen ihres Handelns jedoch tragen: Unter Schmerzen wird die Frau Kinder gebären. Der Mann wird unter Mühen die Nahrung für sich und die Seinen schaffen. Es handelt sich um die beiden Grundthemen menschlichen Lebens, die Arbeit und die Zeugung. Doch am Ende bleibt nichts. Zur Erde, von der er genommen worden ist, wird der Mensch zurückkehren. „Denn Staub bist du und zum Staub sollst du zurückkehren." Aus dem Paradies werden die Menschen vertrieben. In der Erkenntnis haben sie sich zwar Gott angenähert, von dem Baum des Lebens aber sollen sie nicht auch noch essen, damit sie nicht ewig leben. Vor der Vertreibung macht Gott dem Mann und der Frau Kleidung aus

Fell. Seine Fürsorge ist trotz des Fehlverhaltens der Menschen nicht gänzlich beendet. Die mythische Erzählung kann man folgendermaßen deuten: Aus angsterfülltem Verlangen, aus der Furcht, nicht alles Wünschenswerte an Erkenntnis und damit an Besitz zu erlangen, aus gierigem Sich-selbst-Befriedigen, aus der (bewussten oder unbewussten) Verweigerung des Urvertrauens in die zur rechten Zeit eingreifende Fürsorge Gottes kommt das Unheil in die Welt. Aus der Angst etwas zu verpassen, verpasst der Mensch das Leben. Er hat das (ewige) Leben verloren und die (wahre) Erkenntnis nicht gewonnen.

Der Mensch und sein Schöpfer:
Brudermord, Anmaßung und Gottes Zorn

Das Unheil, das in die Welt kam, kann auch im Brudermord bestehen. Kain und Abel sind die Kinder der ersten Menschen. Gott nimmt Abels Opfer an, das des Kain nicht. Warum, wird nicht angegeben. Aus Zorn tötet Kain den Abel. Kain fürchtet, jeder, der ihn findet, wird ihn erschlagen. Das aber verhindert Gott in seinem Verstehen des Unverständlichen, indem er an ihm ein Zeichen anbringt, das seine Tötung verhindert. Oder hat auch Gott Schuldgefühle, weil er Kain gegenüber Abel benachteiligt hat?

Die Bosheit der Menschen wächst von Generation zu Generation. Darum bereut es Gott, die Menschen geschaffen zu haben. In einer großen Flut, einer mythischen Erzählung, die sich in vielen Kulturen findet und möglicherweise einen realen Hintergrund hat, vernichtet er die Menschen bis auf eine Familie, die des Noah, der vor der großen Flut auf Gottes Geheiß in seine von ihm gebaute Arche steigt. Am Ende der Fluterzählung wird von Gottes Beschluss berichtet, nicht noch einmal die Erde zu vernichten, sondern sie um der Menschen willen zu erhalten. Auch wenn der Mensch böse ist, Gott entzieht ihm dennoch nicht seine Fürsorge.

Es ist immer wieder die Vermessenheit der Menschheit, die sie den Versuch unternehmen lässt, sich selbst zu übersteigen und so – bildlich gesprochen – einen Turm zu bauen, der bis an den Himmel reicht. Gott fährt vom Himmel herab, um sich den Turmbau von Babel anzusehen. Er verwirrt die Sprache der Menschen, sodass sie einander nicht mehr verstehen. Wo das Urvertrauen zum Mitmenschen und zum Sein an sich nicht mehr vorhanden ist, verstehen Menschen einander nicht mehr, selbst wenn sie die gleichen Worte verwenden.

In den weiteren Erzählungen des Buches Genesis beginnt Gott

eine neue Heilsgeschichte mit der Menschheit. Er beruft Abraham und trägt ihm auf, aus seiner Heimat in ein ihm unbekanntes Land zu ziehen. Gott verspricht, Abrahams Nachkommen zu einem großen Volk werden zu lassen. Er will ihm einen Sohn schenken, Isaak, den seine Frau Sara nach Jahren langen Wartens zu einer Zeit gebiert, als sie wegen ihres Alters eigentlich keine Kinder mehr bekommen kann. Diesen Sohn aber soll Abraham schließlich Gott als Schlachtopfer darbringen. Doch Gott verhindert in letzter Minute den Tod des Isaak. In all dem gehorcht Abraham vertrauensvoll glaubend, und „das rechnete ihm Gott zur Gerechtigkeit an". Die Nachkommen Isaaks ziehen später nach Ägypten. Damit ist der Anschluss an die Mose-Geschichte gegeben.

Ohne Zweifel haben die Erzählungen zu Beginn des ersten Buches Mose, der Genesis, mythischen Charakter. Von Gott wird in ihnen menschlich gesprochen. Er geht im Paradies spazieren. Er erkundigt sich bei den Menschen, warum sie sich im Garten versteckt haben. Er hat Bäume der Erkenntnis und des ewigen Lebens wachsen lassen. Er verhindert durch ein Zeichen an Kain dessen Tötung. Er vernichtet die Menschheit bis auf eine Familie. Er verwirrt die Sprache der Menschen und verstreut sie über die Erde wegen eines vermessenen Turmbaues und anderes mehr. Angesichts verschiedener Erzählungen vom Zorn Gottes und seinen Forderungen wie zum Beispiel das an Abraham gerichtete Verlangen, seinen einzigen Sohn zu opfern, mag der ethisch empfindende Mensch heute erhebliche Bedenken gegen den Gott der Bibel haben. Diese verstärken sich noch, wenn man auf die späteren Berichte grausamster „heiliger Vernichtungskriege" hinweist. Die Anforderungen Gottes an die Menschen scheinen für diese vielfach kaum erfüllbar zu sein. Mitunter geraten sie auch in Widerspruch zu den grundlegenden Geboten. Manches lässt sich aus der Entstehungsgeschichte erklären. Die Bibel des Judentums, das die Christen das Alte Testament nennen, ist keineswegs ein Buch, in dem jeder Vers gleichermaßen heilig, Gott verehrend und menschenfreundlich ist. Sie ist eine im Lauf der Geschichte mehrerer Jahrhunderte entstandene Sammlung von Büchern, in denen eine Entwicklung des Gottesbildes zu beobachten ist. Nicht immer ist ausschließlich von dem einen menschenfreundlichen Gott die Rede, dem jeder Mensch zutiefst vertrauen darf und der jedem Menschen umfassendes Heil schenken will. Aber die Entwicklung des Gottesbildes zielte darauf hin.

Manches haben möglicherweise aber auch die Menschen in Erkenntnis der eigenen Schuld Gottes Zorn zugeschrieben, was sie selbst zu verantworten hatten. Der Mensch hatte nach der Sintflut Gottes Segen erhalten und sein Wort vernommen: „Seid fruchtbar und mehret euch und füllet die Erde ... Alle Tiere auf Erden und alle Vögel unter dem Himmel seien in eure Hände gegeben." Der Mensch sah dies fast als sein Recht an und diktierte bereits nach kürzester Zeit, dass sich die Schöpfung nach seinem Sinn zu richten habe. Der Mensch selbst gerierte sich als Schöpfer und führte für den eigenen Genuss, den Wohlstand und den Profit gegen die Schöpfung nahezu einen Krieg. Er hat dabei die Welt zerstört, die er künftigen Generationen weitergeben sollte. Für seine Mitgeschöpfe, die Tiere, empfindet er keine Achtung mehr. Oder wie anders kann man den Irrsinn begreiflich machen, dass vor einigen Jahren die Europäische Union 330000 Rinder an Drittländer lieferte, aus denen sie im gleichen Zeitraum rund 500000 Stück Hornvieh bezog. Gemacht wird, was Nahrungsmittel möglichst verbilligt und gleichzeitig hohen Gewinn verspricht. Tiertransporte werden dabei nicht vom Handel mit Schrauben oder Flaschen unterschieden. Zur Produktionssteigerung wurde an das Material „Pflanzenfresser" Mehl toter Tiere verfüttert.

Schaut Gott dem zu? Oder trifft sein Zorn wiederum den Menschen? Nicht Gott, sondern die vom Menschen selbst geschaffenen Gefährdungen scheinen sich nunmehr zu realisieren. Ihm wird die Quittung für sein eigenes Verhalten präsentiert. Vergiftete Flüsse und verunreinigte Luft machen vor dem Menschen nicht Halt. Eingriffe in die Natur wie die Rodung von Wäldern und die in Berge geschlagenen Schneisen für Skipisten mit Skikanonen bringen den Naturhaushalt aus dem Gleichgewicht. Unwetter und Lawinen sind die Folge. Die neuen Naturgefahren wirken weit über ihre Entstehungsherde hinaus. Das Ozonloch, das Abschmelzen der Poleiskappen und die Verschmutzung der Weltmeere trifft sämtliche Menschen und nicht nur die eigentlichen Verursacher. Es ist nicht Gott, der in seinem Zorn die Überheblichkeit der Menschen bestraft. Es sind die Menschen selbst, die die Folgen ihres eigenen Tuns zu tragen haben. Längst müssten in die Bilanz der Menschheitsgeschichte auch die ökologischen und sozialen Passiva aufgenommen werden. Es fällt jedoch sehr viel leichter, für Naturkatastrophen und Probleme im menschlichen Miteinander Gott verantwortlich zu machen, als umzukehren. Gott schreibt nur die Zeichen an der Wand: „*Mene, mene, tekel, ufarsin* – gewogen, gewogen und für zu leicht befunden!" Die Konsequenz daraus muss der Mensch selbst ziehen.

Der Tanz ums Goldene Kalb

Mose kam mit den beiden Gesetzestafeln vom Berg Sinai herab. Unten angekommen stieß er auf eine Horde betrunkener Israeliten, die um ein Goldenes Kalb tanzten, dieses als Gott verehrten und ihm opferten. Das Volk aß und trank und belustigte sich bei wilden Festen. Die Menschen gehorchten der Tyrannei der Lust. Die Forderung „Genießt!“ wurde zum kategorischen Imperativ. Der Glaube an das Goldene Kalb ist der Glaube daran, dass sich Glück und Wohlergehen automatisch infolge der Befriedigung von Wünschen einstellen und menschlicher Fortschritt sich an den statistischen Zahlen des Konsums messen lässt. Die Lustmaximierung wird zum Ethos erhoben. Der Tanz findet um das goldene Selbst statt. Eigenliebe und Exhibitionismus setzen sich durch. Der totale Tabubruch, die öffentliche Bloßstellung begeistern die Menge. Jugendwahn und Auflösung der Trennung zwischen Jugend und Erwachsensein bedeuten auch, keine Verantwortung mehr übernehmen zu müssen. Gepredigt wird, dass jeder alles erreichen kann, was er will. Er kann erfolgreich und glücklich werden, wenn er es nur wirklich will und richtig anstellt. Diese Allmachtsphantasie schafft Abhängigkeit. Immer jung, dynamisch und erfolgreich sein zu müssen, nie müde, niedergeschlagen und Verlierer sein zu dürfen, führt zurück in die Sklaverei der angeblichen „Fleischtöpfe Ägyptens“.

Jona: Die Flucht des Menschen vor Gott und vor sich selbst

Dem Volk Israel ist Gottes Fürsorge für die Menschen aller Völker und Rassen spät, wohl erst durch die Verbannung nach Babylon deutlich geworden. Das zeigt die folgende märchenhafte Geschichte von Jona. Gottes Wort ergeht an den Propheten Jona: „Predige in Ninive! Ihre Bosheit ist zu mir heraufgekommen!“ Jona aber will vor Gott nach Spanien fliehen. Im Hafen von Japho findet er ein Schiff, das nach Spanien fährt, weit weg von seinem fordernden Gott, wie er meint. Der aber schickt einen großen Sturm, sodass das Schiff auf dem Meer unterzugehen droht. Die Seeleute fürchten sich sehr und rufen jeder zu seinem Gott um Hilfe. Sie werfen schließlich die Ladung über Bord, um das Schiff zu erleichtern. Jona liegt im Inneren des Schiffes in tiefem Schlaf. Der Schiffsführer fordert ihn auf, zu seinem Gott zu beten, damit der ihnen helfe. Die Seeleute wollen Lose werfen, um festzustellen, wer an ihrem Unglück schuld ist. Als das Los auf Jona fällt, fragen sie diesen, zu welchem Volk er gehöre. Er antwortet, er sei ein Hebräer, der Gott Jahwe verehrt, der das All geschaffen hat. Vor diesem Gott sei er auf der Flucht.

Das versetzt die Seeleute in Furcht. Jona fordert sie auf: „Werft mich ins Meer. Dann werdet ihr gerettet. Um meinetwillen ist der Sturm gekommen.“ Die Seeleute sind sich durchaus bewusst, dass sie damit ein Menschenleben opfern. Sie bitten Gott Jahwe, den Gott Israels, er möge ihnen das nicht als Schuld anrechnen. Sie werfen Jona ins Meer, und das Meer ist still. Gott schickt einen großen Fisch, der Jona verschlingen soll. Drei Tage und drei Nächte ist Jona im Bauch des Fisches. Gott gebietet darauf dem Fisch, Jona ans Land zu speien. Zum zweiten Mal ergeht das Wort Gottes an ihn, er solle nach Ninive gehen und dieser Stadt die Botschaft überbringen, die Gott ihm, dem Jona, mitteilen wird. Nun erfüllt Jona seinen Auftrag. Ninive ist eine große Stadt. Man benötigt drei Tagesreisen, um sie zu durchschreiten. In ihr ruft Jona auf Gottes Befehl aus: In vierzig Tagen wird Ninive untergehen! Die Bewohner beten zu Gott, sie rufen ein Fasten aus und bereuen das Unrecht, das sie getan haben. Auch der König tut Buße. Als Gott die Bekehrung der Niniviten sieht, führt er seinen Entschluss, die Stadt zu zerstören, nicht aus. Er vergibt diesen Heiden (Nicht-Juden) ihre Sünden. Das verärgert Jona. In seinem Zorn spricht er zu Gott, das habe er schon in seiner Heimat vermutet, dass Gott den Heiden vergeben und die Zerstörung ihrer Stadt nicht ausführen werde. Deshalb habe er den Auftrag Gottes nicht ausführen und nach Spanien fliehen wollen. „Ich wusste, dass du ein gnädiger und barmherziger Gott bist, langmütig und reich an Huld, und dass deine Drohungen dich reuen. Darum nimm mir jetzt lieber das Leben! Denn es ist für mich besser zu sterben als zu leben.“ Sein eigener Tod ist dem Jona also lieber, als Gottes Barmherzigkeit an einem nichtjüdischen Volk mit ansehen zu müssen! Gottes Frage an Jona lautet: „Bist du mit Recht so erzürnt?“ Gott belehrt Jona vor den Toren der Stadt. Er lässt einen Rizinusstrauch wachsen, der dem Jona Schatten gibt. Am nächsten Morgen jedoch lässt Gott den Strauch durch einen Wurm annagen, sodass er verdorrt. Ein heißer Wind kommt hinzu. Jona wird fast ohnmächtig. „Es ist besser für mich zu sterben als zu leben. Ja, es ist recht, dass ich zornig bin und mir den Tod wünsche.“ Gottes Antwort an Jona lautet: „Dir ist leid um den Rizinusstrauch, für den du nicht gearbeitet und den du nicht großgezogen hast. Mir aber sollte es nicht leid sein um Ninive, die große Stadt, in der mehr als 120000 Menschen leben?“

Gottes Güte gilt den Menschen aus allen Völkern. Alle dürfen sich vertrauensvoll darauf einlassen. Diese Lehre will die Erzählung von Jona zunächst jüdischen Menschen erteilen, darüber hinaus aber allen Menschen auch zu späteren Zeiten. Sie stellt die Menschen vor die Frage, ob sie ihr Vertrauen auf einen Urgrund des Seins stützen wollen, der Güte ist und den die Menschen mit Du anreden dürfen. Das jüdische Volk bleibt auch nach unserer Erzählung in seinem Selbstverständnis ein „auserwähltes“, weil es solchen Glauben vor den anderen Völkern bezeugen soll, nicht selten im Leiden. Aber das bedeutet nach seinem aufgeklärten Selbstverständnis kein Heilsprivileg, schon gar nicht eines, das zu besonderem Stolz gegenüber anderen Völkern Veranlassung geben soll, sondern einen Auftrag um des Heils aller willen. Dies muss in der Erzählung der Prophet Jona wider Willen erfahren. An seinem Beispiel sollen es andere jüdische Menschen lernen, damit sie Nichtjuden zu dem gleichen Gottvertrauen wie dem ihrigen anregen können.

Psychologisch kann man unsere märchenhafte Geschichte als die Geschichte einer Reifung betrachten. Zu allen Menschen gütig zu sein, unabhängig von ihrer nationalen Zugehörigkeit, gleichgültig, ob sie sympathisch oder unsympathisch sind, darüber hinaus zu vertrauen, dass das Sein den Menschen gütig begegnen will, darf man als Lebensauftrag des humanen Menschen betrachten. In dieser Form entspricht er mitempfindender Emotionalität und reflektierender Rationalität, aber auch den ganzheitlichen Bildern und Träumen unseres Unbewussten. Diesem Lebensauftrag will der Mensch, also auch Jona, stets ausweichen. Lieber will er sterben, als ihn zu erfüllen. Er verkriecht sich gewissermaßen in infantile Verhaltensweisen, ausgedrückt in den Bildern des Märchens: In dem Bauch des Schiffes und dann in dem des Fisches, wobei Jona letzterer jedoch vom Schicksal als ein Entwicklungsschritt gewährt wird. Jedes Mal, wenn er entfliehen oder sterben will, wird er für seinen Lebensauftrag dennoch bewahrt. Er soll ihn erfüllen. Er muss erfahren, dass ein gütiges Geschick den Niniviten, also allen Menschen, wohlgesonnen ist, entgegen seiner eigenen eingeschränkten persönlichen Sichtweise. Der Mensch mag das positive Wirken Gottes in seinem eigenen Leben vielleicht anerkennen, dies auch anderen Menschen zuzugestehen, fällt ihm dagegen schwer.

Der Glaube an Gott und die Unsterblichkeit

Von Gott zum Urknall – Sinn oder Zufall?

Jahrhunderte hindurch haben die Juden nur ein geringes Bedürfnis nach systematischer, philosophischer Reflexion über ihren Gottesglauben gehabt. Es war für sie nahezu selbstverständlich, dass ihr Gott für sie da ist. Hatte er sie doch nach ihrem Glauben aus der Sklaverei in Ägypten befreit und sie zum Volk seines Bundes berufen, dessen Satzung gewissermaßen die von Gott gegebenen Gebote waren. Erst als die Juden in nähere Berührung mit der griechischen Kultur kamen und damit auch mit deren Philosophie, begann im ersten Jahrhundert nach Christus ein jüdisches Philosophieren, das auch die grundlegenden Lehren der eigenen Religion mit einbezog. Jetzt konnte die Frage nach der Existenz des einen Gottes, an den Israel gebunden war, philosophisch reflektierend in einer Weise beantwortet werden, die dann zu Beginn des 20. Jahrhunderts der große jüdische Physiker und Philosoph Albert Einstein auf seine Weise erneuerte.

Was er und andere Naturwissenschaftler beobachteten und teilweise in mathematischer Form als Gesetze formulieren konnten, das setzte sie in Erstaunen: Dass unsere Erde von Licht erreicht wird, das vor fünfzehn Milliarden Jahren ausgestrahlt worden ist, denn die Sterne, die es ausstrahlen, sind fünfzehn Milliarden Lichtjahre von unserer Erde entfernt. Dabei legt das Licht 300000 km/sec zurück! Weil die Astrophysiker keine Sterne kennen, die älter sind als diese, könnten sie die ältesten sein. Da das Weltall nach allen solchen Beobachtungen und deren Deutung sich in einem ständigen, rasanten Prozess der Ausdehnung befindet, nehmen heute manche Astrophysiker an, am Anfang der Existenz des Weltalls stand der so genannte Urknall, durch den Energie und Materie in den „Weltraum" geschleudert wurden. Energie und Materie sind nach dieser Sichtweise keineswegs ewig, sondern vor etwa zwanzig Milliarden Jahren entstanden. Was mag die Ursache ihres Entstehens sein, ein bloßer Zufall oder ein schöpferischer Wille?

Den Aufbau der Atome kann man sich als ein Sonnensystem im Kleinen vorstellen. Um den Atomkern kreisen, wie die Planeten um die Sonne, die Elektronen nach einer der modernen Physik erkennbaren komplizierten Gesetzmäßigkeit, die Voraussetzung für die Existenz des Atoms ist. Stets müssen die Elektronen auf ihren verschiedenen Bahnen verbleiben, muss zwischen ihnen und dem Atomkern ein bestimmtes Spannungsverhältnis bestehen. Wiederum drängt sich die Frage auf, ob nicht eine diese Wirklichkeit überragende „Intelligenz" diese Gesetzmäßigkeit ins Sein gesetzt hat.

Staunen ruft auch die wissenschaftliche Betrachtung des menschlichen Körpers hervor. Die Blutgefäße des Menschen haben mit allen ihren Verästelungen eine Länge von mehr als 100000 Kilometern. 36 Milliarden roter Blutkörperchen bewegen sich in unseren Blutbahnen. Ungefähr zehn Zentner von ihnen erzeugt unser Körper während seines Lebens, täglich etwa eine Billion. 50 Millionen weißer Blutkörperchen bekämpfen Krankheitserreger in unserem Körper. Mit etwa 100000 Schlägen pro Tag pumpt unser Herz in ständiger Wiederholung gewissermaßen 7000 Liter Blut durch den Blutkreislauf. Vom Herz wird das Blut der Lunge zugeführt, um dort von Kohlendioxid befreit und mit Sauerstoff angereichert zu werden. Die Lungenbläschen, die das Blut mit Sauerstoff versorgen, haben eine Ausdehnungsfläche von 50 Quadratmetern. Das menschliche Gehirn besteht aus Milliarden von Nervenzellen, die miteinander im gesunden Zustand bewundernswert kooperieren, besser als größte Telefonnetze. Die Nervenzellen nehmen die Wahrnehmungen unserer Sinnesorgane auf. Sie erzeugen Signale, die die „Aufträge" unseres Gehirns mit größter Schnelligkeit an das Nervensystem im ganzen Körper weitergeben. Betrachtet man so den menschlichen Körper, stellt sich erneut die Frage: Ist dieser ein Ergebnis des Zufalls, einer bloßen Entwicklung der Materie in einem Jahrtausende währenden Evolutionsprozess? Oder steht hinter diesem Prozess eine Schöpferkraft, die diese Erstaunen und Bewunderung erregenden Gesetzmäßigkeiten in die Materie gleichsam hineingelegt hat?

Betrachtet man so, in gleicher Weise staunend wie schon die griechischen Naturphilosophen, die Wirklichkeit der Materie, des Weltalls und der Lebewesen einschließlich des Menschen, so stellt sich immer wieder dieselbe Frage: In vielem ist eine bewundernswert vernünftige Ordnung zu erkennen, wie heute die Naturwissenschaften zeigen können. Muss nicht eine übermenschliche Vernunft diese in die Wirklichkeit hineingelegt haben? Die Ansicht, allein der Zufall vermöge es, hochkomplizierte, überaus vernünftige Regelungen zu erzeugen, ist eine philosophisch allzu unbefriedigende Erklärung, für die überdies keine (menschliche) Erfahrung spricht. Ihre Annahme erfordert eine negative Einstellung zu den Dingen und dem Sein. Nach aller menschlichen Erfahrung setzt eine vernünftige Ordnung in einem Bereich der Wirklichkeit eine Vernunft voraus, die sie ins Werk gesetzt hat. Das ist eine Überlegung, die zweifellos auf menschlichen Erfahrungen basiert, was einzuräumen ist. Allerdings kann jedes menschliche Philosophieren nur menschlich sein. Aber müssen „allzu-menschliche" Überlegungen unvernünftig, wirklichkeitswidrig und deshalb falsch sein, nur weil sie von Menschen gedacht werden?

Hiob – Die Begegnung mit Gott im Leid

Es fällt beim Anblick einer Blume und bei einem Sonnenuntergang am Meer oder in den Bergen nach einem wunderschönen Tag nicht schwer, an einen Schöpfergott zu glauben. Wie aber ist dies bei einem am Boden liegenden, bettelarmen Menschen, dessen Körper mit eitrigen, stinkenden Geschwüren bedeckt ist? Gott lässt sich im Buch Hiob auf diese von Satan gestellte Frage ein. Er gibt Hiob in seine Hand. Hiob, dem frommen, gottesfürchtigen und rechtschaffenen Mann aus dem Lande Uz, wird alles genommen, seine Kinder, sein Besitz und seine Gesundheit. Er wird zum Sinnbild eines Menschen, der vom Schicksal geschlagen wurde. Menschen, die ihn früher geachtet haben, haben nur noch Mitleid mit ihm. Sie meiden ihn, als ob Leid und Schmerz ansteckend wären. Seine Freunde sind bei ihm, aber anstatt mitzufühlen und zuzuhören halten sie lange Reden, geben Erklärungen, die keine sind, und liefern Argumente, die nur leere Floskeln enthalten. Und Hiob? Er sitzt da, kratzt sich mit einer Scheibe die Geschwüre auf, um das entsetzliche Jucken zu lindern, und sagt demütig: „Der Herr hat's gegeben, der Herr hat's genommen. Gelobet sei der Name des Herrn." Doch die Bibel kennt auch einen anderen Hiob, der, nachdem er die Reden der Menschen über sich hat ergehen lassen, Rechenschaft von dem schweigenden Gott fordert. Hiob klagt Gott an. Er möchte eine Erklärung für das – nach seiner Meinung – an ihm begangene Unrecht. Der ohnmächtige Mensch möchte vom allmächtigen Gott eine Antwort auf seine Frage nach dem Warum.

Der Dialog misslingt. Gott gibt keine Antwort, sondern verweist nur auf seine Macht: „Und wo warst du, als ich die Erde schuf? Bestimmst du die Zeit? Willst du gar mein Recht vernichten?" Hiob widerruft und bereut daraufhin. Gleichzeitig scheint ihn die Antwort aber nicht zu befriedigen, da er Gott weiterhin Fragen stellen will und von ihm Antwort erbittet. Gott gibt Hiob darauf seine Gesundheit wieder und doppelt so viel Besitz, als er vorher hatte. Damit ist vordergründig ein befriedigendes Ergebnis erreicht. Der alte Zustand ist wiederhergestellt. Wer einmal Misserfolge, Krankheit oder Not erfahren hat, weiß, wie sehr man sich im Unglück nach dem Vertrauten, der „guten alten Zeit" sehnt. Dieses Ergebnis kann den zwischen Fatalismus und Anklage schwankenden Menschen aber eigentlich nicht befriedigen. Gott ist ihm die Antwort schuldig geblieben. Aber was hätte Gott antworten sollen? Eigentlich stand die Antwort von vornherein fest. Gott hätte sagen sollen: „Ich garantiere dir, dass kein Leid über dich kommt. Ich bin der

Gott, der dich zum Sieg und zum Erfolg führt, der für deine Gesundheit und Vitalität und für jugendliches Aussehen sorgt." Gott hat hierauf eine Antwort gegeben. Er hat zu dieser Erwartungshaltung „Nein" gesagt.

Das große Fragezeichen: An Gott glauben nach Auschwitz?

Der Philosoph Hans Jonas hat in seinem Buch „Der Gottesbegriff nach Auschwitz" die Ansicht vertreten, Gott könne nur entweder allmächtig oder gütig sein; an einen Gott, der beide Eigenschaften besitze, könne man nach Auschwitz nicht mehr glauben. Der griechische Philosoph Epikur hat bereits 300 Jahre vor Christus gemeint, ein Gott, der die Übel der Welt nicht beseitigen könne, könne kein Gott sein. Könne er es und wolle er es nur nicht, sei er missgünstig und deshalb ebenfalls kein Gott. Epikur wollte nur an einen Gott glauben, der das Leid aus der Welt entfernen könne und wolle. Dies sei aber offensichtlich nicht der Fall. Es trifft zu, dass man manchmal den Eindruck hat, Gott habe sich die Herrschaft aus der Hand nehmen lassen. Ein Mensch wird verletzt. Soll das Gottes Wille sein? Unrecht wird getan. Gott lässt es zu. Menschen schreien: „Mein Gott, mein Gott, warum hast du mich verlassen." Aber Gott schweigt. Verletzungen und Narben berühren unseren Glauben. Wir fragen: „Warum hast du das zugelassen? Sind dir die Menschen völlig gleichgültig geworden?"

Der russische Schriftsteller Dostojewskij, der seinen dreijährigen Sohn Alioscha verloren hatte, schrieb in seinem Roman „Die Brüder Karamasow": „Ich spreche nicht von den Leiden der Erwachsenen, die haben vom Apfel gegessen, der Teufel soll sie holen. Aber die Kinder, die Kinder! Von den Tränen der übrigen Menschen, mit denen die ganze Erde durchtränkt ist, von ihrer Rinde bis zum Mittelpunkt – davon will ich kein Wort reden ... Die Menschen sind offenbar selber schuld: Ihnen war das Paradies gegeben. Sie aber wollten Freiheit und raubten das Feuer vom Himmel, obwohl sie selber wussten, dass sie unglücklich werden würden. Man braucht sie also nicht zu bedauern ... Ich habe nur die kleinen Kinder herausgegriffen, damit es umso deutlicher werde. Die ganze Welt mit ihrer Erkenntnis ist doch nicht die Tränen eines kleinen Kindes wert ... Es ist gar nicht zu begreifen, weswegen auch sie leiden und mit ihrem Leiden die Harmonie erkaufen müssen ... Wenn die Leiden der Kinder dazu verwendet wurden, jene Summe von Leiden voll zu machen, die für den Kauf der Wahrheit notwendig war, so behaupte ich im Voraus, dass die ganze Wahrheit einen solchen Preis nicht wert ist. … Darum beeile ich mich, meine Eintrittskarte zurückzugeben. Und wenn ich ein ehrlicher Mann bin, so bin ich verpflichtet, sie sobald wie möglich zurückzugeben. Das tue ich auch. Nicht Gott lehne ich ab, sondern ich gebe Ihm nur ehrerbietigst die Eintrittskarte zurück." In Thomas Manns „Dr. Faustus" veranlasst die Krankheit seines kleinen Neffen den Komponisten Adrian Leverkühn zur Zurücknahme seiner Neunten Symphonie: „Das Gute und Edle …, um was die Menschen gekämpft, wofür sie Zwingburgen gestürmt, und was die Erfüllten jubelnd verkündet haben, das soll nicht sein. Es wird zurückgenommen. Ich will es zurücknehmen!"

In einem Gespräch über die Judenverfolgung im Dritten Reich wurde einem Rabbiner von einem Juden die Frage gestellt: „Wie kannst du nach all dem, was an uns geschehen ist, noch an Gott glauben?" Die Gegenfrage lautete: „Wie kannst du nach all dem, was geschehen ist, nicht mehr an Gott glauben?" Wenn es für die Unschuldigen keine Gerechtigkeit in einer anderen ewigen Seinsweise gäbe, dann wäre das Menschsein mit all seinen tiefsten Sehnsüchten, seinem Leiden und seiner Kunst tatsächlich vergebens. Es ist gerade die furchtbare Sinnlosigkeit des Leidens, die ohne den Glauben an Gott nicht auszuhalten ist.

Die Begegnung mit Gott ist nicht die mit dem allmächtigen Gott, der von oben herab die Geschichte verändert. Es ist vielmehr ein Gott, der in den Herzen der Menschen wohnt, und so die Welt verändern kann. Die Frage „Wo ist Gott?" lässt sich mit einem Fingerzeig auf den von Schicksalsschlägen getroffenen Mitmenschen und auf die leidende Kreatur beantworten. Gott braucht meine Hände, meine Stimme, mein Schreien und meinen Protest. Gott braucht meine Hilfe für den gequälten, leidenden und entrechteten Menschen. Die Frage „Warum schreitet Gott angesichts des Leidens nicht ein?" lässt sich nur mit der Gegenfrage beantworten: „Warum schreiten wir nicht ein?"

Christus – ein gescheiterter Prophet?

Das Gottesbild Jesu – der zärtlich liebende Vater

Vaterliebe und (Selbst-)Gerechtigkeit

Jesus verkündet den Gott Israels, den Gott, der mit den Menschen seinen Bund halten will, der ihnen seine Liebe zuwendet und der von den Menschen will, dass sie seinen Willen erfüllen, auf dass sie miteinander in Gemeinschaft wahrhaft Menschen seien. Aber über all das hinaus redet Jesus Gott mit *Abba* an, einem aramäischen Wort der Umgangssprache, nicht mit einem aus der sakralen hebräischen Sprache. *Abba* kann man übersetzen mit „Papa", allerdings ohne die Verniedlichung, die im Deutschen in diesem Wort mitspielt, oder „lieber Vater", wobei mit dem Wort „lieb" „herzlich" gemeint ist. Kinder redeten damals und reden auch noch heute ihren Vater so an, wenn sie ihm zärtlich verbunden sind, wenn sie ihn umarmen. Außerordentlich selten zwar, aber dennoch nicht unmöglich, war dies im Judentum der damaligen Zeit die Anrede für Gott. Insofern kann man sagen, dass Jesus ein unter den Juden gewissermaßen bereits angelegtes Gottesverständnis zu seiner Reife brachte. Später hat der erste Johannes-Brief des Neuen Testaments das dann auf die abstraktere Formel gebracht: Gott ist Liebe.

Die Bedeutung der Gottesanrede Jesu, die er auch seinen Jüngern lehrt, wird vollständig verständlich, wenn man sie im Zusammenhang seines Lehrens und seines Lebensstils sieht. Jesus erzählt die Geschichte von dem Vater und seinen beiden Söhnen. Der Jüngere will sich seinen Anteil am väterlichen Vermögen auszahlen lassen. Der Vater geht darauf ein. In einem fernen Land bringt der Sohn mit einem liederlichen Lebenswandel sein Vermögen durch. Infolge einer Hungersnot geht es ihm schlecht. Er muss Schweine hüten, eine für einen Juden schreckliche Tätigkeit, denn Schweine sind nach dem Gesetz unreine Tiere. Selbst hier wird er nochmals erniedrigt: Nicht einmal mit dem Futter der Tiere darf er seinen Hunger stillen. Der junge Mann geht in sich und bedenkt, wie gut selbst die Tagelöhner seines Vaters versorgt werden. Ehe er in der Fremde umkommt, will der Sohn zu seinem Vater heimkehren und zu ihm sagen: „Vater, ich habe gesündigt gegen den Himmel und vor dir. Ich bin nicht mehr wert, dein Sohn zu heißen. Mache mich zu einem deiner Tagelöhner!" Als der Sohn noch weit entfernt ist vom Haus seines Vaters, erblickt ihn dieser. Er geht dem Sohn entgegen, nimmt ihn in die Arme und küsst ihn. Erst danach, also nachdem der Vater ihm entgegengekommen war und ihn in die Arme genommen hat, spricht der Sohn sein Wort der Entschuldigung. Der Vater lässt ein feines Gewand, einen Ring und Schuhe für den Sohn herbeibringen. Er lässt ein Mastkalb schlachten. „Dieser mein Sohn war tot und ist wieder lebendig geworden, er war verloren und ist wieder gefunden."

So ist *Abba*, der liebe Vater, den Jesus verkündet. Er geht jedem Menschen entgegen und nimmt ihn in die Arme, ehe dieser eine Leistung erbracht hat, ja sogar bevor sich dieser für begangenes Unrecht entschuldigt hat. Er macht den ersten Schritt, selbst wenn der Mensch Schuld auf sich geladen hat. Nur der Wille des Menschen zur Heimkehr zum Vater ist Voraussetzung für die empfangene Liebe des Vaters. Nicht die Erfüllung der vielen Gebote des Judentums und keine Mühen, die alle diese Gebote machen, sind erforderlich. Ohne alle solche menschlichen Anstrengungen, ganz freiwillig schenkt Gott der Vater dem Heimkehrenden eine neue Zukunft im Vaterhaus.

Die Erzählung ist mit der Geschichte des ersten Sohnes jedoch nicht zu Ende. Da ist noch der brave zweite Sohn. Er kehrt nach einem anstrengenden Tag von der Feldarbeit zurück. Er hört die Festmusik. Ein Knecht teilt ihm mit, sein Vater habe das Mastkalb zur Feier schlachten lassen, weil der jüngere Sohn gesund heimgekehrt ist. Das ruft in dem älteren – menschlich eher verständlich – Zorn hervor. Er will unter diesen Umständen, das heißt angesichts der „Ungerechtigkeit" des Vaters, das Vaterhaus nicht mehr betreten. Auch ihm kommt der Vater entgegen und versucht, ihn zu überzeugen. Der Sohn hält dem Vater vor, er habe ihm viele Jahre gedient, ohne auch nur je ein Gebot des Vaters übertreten zu haben. Er habe nie einen Ziegenbock erhalten, um mit seinen Freunden zu feiern. „Als aber dieser dein Sohn gekommen ist, der deinen Besitz mit Dirnen verprasst hat, da hast du für ihn das Mastkalb geschlachtet." Des Vaters Antwort darauf lautet: „Mein Sohn, du bist allzeit bei mir, und alles Meinige ist dein. Man musste sich aber doch freuen und feiern; denn dieser dein Bruder war tot und ist lebendig geworden, war verloren und ist wieder gefunden." So weit geht die Liebe des Vaters zum Menschen, die Jesus verkündet, dass ihm die Heimkehr des moralisch Verlorenen mehr Freude bereitet als die strenge Gesetzeserfüllung des scheinbar Gerechten. Verständnis für den zweiten Sohn aufzubringen, fällt nicht schwer. Wie oft muss man selbst die Ungerechtigkeit erfahren, dass man gearbeitet, sich im wahrsten Sinn „abgeschuftet" hat, und der Erfolg ausbleibt, während einem anderen alles wie von selbst zufällt. Aber liegt nicht auch Selbstgerechtigkeit darin, sich nur mit dem zu vergleichen, dem es besser geht, und nicht mit demjenigen, der ein wesentlich härteres Schicksal ertragen muss?

Der gleiche Grundgedanke wie im Gleichnis vom verlorenen Sohn begegnet in der Erzählung vom Pharisäer und vom Zöllner im Tempel. Der Pharisäer dankt Gott, dass er nicht ist wie viele andere Menschen, Räuber, Betrüger, Ehebrecher oder auch wie der anwesende Zöllner. Er weist darauf hin, dass er in jeder Woche zweimal fastet und den zehnten Teil von allem spendet, was er erlangt. Damit sagt er die Wahrheit. Das sind wirklich seine moralischen Leistungen entsprechend dem jüdischen Gesetz. Der Zöllner als (vielleicht unehrlicher) Steuereintreiber und Kollaborateur mit der römischen Besatzungsmacht, für die er Steuern kassiert, wagt nicht einmal, seine Augen zum Himmel zu erheben, sondern spricht nur zu Gott: Sei mir Sünder gnädig! So urteilt Jesus: Der Zöllner ging von Gott gerechtfertigt nach Hause, von Gott angenommen, der Pharisäer nicht. Dies sollte zu denken geben, wenn man vorschnell über andere Urteile fällt. Hierzu gehört auch unser Unverständnis über das Handeln des Pharisäers. Finden wir uns doch häufig selbst in der Rolle des Pharisäers wieder.

Vater unser … – Der Dialog mit dem Vater und die Sorge für das tägliche Leben

Auf Bitten seiner Jünger hat Jesus diesen ein Gebet gegeben, das dann später liturgisch ausgestaltet wurde, das Vaterunser. Am Anfang des Gebetes steht die schlichte Anrede „Vater" (*Abba*). In ihr kommt noch einmal deutlich das Gottesbild Jesu von dem einen Gott, dem man liebend vertrauen darf, zum Ausdruck. „Geheiligt werde dein Name" meint wohl, er, der Name, also Gott selbst, möge von den Menschen als heilig verehrt werden. Das geschieht in Ehrfurcht und in tiefem Vertrauen. Gott heiligen heißt aber auch, ein wenig von seiner Liebe und Großzügigkeit im Alltag umzusetzen. „Es komme deine Herrschaft" (oder: dein Reich) drückt die Sehnsucht des Beters nach der endgültigen Verwirklichung der Herrschaft Gottes, nach seinem Reich, das zunächst eine Herrschaft der Liebe und der Gerechtigkeit Gottes ist, aber auch das Verhältnis der

Menschen zu Gott beschreibt sowie schließlich das der Menschen und sogar aller Lebewesen untereinander kennzeichnet. Es ist ein Reich, das nicht von dieser Welt ist, sondern eine zukünftige Gabe Gottes, eine neue Welt. Und doch ist dieses Reich heute schon dort gegenwärtig, wo Menschen sich auf Jesu Wort und seinen Lebensstil einlassen. Um all das betet derjenige, der das Vaterunser spricht. Hinter den sprachlichen Formulierungen Jesu stehen Vorstellungen der jüdischen Apokalyptik. Diese erwartet nach einer kosmischen Katastrophe am Ende dieser Weltzeit eine neue Welt Gottes auf dieser Erde. Ohne die sonst üblichen Ausmalungen im Einzelnen macht sich Jesus diese Vorstellungen zu Eigen, ja erwartet diese große Wende noch zu Lebenszeit mancher seiner Zeitgenossen. Auch wenn dies so nicht eingetreten ist, muss das jedoch nicht daran hindern, das Gebet Jesu in seinem tieferen Sinn auch heute noch zu beten.

„Unser tägliches Brot gib uns heute." Damit wird um all das gebetet, was der Mensch unbedingt zu seinem Leben benötigt, aber auch nicht um mehr. Alle seine Sorgen legt der Beter vertrauensvoll in Gottes Hände. Zwar darf er sie ihm sagen, aber er weiß auch, dass Gott alle seine Bedürfnisse längst kennt, ehe er sie ausgesprochen hat. „Und vergib uns unsere Sünden." Jeder Mensch, der sich aufrichtig selbst betrachtet, weiß, dass er hinter dem von Jesus erneuerten Liebesgebot der Hebräischen Bibel immer wieder zurückbleibt. Das ist Sünde. Die Sünde ist Trennung von Gott, der die Liebe in Person ist. Sie ist Trennung vom Mitmenschen, dem wir in Nächstenliebe begegnen sollen, wobei Nächstenliebe nicht bloße Zuneigung, sondern ein das Leben des anderen förderndes Handeln ist. Die Sünde ist schließlich Trennung von unserem eigentlichen Selbst, weil wir unser menschliches Sein nicht verwirklichen. Wer aber Gott vertraut, wie ihn Jesus verkündet, der weiß auch, dass er immer wieder um Vergebung bitten darf, weil dieser Gott um des Menschen Grenzen weiß und sie versteht. Der Mensch kann sagen: „Es tut mir Leid!" Der nächste Satz ist ein Versprechen, dessen Realisierung nicht immer leicht fällt: „Denn auch wir vergeben jedem, der an uns schuldig geworden ist." Gottes Vergebung empfangen, verpflichtet dazu, das Empfangene weiterzugeben, jedenfalls sich nach allen Kräften anzustrengen, so zu handeln. Der Mensch kann zum anderen sagen: „Es braucht dir nicht leid zu tun!"

„Und führe uns nicht in Versuchung." Führt Gott Menschen in Versuchung? Er lässt es auf jeden Fall zu, dass die Umstände uns in Versuchung zu nicht menschenfreundlichem Verhalten führen.

Manchmal möchte man etwas freier übersetzen: Und führe uns in der Versuchung! Oder textgetreuer: Lass uns nicht der Versuchung unterliegen!

Bei dem Vaterunser, das Jesus seinen Jüngern als Gebetsbeispiel nennt, ist nochmals an die Anrede zu erinnern. Das Gebet der Jünger Jesu soll sich an den liebenden Vater richten. Auf ihn darf der Mensch vertrauen, auch wenn er im Gebet verstummt. Ist das Vaterunser nun ein jüdisches oder ein christliches Gebet? Es enthält nichts spezifisch Christliches. Die Person Jesu spielt in seinem Text keine Rolle. Es wird nicht „durch ihn“ gebetet, sondern direkt zum Vater, ohne jeden „Mittler“. Jesus ist nur der Verfasser, der Anreger, der Stifter dieses Gebetes. Von einem sehr geschätzten jüdischen Religionsdenker wurde dem Verfasser erklärt, dass er dieses Gebet Jesu immer mitbetet, wenn Christen es beten. Er bekennt, dass dieses Gebet nichts enthält, was ein Jude nicht beten kann. Und doch unterscheidet es sich von vielen jüdischen Gebeten durch seine Kürze, durch seine Konzentration auf wesentliche Anliegen des Menschen und eben durch seine Anrede *Abba*, die bei Jesus nicht eine seltene Ausnahme ist, wie sonst im Judentum, sondern im Mittelpunkt jeglichen Glaubens, Vertrauens und Betens steht. Vielleicht darf man in Zurückhaltung und Respekt vor jüdischem Beten so formulieren: Das Vaterunser ist das jüdischste aller Gebete, weil in ihm jüdisches Beten zu seiner letztmöglichen Konsequenz, zu tiefem Vertrauen zu dem Gott Israels führt, der mit der Liebe identifiziert wird.

Wissen wir heute noch, wie wir beten sollen? Es hat den Anschein, dass man mitunter unbefangener über intimste Details aus dem Sexualleben öffentlich spricht als über das Gebet. Aber wurde nicht das Gebet auch missbraucht, wenn Waffen gesegnet und Soldaten mit einem Gebet für den eigenen Sieg in den Krieg und in den Tod geschickt wurden? Kann Gott derartige Gebete überhaupt erhören? Vielleicht sind es die vielen Worte, die heutzutage den Zugang zum Gebet erschweren. Der dänische Theologe und Philosoph Sören Kierkegaard hat über das Gebet geschrieben: „Beten heißt nicht, sich selbst reden hören, beten heißt, still werden und still sein und warten, bis der Betende Gott hört.“ Häufig soll unser Gebet dazu dienen, Gott zu verändern, ihn zumindest zu etwas zu veranlassen, was wir wollen. Wissen wir nicht ohnehin selbst, was für uns gut ist, sodass wir Gott eigentlich nur noch als „Vollzugsbeamten“ brauchen. Vielleicht sollten wir gelassener beten, damit wirklich sein Wille geschehe.

Wer so betet, braucht sich nicht von den Sorgen des Lebens verzehren zu lassen. Sicher ist der Aufruf Jesu, überhaupt nicht für das Leben zu sorgen, eine zuspitzende, Aufmerksamkeit erheischende Formulierung. Sie darf nicht streng wörtlich genommen werden. Es bleibt Verpflichtung des Menschen, Vorsorge für mancherlei Lebenssituation zu treffen. Aber diese sollte nicht unser Dasein prägen, sondern vielmehr das grundlegende Urvertrauen zum Sein an sich, auf dessen Basis dann auch Vorsorge vernünftig ist. „Sorgt nicht für das Leben, was ihr essen, noch für euren Leib, was ihr anziehen sollt. Das Leben ist mehr als Nahrung, der Leib mehr als Kleidung. Achtet auf die Raben: Weder säen sie noch ernten sie. Sie haben keine Vorratskammer oder Scheuer, und Gott ernährt sie doch. Wie viel mehr wert seid ihr als die Vögel! Achtet auf die Lilien, wie sie weder spinnen noch weben. Aber ich sage euch: Selbst Salomo war in all seiner Pracht nicht gekleidet wie eine von diesen. Wenn Gott schon das Gras auf dem Felde, das heute steht und morgen in den Ofen geworfen wird, so kleidet, wie viel mehr euch, ihr Kleingläubigen! Macht euch keine Gedanken, was ihr essen und was ihr trinken sollt, und ängstigt euch nicht. Denn nach all dem trachten die Heiden in der Welt. Euer Vater weiß, dass ihr das braucht. Vielmehr trachtet nach seiner Herrschaft; das andere werdet ihr obendrein bekommen."

Jesus hat zwar keineswegs von den Menschen die Aufgabe allen Besitzes gefordert. Er hat sich und seinen Jüngerkreis von Wohlhabenden sogar häufig unterstützen lassen. Aber dass Reichtum hartherzig machen und von den wesentlichen Fragen der Existenz, den Fragen nach dem Sinn von Leben und Tod ablenken kann, das zeigt seine Geschichte vom reichen Landwirt. „Das Land eines reichen Mannes hatte gut getragen. Da überlegte er bei sich: Was soll ich tun; denn ich kann meine Früchte nicht unterbringen? Dann sagte er: Das will ich tun; ich will meine Scheuern abreißen und größere bauen und dort meine ganze Ernte unterbringen; und dann will ich zu meiner Seele sagen: Liebe Seele, du hast reichlich Vorrat für viele Jahre; ruh aus, iss, trink und genieße. Aber da sprach Gott zu ihm: Du Tor, noch in dieser Nacht wird dein Leben von dir gefordert. Wem wird das gehören, was du gespeichert hast?" Vielleicht sollten wir uns mitunter mehr Zeit für Gott und für unsere Mitmenschen nehmen und den Terminkalender manchmal verräumen, damit nicht eines Tages Gott zu uns sagt: „Du Narr, heute stehst du in meinem Terminkalender!"

Jesus will seinen Zuhörern damit sagen: Es gibt ein Leben jenseits der Arbeit und der Sorge um das tägliche Leben. Diese Aussage erhält gegenwärtig einen völlig neuen Stellenwert. Arbeit wird zur Mangelware. Den Menschen in den modernen Industrienationen scheint eine Arbeitsgesellschaft bevorzustehen, der die Arbeit ausgeht. Bereits heute geht es nicht mehr um die Umverteilung von Arbeit, sondern um die Umverteilung von Arbeitslosigkeit. Den Erfolgreichen steht eine große Zahl von Arbeitslosen und Sozialhilfeempfängern gegenüber, die auf Kosten der anderen zu leben scheinen. Jesus sieht dies anders: Die Arbeit und der Erfolg sind ein Geschenk Gottes. Nicht der Mensch hat allein gearbeitet. Gott hat ihm geholfen. Nicht der Mensch hat Probleme bewältigt. Gott hat sie ihm gelöst. Nicht der Mensch hat Risiken überstanden. Gott hat ihn beschützt. Andere hatten nicht so viel Glück. Deshalb bitte Gott, dass er dir weiterhilft und das tägliche Brot gibt. Und sei dankbar, wenn er es getan hat. Dann wirst du auch dein Leben nicht mehr mit Neid darüber verbringen, dass andere Almosen von deinem reich gedeckten Tisch erhalten.

Ethik: Menschlichkeit statt Gebotserfüllung

Zwischen Samaria und Galiläa

Wer sich von Gott angenommen und getragen weiß, kann nicht anders, als solche Liebe nach seinen beschränkten Kräften weiterzugeben. Von solcher Sichtweise ausgehend kann Jesus die Frage eines Pharisäers nach dem höchsten Gebot beantworten, von dem her alle anderen Gebote ihr Recht und ihre Grenzen erfahren. „Meister, welches Gebot ist das größte im Gesetz? Jesus aber sprach zu ihm: Du sollst den Herrn, deinen Gott lieben mit deinem ganzen Herzen und mit deiner ganzen Seele und mit deiner ganzen Vernunft. Dies ist das größte und oberste Gebot. Das zweite, gleich wichtige ist dies: Du sollst deinen Nächsten lieben wie dich selbst. In diesen beiden Geboten liegt das ganze Gesetz und die Propheten." Ein anderer Gesetzeslehrer fragt Jesus, was er tun müsse, um das ewige Leben zu erlangen. Jesu Gegenfrage lautet: Was steht im (jüdischen) Gesetz? Wie im vorigen Beispiel antwortet der Gesetzeslehrer mit den beiden Geboten der Gottes- und Nächstenliebe. Jesus bestätigt ihm die Richtigkeit seiner Antwort. „Handle danach, und du wirst leben." Die Erfüllung dieser beiden Gebote weist den Weg zum ewigen Leben oder – anders formuliert – bringt den Menschen in ein rechtes Verhältnis zu Gott. Dies geschieht allerdings nicht aus eigener Leistung allein, sondern aufgrund geschenkter Liebe, die zur Erfüllung eben dieser Gebote anhalten soll.

Da der Schriftgelehrte weiter fragt, wer denn sein Nächster sei, erzählt ihm Jesus die bekannte Geschichte vom barmherzigen Samariter: Ein Mann fällt auf dem Weg von Jerusalem nach Jericho unter die Räuber, wird zusammengeschlagen, ausgeplündert und halb tot liegen gelassen. Ein Priester und ein Levit, also ein Tempeldiener, kommen an ihm vorbei, kümmern sich aber nicht um ihn. Dies geschah wohl aus religiösen Gründen, denn ihn zu berühren, hätte bedeutet, kultisch unrein zu werden. Theoretisch sind beide über die Anforderungen der Nächstenliebe bestens ausgebildet, aber in dem Moment, wo praktische Hilfe nötig wird, versagen die Profis der Nächstenliebe. Ein Samaritaner dagegen wird in seinem Verhalten als vorbildlich dargestellt. Der menschlich Handelnde in dieser Erzählung war vom jüdischen Standpunkt aus ein Mensch mit der falschen Konfession und mit rassischen Fehlern, stammte er doch von Juden und verschiedenrassigen Besatzungstruppen ab. Für Jesus war eine solche Lehre nicht ungefährlich, im Extremfall sogar lebensgefährlich, denn die Feindschaft zwischen Juden und Samaritanern war erheblich. Der Mann aus Samaria hatte Mitleid mit dem Zusammengeschlagenen. Er verband seine Wunden und brachte ihn auf seinem Reittier in eine Herberge. Dort sorgte er weiter für ihn und bezahlte noch dazu all das, was der Wirt für den Verletzten tat. „Was meinst du: Wer von diesen dreien hat sich als der Nächste dessen erwiesen, der von den Räubern überfallen wurde? Der Gesetzeslehrer antwortete: Der, der barmherzig an ihm gehandelt hat. Da sagte Jesus zu ihm: Dann geh und handle genauso!“ Die Aufforderung Jesu an den Gesetzeslehrer lautet nicht, sorgfältige Studien über den Begriff des Nächsten zu betreiben, um abzugrenzen, wann was zu tun ist, sondern ganz einfach dort zu helfen, wo in einer konkreten Situation ein Mensch der Hilfe bedarf. Dieser ist dann der Nächste, oder besser noch: Man sollte dessen Nächster sein. Bis zur Feindesliebe soll sich solche Liebe steigern; denn auch der Feind kann der Nächste sein, der der Hilfe bedarf. Die von Hass, wechselseitigen Vorwürfen und Unversöhnlichkeit geprägte Vergangenheit darf dann keine Bedeutung mehr haben. Wie Gott barmherzig ist gegenüber allen Menschen, so soll auch der Mensch barmherzig gegenüber allen Menschen, sogar seinen Feinden sein. Solches Verhalten, das Grenzen überschreitet und Vorurteile überwindet, führt zum ewigen Leben, in die Gemeinschaft mit Gott.

Eine umfassende systematische Ethik hat Jesus nicht entworfen.

Er begnügt sich mit wenigen grundsätzlichen Äußerungen und einigen konkretisierenden Beispielen. Darüber hinaus erwartet er die kreative Phantasie dessen, der sich um die Nächstenliebe in seinem Sinn bemüht. Für die Abschaffung des Sabbat ist Jesus entgegen modernen Forderungen, die mit den Erfordernissen des Produktionsprozesses und der Wirtschaftlichkeit von Maschinen begründet werden, nie eingetreten. Dass die Menschen an einem Tag der Woche sich gemeinschaftlich ausruhen, über ihr Dasein nachsinnen und Gott loben, danken und bitten, war für ihn in der Tradition seines Volkes Geschenk und Verpflichtung von Gott. Aber er war auch gegen jede enge Auslegung des Sabbat-Gebotes. Wenn seine Jünger am Sabbat Ähren abrupften und die Körner aßen, weil sie Hunger hatten, war das für ihn kein Verstoß gegen das Gebot, genauso wenig wie die Heilung von Kranken an diesem Tage. Jesus konnte sagen: „Der Sabbat ist um des Menschen willen da, nicht der Mensch um des Sabbats willen."

„Nichts, was von außerhalb des Menschen in ihn eingeht, kann ihn unrein machen; vielmehr das, was aus dem Menschen herauskommt, das macht ihn unrein." Dieser Satz steht im Gegensatz zu jüdischen Traditionen. Nach ihnen verunreinigten im religiösen Sinn die Berührung eines Leichnams, der Verkehr mit einem Heiden, die Entbindung, die Menstruation der Frau etc. Es mussten Reinigungsriten vorgenommen werden, um im vollen Sinn an der Gottesgemeinschaft wieder teilhaben zu können. Für Jesus ist es umgekehrt: Der Mensch verunreinigt sich im religiösen Sinn durch gottes- und menschenfeindliche Gesinnungen und Taten, die aus seinem Inneren kommen, nicht aber durch Berührungen von außen. Letztere können in manchen Fällen im Gegensatz zur jüdischen Tradition geradezu heilsam sein: der freundschaftliche Händedruck mit einem Andersgläubigen, die Geburt eines Kindes und anderes mehr. Es sind nicht die großen Dinge, sondern die kleinen Gesten, die in den Beispielen des Neuen Testaments Menschlichkeit erweisen. Aber sind nicht wie einst in jenem Dorf zwischen Samaria und Galiläa die Berührungsängste und die Furcht vor „Ansteckung" unter uns noch präsent? Pluralistische Ignoranz nennt es die Wissenschaft heute, wenn niemand einem Opfer zu Hilfe kommt. Man könnte dieses kollektive Wegsehen auch als „Feigheit" bezeichnen. Verbergen wir nicht zu unserer eigenen Entlastung unser Versagen häufig hinter einem erhobenen Zeigefinger, indem wir annehmen, ein am Boden Liegender müsse betrunken oder drogenabhängig sein? Hat nicht auch die Kirche Krankheiten lange Zeit als Strafe

Gottes angesehen? Jesus hat demgegenüber praktizierende Nächstenliebe erwartet, keine Sonntagspredigten.

Am Rand der Gesellschaft – der Freund der Sünder

Jesu Lehre entsprach seinem Lebensstil, der für seine Jünger zum Beispiel wurde, dem sie nachzufolgen sich bemühten. Es wird erzählt, Jesus habe mit Zöllnern und öffentlichen Sündern gegessen, mit Menschen, mit denen ein strenggläubiger Jude nicht verkehrte, weil er sich durch sie im religiösen Sinn verunreinigt sah. Eindrucksvoll kommt diese Mahlgemeinschaft und die in ihr zum Ausdruck gebrachte Heilsverkündigung in der Geschichte vom Zöllner Zachäus zum Ausdruck: „Da war ein Mann mit Namen Zachäus. Er war Oberzöllner und ein reicher Mann. Er versuchte, Jesus zu sehen, wer er wäre. Doch er konnte es nicht wegen der Volksmenge, denn er war kleinwüchsig. So lief er voraus und stieg auf einen Maulbeerfeigenbaum, um ihn sehen zu können; denn dort musste er vorbeikommen. Und als Jesus an den Ort kam, blickte er auf und sprach zu ihm: Zachäus steig rasch herab, denn ich muss heute in deinem Hause übernachten! Da stieg er eilends herab und nahm ihn mit Freuden auf. Und alle, die es sahen, murrten, dass er zu einem Sünder ging, um zu rasten. Zachäus aber trat hin und sagte zu dem Herrn: Sieh, Herr, die Hälfte meiner Habe will ich den Armen geben; und was ich von jemand erpresst habe, will ich vierfach zurückerstatten. Jesus aber sprach: Heute ist diesem Hause Rettung zuteil geworden; auch er ist doch ein Sohn Abrahams." Da Zachäus umgekehrt ist von der Art seiner bisherigen Lebensführung, kann Jesus von ihm sagen, dass er in demselben Sinn in der Gottesgemeinschaft steht wie der gesetzestreue Jude, der sich als Kind des Stammvaters Abraham verstand.

Wie Jesus mit einer öffentlichen Sünderin, wohl einer Prostituierten, umgeht und sich von ihr sogar die Füße salben lässt, zeigt eine andere Geschichte. In ihr trägt der strenggläubige Pharisäer seinen Protest vor, er, der doch Jesus nicht so liebevoll begegnet ist wie die Sünderin. Der von den Menschen, insbesondere den Männern bei Tag verachteten Frau sagt Jesus dagegen die Vergebung ihrer Sünden zu. „Ein Pharisäer bat Jesus, mit ihm zu speisen. Er trat in das Haus des Pharisäers und legte sich zu Tisch. Und siehe, eine Frau in der Stadt, eine Sünderin, hatte erfahren, dass er im Haus des Pharisäers zu Tisch lag; und sie brachte ein Alabastergefäß voll Salböl und stellte sich hinten bei seinen Füßen hin, weinte und begann mit ihren Tränen seine Füße zu netzen; mit ihrem Haupthaar wischte sie

sie ab. Und sie küsste seine Füße und salbte sie mit dem Salböl. Als das der Pharisäer, der ihn eingeladen hatte, sah, sprach er bei sich: Wäre dieser wirklich ein Prophet, so wüsste er, wer und was für eine die Frau ist, die ihn da anrührt, dass sie nämlich eine Sünderin ist. Da nahm Jesus das Wort und sprach zu ihm: Simon, ich habe dir etwas zu sagen. Und er erwiderte: Meister, sprich! Und zu der Frau gewandt, sprach er zu Simon: Du siehst diese Frau? Ich trat in dein Haus; Wasser für die Füße hast du mir nicht gegeben, sie aber hat mit ihren Tränen meine Füße genetzt und mit ihrem Haar abgewischt. Einen Kuss hast du mir nicht gegeben; sie aber hat, seit ich eintrat, nicht abgelassen meine Füße zu küssen. Mit Öl hast du mein Haupt nicht gesalbt, sie aber hat mit Salböl meine Füße gesalbt. Darum sage ich dir, vergeben sind ihre vielen Sünden, weil sie viel geliebt hat. Wem aber wenig vergeben ist, der liebt wenig. Und er sprach zu ihr: Vergeben sind deine Sünden."

Jesu Hinwendung zu den Kranken und Leidenden zeigt sich in den Heilungsgeschichten. Wie viele andere Jesusgeschichten sind sie zunächst mündlich weitererzählt und später aufgeschrieben worden. Sie sind keine Augenzeugenberichte; im Lauf der Weitererzählung sind sie gewiss verändert worden. Dennoch kann kein Zweifel daran bestehen, dass Jesus in auffälliger Weise auf Kranke, Unreine und Aussätzige zuging und sie nicht ausgrenzte. Er widerstand der Neigung selbstgerechter Ablehnung, die Menschen so gerne andere spüren lassen. Vermeiden wir doch durch dieses Verhalten, uns ändern zu müssen und die eigene Unvollkommenheit anzunehmen. Jesus jedenfalls hatte keine Angst vor „eigener Ansteckung". Für ihn gibt es keine Außenseiter und Sündenböcke. Dadurch wird er selbst zum Außenseiter und Sündenbock, den man ans Kreuz schlägt. Der Philosoph Ernst Bloch hat das Kreuz als die Antwort der Welt auf die christliche Liebe bezeichnet. Jesu Botschaft konnte man dagegen nicht töten. Mutter Theresa von Kalkutta hat in unserer Zeit ein Beispiel gegeben und die Welt gelehrt, was gebraucht wird: „Hände, die zum Dienen bereit sind, und ein Herz, das lieben will."

Wer im Glashaus sitzt …

Ehebruch wurde nach dem mosaischen Gesetz, vor allem bei Frauen, mit dem Tod bestraft. Eines Tages brachte man zu Jesus in den Tempel eine Frau, die gerade beim Ehebruch auf frischer Tat ertappt worden war. Das Volk war johlend hinter ihr, die ihre Blöße notdürftig zu bedecken versuchte, hergerannt. Sie war auch noch ausgesprochen hübsch. Dass sie ihrem Mann, mit dem sie ihre Eltern verheiratet hatten, nicht treu sein würde, hatten viele bereits bei ihrer Hochzeit vorausgesehen. Nun war es also geschehen. Man würde sie steinigen. Einige Männer bedauerten dies angesichts ihrer Schönheit. Manche Frauen hingegen freuten sich, dass die mögliche Rivalin beseitigt würde. Wie oft hatten sie, die unter der Rücksichtslosigkeit ihrer Männer litten, in bestimmten Situationen der Versuchung nachgeben und sich fremder Zärtlichkeit hingeben wollen, es aber dann stets aus Angst vor Entdeckung unterlassen? Mitleid empfand jedenfalls niemand mit der Ertappten. Die Frage an Jesus, was man mit ihr tun solle, die die Schriftgelehrten und Pharisäer ihm stellten, war deshalb eine Fangfrage. Trat er für die Steinigung ein, so unterschied er sich in nichts von den von ihm bekämpften Pharisäern und Schriftgelehrten. Lehnte er eine Bestrafung ab, so verteidigte er eine Ehebrecherin und brach das göttliche Gesetz. Jesus antwortete ihnen auf ihre wiederholten Fragen, was denn nun geschehen solle: „Wer unter euch ohne Sünde ist, der werfe den ersten Stein auf sie." Daraufhin gingen alle, einer nach dem anderen, nach Hause. Vielleicht hat sich mancher an den Ausspruch Jesu erinnert: „Was siehst du den Splitter in deines Bruders Auge, und des Balkens in deinem Auge wirst du nicht gewahr?" Nachdem die Frau von niemand verdammt worden war, verdammte sie auch Jesus nicht. Er brachte Verständnis für die Fehler anderer auf. Gleichwohl appellierte er an sie: „Gehe hin und sündige fortan nicht mehr."

Schärfer kann der Kontrast nicht sein: Die Sünderin, die Menge und der Gerechte – die Versuchung, die Selbstgerechtigkeit und die Überwindung von beiden. Die Möglichkeiten des Lebens verdichten sich in dieser Szene. Jesus nimmt der Frau nicht die Verantwortung für ihr Tun, aber er verurteilt sie auch nicht. Eine tröstliche Geschichte, denn wir erfahren aus ihr, wie sich Gottes Sohn zu den Armen und Rechtlosen, zu Tagelöhnern, Ausgebeuteten, Huren und Kranken, zu den Ausgestoßenen, Einsamen und nicht zuletzt zu den Sündern verhalten hat. Warum sollte er sich zu uns, wenn wir Fehler begehen, anders verhalten? Und warum sollten wir, wenn andere sündigen, es ihm nicht gleichtun? Der Ehebruch wird dadurch nicht bagatellisiert, aber er wird verzeihlich. Wer in der Lage ist, sich seine eigenen Fehler einzugestehen, kann auch anderen ihre Fehler leichter verzeihen.

Jesus Christus – Gottes Sohn oder Menschensohn?

Der gute Mensch, Messias, Herr und Heiland von Nazareth

Wer war Jesus? Ein guter Mensch, ein Weiser, ein Prophet, vielleicht der Messias, wenn ja, dann welcher? Das Judentum zur Zeit Jesu hatte durchaus vielfältige Vorstellungen, was Wesen und Aufgaben des Messias seien: ein großer Feldherr gegen die Römer, ein charismatischer Volksführer, ein König wie David, ein Hoher Priester oder eine Gestalt aus der himmlischen Welt. Schon während Jesu irdischen Lebens werden solche Fragen gestellt worden sein. Jesus hat sie aller Wahrscheinlichkeit nach nicht beantwortet, jedenfalls nicht öffentlich, denn alle genannten Titel und Vorstellungen waren zu irreführend, um sein Selbstverständnis zum Ausdruck zu bringen. Er hat für sich wohl überhaupt keine Titel in Anspruch genommen.

Wer war und ist Jesus? Die frühen Christen haben diese Frage mit einer Vielzahl von Titeln beantwortet, die sie in ihrer Umwelt vorfanden und auf Jesus anwandten. So bot sich beispielsweise der Titel *Messias* (Gesalbter; griechisch *christos*) an. In der Hebräischen Bibel wird damit schon der gesalbte König Israels bezeichnet. In seiner Anwendung auf Jesus musste der Titel entpolitisiert und entmilitarisiert werden. Auch „Sohn Gottes" war vorgegeben. Ebenso wird in der Hebräischen Bibel der König Israels bezeichnet. Man konnte sich Jesus als König der Juden vorstellen, wie es wahrscheinlich auf dem die angebliche Schuld Jesu bezeichnenden Schild zu lesen war, das über dem Kreuz angebracht war. Dort stand römischer Sicht entsprechend: Seine Schuld ist, antirömischer König der Juden zu sein. Die Bezeichnung „Sohn Gottes" dürfte noch eine zweite Herkunft haben. Im Zentrum der Verkündigung Jesu stand die Anrede *Abba*, lieber Vater, für Gott. Es liegt deshalb nahe anzunehmen, Jesus habe entsprechend seiner Gottesanrede auch ein entsprechendes Sohnesbewusstsein gehabt, das in die Überlieferung eingegangen ist. Wenn die judenchristlichen Gemeinden Jesus als Herr, *Kyrios* (= Herr), bezeichneten, so wählten sie damit einen Titel, der in der griechischen Übersetzung der Hebräischen Bibel als Gottesname für das hebräische *Jahwe* verwendet wird. In Gemeinden außerhalb Palästinas, also in der jüdischen Diaspora, wird das bald bewusst gewesen sein. In heidenchristlichen Gemeinden hat die Bezeichnung *Messias* (= Christus = Gesalbter) schnell die ursprüngliche Bedeutung verloren, war sie doch eine, die einer ausschließlich jüdischen Sichtweise entsprach. Deshalb wurde der Begriff Christus in diesen Gemeinden ein Eigenname ohne eine spezifische Bedeutung. Die Bezeichnung Sohn Gottes war Heidenchristen dagegen unmittelbar verständlich. Sie kannten aus ihrer kulturellen und religiösen Umwelt Göttersöhne, die von Göttern (und menschlichen Müttern) abstammten. Hier konnte Jesus als Sohn Gottes im Sinn einer Verwandtschaftsbezeichnung verstanden werden, er konnte als von „göttlicher Art" angesehen werden. Herr war in dieser Welt eine Bezeichnung, die viele weltliche Herren trugen. Fürsten und der Kaiser in Rom ließen sich so anreden. Wer Jesus mit Herr anredete, brachte zum Ausdruck, dass er der wahre Herr für ihn sei, und nicht die Fürsten dieser Welt, die ihre Untertanen allzu oft knechteten, ausbeuteten und keineswegs deren Wohlergehen fördern wollten. Ähnliches gilt für die Bezeichnungen „Heiland", „Erlöser" oder „Erretter". Auch sie waren Titel hellenistischer Fürsten und bei ihnen im durchaus weltlichen Sinn gemeint.

Für den Dichter des Prologs des Johannes-Evangeliums ist Jesus der *Logos*. Diese Vorstellung hat ihre Voraussetzung in der jüdischen Weisheitslehre, in der die göttliche Weisheit als eine Person gedacht werden konnte. Sie sei vor Schöpfung der Welt von Gott geschaffen worden und habe bei der Weltschöpfung mitgewirkt. Später habe sich die Weisheit zu den Menschen begeben, sei aber von ihnen abgelehnt worden. Im Hymnus des Johannes-Evangeliums war der *Logos* von Anfang an einerseits bei Gott, andererseits war er sogar auch selber Gott. Nichts ist ohne ihn geschaffen worden. Der *Logos* war in dieser Welt, aber die Welt hat ihn nicht erkannt. Die Menschen haben ihn zumeist nicht aufgenommen; die ihn aber aufnahmen, wurden durch ihn zu Kindern Gottes. Der *Logos* wurde in Jesus Mensch, Fleisch, wie der Dichter überaus deutlich formuliert. Die traditionelle Übersetzung für *Logos* ist Wort. Sie ist nicht falsch, erfasst aber nur einen geringen Teil dessen, was der Dichter gemeint hat. Die jüdische Weisheit ist im Logosbegriff mitgemeint, wohl aber auch die Seinsvernunft der griechischen Philosophie, die allem Seienden von der idealen Konzeption wie von deren Realisierung her zugrunde liegt. Da uns ein entsprechender Begriff fehlt, sollte man das Wort unübersetzt stehen lassen.

Es kann sehr gut sein, dass Jesus für sich gar keine Hoheitsbezeichnung in Anspruch genommen hat. Auf jeden Fall hat er von niemandem verlangt, dass er ihn mit diesem oder jenem Titel anredete. Für alle Titel, die erst die neutestamentlichen Schriftsteller zur Bezeichnung Jesu verwandt haben, gilt, dass sie damit die Bedeutung, die er für sie hatte, zum Ausdruck bringen wollten. Er war für sie der letzte und entscheidende Prophet, der vom Judentum erwartete Messias, der Menschensohn, der Apokalyptiker, der wahre Sohn Gottes und ihr Herr – er, der arme Prediger aus Galiläa, der Gekreuzigte, also nicht einer der hohen Herren seiner Zeit. Man kann dies so formulieren: Nicht, dass man einen Propheten mit diesen Titeln versah, ist erstaunlich, denn die Zeiten legten dies nahe; sondern, dass man sie gerade auf Jesus, einen durch die Mächtigen seiner Zeit Hingerichteten, angewandt hat, ist das Bemerkenswerte. Es ist eine Erinnerung an die weiche Seite des Menschen, welche häufig einer Beleidigung der Macht gleichkommt. So lässt der römische Stadthalter Pilatus Jesus in Michail Bulgakows Roman „Der Meister und Margarita" auspeitschen, als dieser ihn mit den Worten „Guter Mensch" anspricht.

Christus – Wunder, Opfer und Glaubwürdigkeit

Die Verwendung aller ehrenden Titel für Jesus aus Nazareth durch die frühen Christen aus dem Judentum und dem Heidentum der hellenistischen Welt kann man als ein Zur-Sprache-Bringen der Erfahrung verstehen: In Jesus hat nicht nur ein guter, menschenfreundlicher und weiser Mensch gesprochen – so richtig das auch sein mag –, sondern Gott selbst. Der Gott Israels hat in ihm einzigartig gewirkt, sich dargestellt und anschaulich gemacht, sich als der Gott „geoffenbart", der erlösend dem Menschen entgegenkommt.

Eine Bezeichnung für die Person Jesu aus der Zeit der frühen Christenheit mag heutigen Menschen hilfreich sein, das Anliegen früher Christen geschichtlich zu verstehen, nämlich die Bezeichnung Jesu als Bild Gottes. Paulus im vierten Kapitel seines zweiten Korinther-Briefes und einer seiner Schüler im ersten Kapitel des Kolosser-Briefes nennen Jesus das Bild, Abbild, die Ikone Gottes. Diese Vorstellung ist überliefertem jüdischem Denken nicht fremd. Denn jeder Mensch ist ihm gemäß der Schöpfung ein Bild Gottes. Immer wieder hat man gefragt, worin die Ebenbildlichkeit des Menschen mit Gott besteht. Die Genesis, das erste Buch Mose, in dem von dieser Ebenbildlichkeit die Rede ist, gibt darauf keine direkte Antwort. Sicher ist nach ihr der Mensch als ganzer, so wie er in all seinen Wesensmerkmalen Mensch ist, ein Bild Gottes. Sein Geist mit der Freiheit der Willensentscheidung, seine erkennende Vernunft, sein Gefühl für die Schönheit, seine Fähigkeit, mit anderen Menschen Gemeinschaft zu haben, seine Möglichkeit, einen Größeren als sich selbst zu verehren und zu ihm zu sprechen sowie sein aufrechter Gang (in doppelter Bedeutung) dürften dazugehören.

Jesus ist nach der Auffassung des Paulus zwar in diesem Sinn Bild Gottes, darüber hinaus aber in geschichtlicher Einmaligkeit das Bild Gottes an sich für alle anderen Menschen. Hier sei der Versuch unternommen, diese Vorstellung des Paulus von Jesus als dem Bild Gottes auf Geschichten aus dem Leben Jesu anzuwenden. Dabei muss man sich bewusst sein, dass über das Leben Jesu im Stil einer Legende erzählt wird. Legenden aber sind keine Tatsachenberichte, sondern dichterische Kompositionen, beruhend auf geschichtlichen Tatsachen. Guten Legenden gelingt es, das Wesen einer Person, eines Ereignisses oder einer Lebensgeschichte wesensgemäßer darzustellen, als historische „Nachrichten" dies vermögen. „Was bleibet aber, stiften die Dichter", sagt Hölderlin in seinem Gedicht „Andenken". Und Oscar Wilde schreibt in seinem im Gefängnis verfassten „De Profundis": „Christi Platz ist bei den Dichtern."

In der Erzählung von der Geburt Jesu von einer Jungfrau bildet sich Gott als jemand ab, der einen ganz neuen Anfang in der geistigen Geschichte der Menschheit stiftet, durch den ihm als dem zutiefst Liebenden vertraut werden darf und durch den jeder sich als ein zutiefst Geliebter, der von der empfangenen Liebe weitergeben soll, verstehen darf. In der märchenhaften Geschichte von der Hochzeit zu Kana, in der Jesus eine große Menge Wasser in kostbaren Wein verwandelt, bildet Gott sich ab als jemand, der die Freude des Menschen will, und zwar in Fülle und auch in der bewussten Annahme der Gemeinschaft der Geschlechter. In den wunderbaren Speisungen Jesu bildet er sich ab als jemand, der uns veranlassen will, Hungernden Nahrung zu geben, umso selbst für sie zu sorgen. In den Krankenheilungen Jesu ist er jemand, der, wenn auch zumeist in der Verborgenheit, besondere Sorge trägt für die Leidenden und der uns zu solcher Fürsorge anregen will. Im Essen Jesu mit den Zöllnern und öffentlichen Sündern ist er jemand, dessen Nähe besonders Ausgestoßenen gilt und den vom Weg Abgewichenen, wenn sie einen neuen Anfang wagen wollen. Das heißt nicht, dass er deren Taten akzeptiert. Er will vielmehr deren Lebensänderung, wozu oft harte Wegstrecken der Wandlung erforderlich sind. In Jesu Lehren bildet er sich ab als jemand, der die Menschen aufklären will über den Sinn ihrer Existenz und die sich daraus ergebenden Anforderungen. In Jesu Abendmahl bildet er sich schließlich ab als jemand, der die tiefe Gemeinschaft der Menschen mit dem Menschensohn Jesus und in ihm mit Gott will, der in Jesus anwesend ist und wirkt. Das geschieht in Gestalt von Brot und Wein, den Grundnahrungsmitteln der antiken Welt, und schließlich in Jesu Kreuzesleiden und Tod. Er zeigt sich so als ein Gott, der mit dem Leiden und dem Tod der Menschen solidarisch ist, weil er diese am Kreuz, dem „Auschwitz" oder „Archipel Gulag" von damals, mit durchlitten hat.

Die Menschen der antiken Welt haben im Tod Jesu ein Opfer gesehen, das er dargebracht hat, um sie aus ihrer überkommenen und der durch eigene inhumane Taten herbeigeführten Gottferne zu befreien. Seinem Vater habe Jesus sich selbst dafür geopfert. Diese Deutung war für die antike Welt eine sehr nahe liegende, wurden doch blutige Tieropfer dem Gott Israels im Tempel zu Jerusalem und den Göttern der Heiden in deren jeweiligen Tempeln geweiht. Von daher konnte das Lebensopfer Jesu als das wahre „Osterlamm" für sein Volk verstanden werden, dargebracht am Passahfest der Juden (Ostern), an dem diese ihre Passahlämmer schlachteten. Im Judentum gab es zudem die Vorstellung, dass das Lebensopfer der Märtyrer, die im Bekenntnis ihres Glaubens unter heidnischer Willkür starben, dem Volk Heil bringe. Auch erinnerten sich die frühen Christen an die Gestalt des Gottesknechtes aus dem Buch des zweiten Jesaja, der sein Leben für das Heil seines Volkes hingibt, und deuteten von dieser Gestalt her das Lebensopfer Jesu.

Der moderne Mensch sträubt sich gegen die antike Vorstellung, Gott habe eines blutigen Menschenopfers bedurft, um sich mit den Menschen zu versöhnen. Er kann dieses Ansinnen bei allem geschichtlichen Respekt nur als eine Beleidigung Gottes empfinden. Dabei kann er sich auf Jesus selbst berufen, der Gottes Nähe, auch die Vergebung der Sünden, ohne jeden Bezug zu seinem Opfertod verkündet hat. Deshalb wird man heute in dem Gedanken von der Solidarität Gottes mit dem Leiden und Tod jedes Menschen eine angemessenere Deutung sehen. Sie kann ergänzt werden durch die Überlegung, wie Menschen mit demjenigen umgehen, der ihnen Gottes unendliche Liebe verkündet. Bei dieser Überlegung darf jedoch nicht nur an einige Juden und Römer von damals gedacht werden. Vielmehr muss der moderne Mensch auch sein eigenes Verhalten selbst in Frage stellen.

Die unbefleckte Empfängnis Jesu durch Maria wird dem aufgeklärten Zeitgeist kaum mehr als ein Schmunzeln entlocken. Aber liegt darin nicht auch eine Mitteilung Gottes? Eine junge Frau, die mit einem Handwerker verlobt ist, erwartet ein Kind. Beide wissen, dass das Kind nicht von ihrem Bräutigam stammt. Maria muss als Erste versuchen, dieses Kind, ein Geschöpf der Liebe Gottes, zu akzeptieren. Für Josef, den ungewollten Vater, ist dieser Lernprozess wesentlich schwieriger. Wir wissen nicht, was ihm Maria auf seine sicherlich zahlreichen Fragen nach dem wirklichen Vater geantwortet hat. Josef reagiert, wie man das in dieser Situation erwarten würde, aber nicht wütend. Er liebt Maria zu sehr, als dass er sie bloßstellen möchte. Aber mit der Untreue seiner künftigen Frau kann er auch nicht leben. Deshalb will er sich heimlich aus dem Staub machen. Da wird ihm im Traum die Antwort auf seine Fragen gegeben: Das Kind ist vom Heiligen Geist. Diese Antwort war eigentlich eine Zumutung. Wir erfahren nicht, was sich Josef dabei gedacht hat. Wir wissen nur, dass Josef bleibt und die Frau als seine Partnerin und das Kind als Gottes Geschenk akzeptiert. Wir dagegen, die wir dazu kein Recht haben, stellen die Fragen, die Josef aus Liebe nicht mehr gestellt hat. Katholiken und Protestanten haben dies zu einem überflüssigen Streit um ein Jungfernhäutchen hochstilisiert. Josefs Verhalten dagegen steht für die Menschlichkeit des Menschen. Martin Gregor-Dellin hat dies folgendermaßen formuliert: „Joseph schafft eine Liebestatsache. Wenn Friede herrschen soll unter den Menschen, dann beginnt er so: mit Vertrauen. Damit rückt Joseph zu einer zentralen Gestalt nicht nur der Weihnachtsgeschichte, sondern einer Theologie auf, die das Christentum als Liebesreligion begreift.“ Nicht Josef ist der Zweifelnde, sondern wir sind es, wenn wir sein Handeln in Frage stellen, wenn wir nicht glauben, wie er geglaubt hat, wenn wir nicht fähig sind zu lieben, wie er geliebt hat.

Gottes Liebe steht nicht nur am Beginn eines Menschenlebens. In den Auferstehungsgeschichten, die von Jesus erzählt werden, bildet sich Gott schließlich am Ende des menschlichen Lebens als jemand ab, der nicht den endgültigen Tod des Menschen will. Um im Bild zu bleiben: Nicht nur Jesu Grab mag leer gewesen sein, wie es die Geschichten darstellen, sondern am Ende – wiederum im Bild gesprochen – wird unser aller Grab leer sein. Jesus ist nach Paulus das Bild Gottes, in dem Gott sich abbildet, in dem er sich veranschaulicht, menschlich vorstellbar macht, sich „offenbart“. So kann der Paulusschüler, der den Kolosser-Brief verfasst hat, auch sagen, in Jesus Christus „wohnt die ganze Fülle der Gottheit in leibhaftiger Weise“. Man sollte dies geschichtlich verstehen können: Der Urgrund des Seins ist – Jesus folgend – Liebe. Dies ist aus Jesu Worten vernehmbar und an seinem Lebensstil ablesbar. Beide sind nicht nur menschliches Wirken, sondern das Wirken Gottes selbst in ihm. So glaubten die frühen Christen. Dies könnte aber auch ein modernes Jesus-Bild sein.

Der Freundeskreis Jesu – Kirche und Glaubwürdigkeit

Gott bewahre mich vor Heiligen mit verdrießlichen Mienen

Hat Jesus eine Kirche gegründet? Betrachtet man die heutigen Großorganisationen aller Konfessionen mit ihren hierarischen Strukturen, mit Prälaten, Oberkirchenräten, Bischöfen und Kardinälen, so kann man zu dem Urteil gelangen, Jesus habe eine solche Kirche nicht gegründet und vielleicht sogar nicht gewollt. Denkt man zudem daran, dass Jesus und die frühen Christen von der Naherwartung, von dem Glauben an die baldige Wiederkunft des Messias am jüngsten Tag geprägt waren, so kann das diese Auffassung nur bestärken. Andererseits hat schon der irdische Jesus einen Freundeskreis um sich versammelt. Er sollte seine Botschaft in besonderer Weise und intensiver hören, verstehen und nach seinem Beispiel leben. Nach der Ostererfahrung, dass Jesus nicht im Tod geblieben, nicht in ein Nichts hineingestorben war, wussten sich die Jünger erneut verpflichtet, die Botschaft Jesu weiterzutragen, ja ihn selbst, sein Leben, seinen Tod und sein ewiges Leben zum Inhalt ihrer Botschaft zu machen. An ihm wurde für sie anschaulich, wie sich Gott zum Menschen verhält, dass er ihn – trotz und gerade angesichts aller Realitäten dieser Welt – liebt und dass er vom Menschen erwartet, empfangene Liebe nach seinen Möglichkeiten weiterzugeben. Die Jünger und eine ständig wachsende Zahl weiterer Menschen wollten so in Jesu Auftrag gemeinschaftlich ihren Glauben leben und ihn anderen Menschen nahe bringen. Vor Gott wussten sie sich dabei alle als Schwestern und Brüder. Vor ihm sollte kein Ansehen der Person gelten. Sie verstanden sich als die Gemeinschaft ihres Herrn, des *Kyrios*. Von diesem Worte leitete sich der Name ihrer Gemeinschaft ab, der *Kyriaké*, der Gemeinschaft im Herrn, der Kirche.

Auch wenn alle Menschen nach dem Glauben der frühen Christen gleichermaßen von Gott Geliebte sind und dies insbesondere für die Mitglieder der Kirche gilt, so gibt es in dieser doch unterschiedliche Funktionen und Ämter, die aber niemals zur Herrschaft über Schwestern und Brüder in der Kirche verführen dürfen. Jesus selbst hat zwölf Mitglieder entsprechend der Zahl der Stämme Israels als seine engsten Vertrauten um sich versammelt. Besondere geschichtliche Folgen hatte die Stellung des Petrus im Kreis der zwölf Apostel. Petrus, aramäisch Kephas, ist kein Eigenname, sondern ein Titel, eine Amtsbezeichnung. Simon, Sohn des Jona, hieß der Inhaber dieses Titels, der mit Fels zu übersetzen ist oder etwas freier auch mit Fundament. Jesus selbst hat dem Simon diese Bezeichnung verliehen: „Du bist Petrus und auf diesen Felsen werde ich meine Kirche bauen, und die Mächte der Unterwelt werden sie nicht überwältigen." Welche andere Funktion sollte dieser Fels haben, als die Abwehr aller dieser Botschaft und der sich um sie versammelnden Gemeinde widrigen Mächte? Der so berühmte, auf Simon als den Petrus bezogene Satz erläutert nochmals den Sinn dieser Titelverleihung durch Jesus; er bedeutet nicht mehr und nicht weniger. Es ist deshalb müßig, die Rolle der vielfach von der eigenen Machtstellung verführten, gegenüber anderen Machthabern zu unkritischen und auf ihre Unfehlbarkeit in Glaubensfragen pochenden Päpste darzustellen. Oder noch deutlicher ausgedrückt: Zum Fundament eines modernen Europa gehört ein wieder geeintes Christentum; über die Rolle des Papstes in dieser „neuen" Kirche mögen die Theologen der unterschiedlichen Konfessionen weitab von der lebendigen Kirche wissenschaftliche Dispute führen.

Die Kirche wird heute gerne als „Amtskirche" bezeichnet und als „Verwaltungseinheit des Glaubens" begriffen. Damit drückt sich eine gewisse Reserviertheit und Distanz aus. Die Kirche ist – abgesehen von Katholiken- und Kirchentagen – nicht mehr Gemeinschaft, sondern Organisation. Ein Wir-Gefühl kommt nur noch selten auf. Das Bewusstsein einer Sendung kann deshalb nicht entstehen. Theresia von Avila, eine Ordensfrau aus dem 16. Jahrhundert hat das Sauertöpfische am Christentum bereits gründlich gestört. „Gott bewahre mich vor Heiligen mit verdrießlichen Mienen", rief sie einmal aus. Sie gestand, eine missvergnügte Nonne mehr zu fürchten als eine Horde böser Geister. Einer frommen Dame, die sich einmal über Theresias Appetit entrüstete, hielt sie lachend vor: „Lobe lieber die Freundlichkeit deines Gottes und merke dir: Wenn Rebhuhn, dann Rebhuhn, wenn Buße, dann Buße!" Theresia von Avila wollte die Menschen mit Liebe und Freundlichkeit und nicht mit Gewalt oder Zwang zu Gott führen. Sie lehnte deshalb die Missionierung Amerikas durch die Kirche ab und betete öffentlich für die Indios. Theresia war Ordensfrau, wenn auch eine aufmüpfige, und damit auch Kirche. Vielleicht ist sie sogar mehr Kirche als der damalige päpstliche Nuntius, der sie ein „unruhiges Frauenzimmer" nannte. Theresia hielt ihren Kritikern entgegen: „Werke will der Herr. Wenn du weißt, du könntest einer Kranken Linderung verschaffen, so lass ohne Zögern von deiner Andacht ab, und tu's! Vor albernen Andachten bewahre uns der Herr!" Ihr Leben und Wirken haben gezeigt, dass Kritik an albernen Andachten und verkrampft ernstem Kirchengehabe nicht Oberflächlichkeit bedeuten muss.

Widerruft Christus? – Die Verfolgungen

Christenverfolgungen musste schon die Urgemeinde in Jerusalem erdulden. Jesus selbst war durch die Intervention jüdischer Herrschaftsgruppen bei der römischen Besatzungsmacht ums Leben gekommen. Ihn als Messias zu verkündigen, wie es die Urgemeinde unter Führung des Petrus tat, musste den Widerstand eben dieser Kreise herausfordern. Dass Petrus verhaftet und Stephanus durch Lynchjustiz umgebracht wurden, belegt die Gefahren des frühen christlichen Glaubens.

Umgekehrt erschienen den „Heiden" die Christen als intolerante Menschen, ließen sie doch allein ihren einen Gott, ihren Herrn Jesus Christus und ihren Gottesdienst gelten. Ganz anders waren die Heiden. Sie pflegten zwar den staatlich garantierten Kult der hergebrachten Götter, gestatteten daneben aber jedem Bürger jeglichen Kult und jegliche Einweihung in die verschiedenen Mysterien. Was die Christen bei ihren nichtöffentlichen Kultfeiern betrieben, das wusste man nicht so recht. Handelte es sich um Zauberei und Magie oder geschahen noch andere unheimliche Dinge? Man hatte sogar gehört, dass sie Fleisch und Blut eines Menschen verzehren sollten. Zudem predigten sie: „Man muss Gott mehr gehorchen als den Menschen!" Mit dieser Aussage war Kritik an den Herrschenden verbunden, insbesondere an dem damaligen Kaiserkult. Dieser war zwar keine Angelegenheit der inneren Überzeugung, sondern mehr eine „staats-ideologische Inszenierung". Die Mehrheit der von den Römern beherrschten Völker machte mit, insgeheim müde lächelnd. Dies aber sahen die Christen um der Treue zu ihrem Bekenntnis willen anders. Dem aufmerksamen Beobachter der Geschichte des 20. Jahrhunderts sind diese Manifestationen bekannt, auch wenn die „Staatsgötter" nun Klasse oder Rasse waren, die „Kaiser" sich Führer oder Generalsekretäre nannten und die kultischen Inszenierungen in Form von Parteitagen „der nationalen Ehre" oder „beim Aufbau des Sozialismus" stattfanden. Auch gab es in diesem Jahrhundert „Schwache im Glauben", wie man sie in der Antike titulierte, die sich jetzt „Deutsche Christen" oder „Christen für den Sozialismus" nannten.

Nero hatte Christen in den Arenen den wilden Tieren geopfert, weil er „Schuldige" für den Brand Roms benötigte. Dafür waren die verachteten Außenseiter geeignet. Später musste jeder Bürger eine Bescheinigung vorlegen, dass er am Opferkult für den Kaiser teilgenommen hatte. Tausende von Christen bekannten sich unter Einsatz ihres Lebens zu ihrem Glauben, andere wurden zu Sklaven, weil sie die geforderte Bescheinigung nicht beibrachten. Wieder andere wurden ihres Vermögens beraubt. Letzteres geschah vor allem, seit im dritten Jahrhundert das Christentum Eingang in höhere gesellschaftliche Kreise gefunden hatte. Falsch ist allerdings die Vorstellung, es habe nahezu dreihundert Jahre lang in allen Teilen des Römischen Reiches stets gleichzeitig Christenverfolgung geherrscht. Es hat durchaus längere Perioden der Ruhe für die Christen gegeben, die im Lauf der Zeit immer zahlreicher wurden. Auch hat es Verfolgungen in Teilen des Reiches gegeben, während es andernorts ruhig blieb. Dennoch konnten Verfolgungen bis zu Pogromen immer wieder ausbrechen. Es war deshalb für die Christen der Beginn eines neuen Zeitalters, als die Kaiser Licinius und Konstantin 313 n.Chr. in Mailand das Toleranzedikt aussprachen. Danach sollte das Prinzip der Religionsfreiheit für jede Religion im Römischen Reich gelten.

Aber bald stellten sich neue Fragen, die zu bedrohlichen Problemen für das Christentum werden konnten. Die Kaiser strebten nämlich danach, eine neue, religiös begründete Reichseinheit herzustellen. Das musste für sie persönlich keineswegs im Widerspruch zur eigenen religiösen Überzeugung stehen. Ihr Bekenntnis zum Christentum musste durchaus nicht nur taktischer Natur sein. Konstantin behandelte die Bischöfe wie „Brüder“; sie durften auf ihren Reisen wie die Staatsbeamten die Reichspost benutzen. Christliche Vorstellungen gewannen Einfluss auf die staatliche Gesetzgebung. Sklaven konnten zum Beispiel durch „Übergabe an die Gottheit“ nunmehr auch in Kirchen, nicht mehr nur in Tempeln zu Freien werden. Die Tötung eines Sklaven durch Züchtigung war jetzt Totschlag. Ehescheidungen wurden erschwert und Ehebruch schwerer bestraft.

In ihrem Bestreben, eine religiös begründete Reichseinheit zu schaffen, versuchten die Kaiser folgerichtig, in die Kirche hineinzuregieren. Bei Lehrstreitigkeiten, die nicht mehr nur die Kircheneinheit, sondern nun auch die Reichseinheit gefährden konnten, beriefen sie Konzilien ein. Gegen „Häretiker“, die sich deren Lehrentscheidungen nicht beugten, ging die staatliche Macht vor. Ihnen wurde im Lauf der Zeit schließlich die Religionsausübung verboten. Teilweise wurden ihre Kirchen enteignet, manche ihrer Anhänger verloren die Bürgerrechte, andere mussten in die Verbannung gehen. Der heidnische Opferkult wurde bald untersagt, dann auch die private heidnische Götterverehrung. „Berufsverbote“ für den öffentlichen Dienst gab es nunmehr für Heiden. Schließlich wurden ihnen Vermögenskonfiskation und Todesstrafe angedroht. Aus manchen heidnischen Tempeln wie dem Pantheon in Rom wurden christliche Kirchen, andere wurden zerstört, ohne dass die Staatsmacht dagegen vorging. Gab es in Alexandrien früher Pogrome gegen Christen, so ereigneten sich jetzt solche von Christen gegen Heiden. Die Juden übernahmen auch nach all den „Erfolgen" des Christentums diesen Glauben nicht. Das konnte nur an ihrer Bosheit liegen, meinten viele Christen, denn ohne eine solche hätten sie doch zur wahren Einsicht gelangen müssen. Ab etwa 380 n.Chr. kam es zur Zerstörung von Synagogen, den Kultstätten der angeblichen „Gottesmörder". Neue durften sie nicht mehr errichten. Ihre Gottesdienste konnten sie nicht mehr öffentlich abhalten, nur im Verborgenen war ihnen das möglich. Zu öffentlichen Ämtern hatten sie keinen Zugang. Es ging ihnen wie den Christen zuvor.

Die Durchsetzung des einen, „wahren" Glaubens, wie ihn die Konzilien auf Veranlassung der Kaiser gedeutet hatten, auch mit den Mitteln der Staatsmacht findet ihre theologische Rechtfertigung durch die Kirchenväter Ambrosius und Augustinus. „Der Irrtum hat kein Lebensrecht" und „Man zwinge die Menschen, in die wahre Kirche einzutreten" lauten nunmehr die Grundsätze für das Verhältnis von Staat und Kirche. Waren zunächst die Christen Verfolgte, wurden sie nun zu Verfolgern. Die wechselseitige Intoleranz von Christen und Andersgläubigen hat sich im Lauf der folgenden Jahrhunderte wiederholt. Hinsichtlich des Verhaltens der Christen ist mit Nachdruck darauf hinzuweisen, dass es nicht der Lehre des Glaubensstifters Jesus von Nazareth entsprach. Er hatte zur Feindesliebe aufgefordert, überspitzt sogar zum Ausdruck gebracht, man solle jemandem, der einem auf die eine Backe schlägt, auch die andere hinhalten. In seinem eigenen Lebensvollzug hatte er die absolute Gewaltlosigkeit im religiösen Bereich bis zum Tod geübt. Dieses Bild des historisch erkennbaren Jesus stand den Kirchenvätern bei ihren theologisch-politischen Entscheidungen nicht vor Augen. Generell wird man fragen müssen, ob den über die begrifflich richtige Interpretation der Person Jesu Christi streitenden Theologen nicht oft seine Bergpredigt in allzu weite Ferne gerückt war. Jesus aber hatte gelehrt: Nicht wer (theologisch korrekt) „Herr, Herr" sagt, gelangt in das Reich Gottes, sondern wer den Willen des Vaters tut. Modern gesprochen, Orthopraxis (rechtes Handeln) ging ihm vor Orthodoxie (rechtes begriffliches Lehren).

Der russische Schriftsteller Dostojewskij beschreibt in seinem Roman „Die Brüder Karamasow" eindrucksvoll eine Szene, in der der greise Großinquisitor Christus verhaften und abführen lässt. Im engen und düsteren Kerker in einem alten Bau des heiligen Tribunals sucht der Kardinal Christus auf und spricht zu ihm: „Bist Du es? … Antworte nicht. Schweige. Was könntest Du auch sagen? Ich weiß nur zu gut, was Du sagen würdest. Auch hast Du gar kein Recht, dem etwas hinzuzufügen, was Du schon früher gesagt hast. Warum bist Du gekommen, uns zu stören? Denn Du bist gekommen, uns zu stören, und Du weißt das selbst. Man hat Dich gewarnt, … es fehlte Dir nicht an Warnungen und Hinweisen, aber Du hörtest nicht auf die Warnungen. Du verschmähtest den einzigen Weg, auf dem man den Menschen hätte glücklich machen können. Doch zum Glück hast Du, als Du von hinnen schiedest, die Sache uns übergeben. Du hast es versprochen. Du hast es durch Dein Wort bekräftigt, Du hast uns das Recht verliehen, zu binden und zu lösen, und jetzt darfst Du selbstverständlich nicht einmal daran denken, uns dieses Recht wieder zu nehmen. Warum bist Du also gekommen, uns zu stören? … Weißt Du aber, was morgen geschehen wird? Ich weiß nicht, wer Du bist, und will auch gar nicht wissen, ob Du es wirklich bist oder nur Sein Ebenbild. Doch morgen noch werde ich Dich richten und als den schlimmsten aller Ketzer auf dem Scheiterhaufen verbrennen lassen und dasselbe Volk, das heute Deine Füße geküsst hat, wird morgen auf einen Wink von mir herbeistürzen, um Kohlen auf Deinen Scheiterhaufen zu schaufeln." Christus wird, wie der Dominikanerpater Giordano Bruno am 17. Februar 1600, der auf dem Campo dei Fiori in Rom, dem Blumenfeld, auf einem Scheiterhaufen verbrannt wurde, erwidern: „*Non revoco!* Ich widerrufe nicht!"

Die Fehler, die Christen an anderen Menschen begangen haben und die der Lehre Jesu Christi zuwiderlaufen, wiegen schwer. Auch Menschen der Kirche haben im Namen des Glaubens mitunter auf Methoden zurückgegriffen, die dem Evangelium nicht entsprechen. Beispiele sind die Verfolgung der Juden, die grausame Ermordung von Protestanten in Südfrankreich, die Verbrennung von Ketzern durch die Inquisition, die Quälerei und Ermordung von Frauen, die als Hexen bezeichnet wurden, und der Fanatismus in den verschiedenen Religionskriegen. Auch Christen haben der Logik der Gewalt nachgegeben und den Nächsten nicht in den Hungernden, Dürstenden und Nackten, in den Verfolgten und Gefangenen und in den unschuldigen Kindern wiedererkannt.

Es waren aber auch immer wieder Vertreter der Kirche, die gegen ihre Untaten ankämpften. So hat der Jesuitenpater Friedrich von Spee (1591–1635) trotz der Gefahr für sein eigenes Leben am energischsten gegen den Hexenwahn gekämpft. Als Beichtvater vieler Verurteilter hatte er die Hexenjagd miterlebt, die jedem Recht und jeder Menschlichkeit Hohn sprach. Obwohl er seine Professur verlor, gab er seinen Kampf nicht auf. Er wollte kein „stummer Hund" sein, der nicht zu bellen weiß. Es sind aber nicht nur bekannte Persönlichkeiten, die für die „Christlichkeit" in der Kirche stehen. Auch kleine Rädchen können Öl oder Sand in der Maschinerie eines kollektiven Wahnsinns sein. Als zweites Beispiel für ein Stück Menschlichkeit soll deshalb ein Henker stehen, von dem in keinen Geschichtsbüchern berichtet wird. Als Person, die aufgrund ihres Berufs geächtet war, als unehrenhaft galt und mit der anständige Leute keinen Umgang hatten, bewies er jedoch Mitleid mit einer Gefolterten. Er erdrosselte eine Delinquentin, bevor sie lange und nahezu unerträgliche Qualen beim Tod durch Ertränken, zusammen mit einer Schlange und einer Katze eingenäht in einen Sack, erleiden musste. Viel zu oft haben in der Geschichte demgegenüber angesehene Christen nicht gehandelt, sondern zugesehen und geschwiegen. Aber selbst wenn das Christentum die Menschen nicht ändern und Unrecht nicht verhindern kann, darf die Kirche nicht schweigen. Sie muss für diejenigen schreien, die keine Stimme haben, die Unterdrückten, die Stummen und Wehrlosen. Sie darf nicht schweigen, und sei es nur, um dagegen zu widerstehen, dass die Menschen Christi Lehre ändern.

Wahnsinns-Glaube, Glaubwürdigkeit und Mitleiden

Man schreibt den 14. August 1941. Es ist ein Tag wie jeder andere. Im Konzentrationslager Auschwitz wird der Franziskanerpater Maximilian Kolbe mit einer Phenolspritze ermordet. Er geht freiwillig in den Tod, im Austausch für den Familienvater Franciszek Gajowniczek. Man schreibt den 9. April 1945. Die Häftlinge in den Todeszellen des Konzentrationslagers Flossenbürg werden in den frühen Morgenstunden zur Hinrichtung geholt. Unter ihnen der Leiter des Predigerseminars der Bekennenden Kirche Dietrich Bonhoeffer. Dieser hatte 1933 einen Vortrag zum Verhältnis zwischen Kirche und Staat gehalten. Die Kirche habe kein Recht, so meinte er zunächst, sich in die Angelegenheiten des Staates einzumischen. Dann aber kommt die für ihn lebensgefährliche Aussage: „Wenn der Staat nicht mehr für Recht und Ordnung sorgt, dann genügt es für die Kirche nicht, die Opfer unter dem Rad zu verbinden. Da muss sie dem Rad selbst in die Speichen fallen." In ähnlicher Weise hat er später auf die Frage, wie er sich als Glied der Kirche an einem

Staatsstreich beteiligen könne, geantwortet: „Wenn ein Wahnsinniger sein Auto über den Gehweg steuert, dann muss ich als Pfarrer nicht nur die Toten beerdigen und die Angehörigen trösten. Dann muss ich hinzuspringen und den Fahrer vom Steuer reißen!“ Am Ende des Jahres 1944, nach dem misslungenen Attentat an Hitler, schreibt Dietrich Bonhoeffer für seine Mutter und seine Braut ein Gedicht, das mit den Worten endet: „Von guten Mächten wunderbar geborgen, erwarten wir getrost, was kommen mag. Gott ist mit uns am Abend und am Morgen und ganz gewiss an jedem neuen Tag.“

Maximilian Kolbe und Dietrich Bonhoeffer sind zwei Namen, die für die Glaubwürdigkeit der Kirche stehen. In einer Zeit, in der Halbwahrheiten und Lügen Hochkonjunktur haben und in der die Menschen es leid sind, von Politikern, Managern und manchmal auch von Männern der Kirche angelogen oder nur scheibchenweise mit der Wahrheit versorgt zu werden, wird deutlich, dass Glaube auch etwas mit Glaubwürdigkeit zu tun hat. Es ist die Echtheit, die wohl tut in einer Zeit, in der so viele Fassaden aufgebaut werden, hinter denen wenig oder sogar nichts ist. Nicht viele Worte sind es, die den Menschen überzeugen. Es sind die Personen und Persönlichkeiten, die hinter ihnen stehen. Glaubenswahrheiten müssen nicht gepredigt, sondern gelebt werden. Glaubwürdigkeit bis zum Tod am Kreuz ist auch das Thema über dem Leben Christi. Es ist ein Wahnsinns-Glaube, ein Dennoch des Glaubens in Situationen, in denen das „Mein Gott, warum hast du mich verlassen?“ näher liegt als der Glaube.

Es sind die Zeugen eines mutigen Glaubens, die das Gespräch mit der Kirche (wieder) eröffnen können. Ausgerechnet die in den Augen der Welt zunächst Gescheiterten, die mundtot Gemachten und die teilweise sogar Ermordeten schaffen Versöhnung. Die Urteile der Mächtigen, auch der Mächtigen in der Kirche von damals, verwandeln sich. Sie werden ohnmächtig, so als ob der Tod verloren hätte. Das Leben erweist sich in seiner Glaubwürdigkeit als mächtiger.

Beruht nicht die gegenwärtige Krise der Kirche auch darauf, dass sie Gott, wie dies der Theologe Johann Baptist Metz einmal ausgedrückt hat, mit dem Rücken zur Leidensgeschichte der Menschen verkündet hat? Die Trennung Gottes von den Leidenden hat den Gott der Kirche von der Welt getrennt. Die Stimme des Gewissens darf jedoch nicht schweigen bei fremdem Leid. Sie muss Widerstand leisten gegen die Ursachen ungerechten Leidens. Mitfühlen, Mitleid oder vielleicht besser Mitleidenschaftlichkeit lautet der Auftrag der Kirche für die Zukunft. Gottes Macht ist nämlich verschieden von der Macht dieser Welt. Seine Macht ist die des Mitliebens und des Mitleidens. Gott wird auf diese Weise klein, für den Menschen (er-) fassbar. Mitleidenschaftlichkeit ist das Gegenprinzip zum menschlichen Prinzip Hochmut und der Verabsolutierung auch von Institutionen. Die Fähigkeit Gottes, mit dem Menschen, seiner Kreatur, zu leiden, ist ein Programm für die Religionen. Es handelt sich dabei um die jüdisch-christlichen Spuren im gegenwärtigen Europa, so wie dies aus Griechenland die wissenschaftliche, künstlerische und politische Neugierde und aus Rom das Rechtsdenken sind.

Sokrates, Seneca und Jesus – Antike Kultur contra Egokultur?

Das für den Einzelnen via Internet verfügbare Weltwissen scheint im „Zeitalter der Vergleichung" der Kulturen zuzunehmen. Gleichzeitig leidet das Denken an akutem Bildungsmangel. Konsum dient als Kulturersatz. Ohne Besinnung auf die eigenen kulturellen Grundlagen kann jedoch keine Gesellschaft auf Dauer überleben. Die Befassung mit der aus den eigenen Traditionen gewachsenen Identität hat nichts mit der mitunter befürchteten nationalen Arroganz und mit einem Vorrang der eigenen Kultur vor anderen Kulturen zu tun. Nur derjenige, der über seinen eigenen Standort Klarheit gewonnen hat, kann sich konstruktiv mit anderen auseinander setzen.

An der Schwelle zum „globalen Dorf" ist die Diskussion um kulturelle Werte unverzichtbar. Sie kann eine Alternative zu einer Gesellschaft bilden, in der der Mensch immer mehr in den menschenleeren Systemen der Wirtschaft, der Technik und der Informationsgesellschaft verschwindet. Der Mensch inszeniert zunehmend eine virtuelle Welt, in der für ihn kein Platz mehr ist. Die Weltgesellschaft wird – nach einem Begriff des Münchner Soziologen Ulrich Beck – zur Weltrisikogesellschaft. Können die Philosophie der Griechen und ihr Nachdenken über Politik, die Rechtsidee Roms und der mit den Menschen leidende Gott des Judentums und des Christentums, der seinerseits den Menschen zur Mitleidenschaft auffordert, einen Ausweg aufzeigen? Ob der „Code Europas" die Krise zu bewältigen vermag, bleibt offen. Zunächst geht es auch nur um die Bereitschaft zum Handeln, d. h. – wie dies Jürgen Habermas formuliert hat – um das Vertrauen der wesentlichen Kultur zu sich selbst.

Ausgewählte Literatur

Allgemeine Literatur

Ahrendt: Vita activa oder Vom tätigen Leben, 4. Aufl., München 1985.

Beck: Risikogesellschaft, Frankfurt a.M. 1986.

Fenske/Mertens/Reinhard/Rosen: Geschichte der politischen Ideen, Frankfurt a.M. 1996.

Fetscher: Überlebensbedingungen der Menschheit, Berlin 1991.

Fuhrmann: Europas fremd gewordene Fundamente, Zürich 1995.

Jacobi: Vom Werden der Welt und des Menschen. Schöpfungs- und Entstehungsmythen der Völker, Schaffhausen 1981.

Jaspers: Was ist der Mensch?, München 2000.

Küng: Weltethos für Weltpolitik und Weltwirtschaft, München 1997.

Lauxmann: Das philosophische Abc, München 1997.

Lauxmann: Der philosophische Himmel, München 1999.

Lindberg: Die Anfänge des abendländischen Wissens, München 2000.

Luhmann: Die Gesellschaft der Gesellschaft, Frankfurt a.M. 1997.

Moser: Kleine Philosophie für Nichtphilosophen, 3. Aufl., München 2000.

Noll: Diktate über Sterben & Tod, München 1987.

Pieper: Selber denken, Leipzig 1997.

Postman: Wir amüsieren uns zu Tode, 13. Aufl., Frankfurt a.M. 2000.

Postman: Keine Götter mehr, München 1997.

Postman: Die zweite Aufklärung, Berlin 1999.

Russell: Philosophie des Abendlandes, 7. Aufl., Darmstadt 1997.

Schön (Hrsg.): Die schöne Mutter der Kultur, Stuttgart 1997.

Schwanitz: Bildung, Frankfurt a.M. 1999.

Tibi: Europa ohne Identität?, 2. Aufl., München 2001.

Wilber: Eros, Kosmos, Logos, Frankfurt a.M. 2001.

Wuchterl: Einführung in die Philosophiegeschichte, Bern 2000.

Philosophie, Politik und Kunst im antiken Griechenland

Cartledge: Die Griechen und wir, Stuttgart 1998.

Fuchs: Die Skulptur der Griechen, 4. Aufl., München 1993.

Grant: Die klassischen Griechen, Bergisch Gladbach 1991.

Hadot: Wege zur Weisheit, Frankfurt a.M. 1999.

Kerényi: Die Mythologie der Griechen, Bd. I und Bd. II, 17. Aufl., München 1994.

Meier: Athen, 2. Aufl., Berlin 1994.

Meier: Die politische Kunst der griechischen Tragödie, München 1988.

Meyer: Einführung in die antike Staatskunde, 6. Aufl., Darmstadt 1992.

Rapp: Vorsokratiker, München 1997.

Voltz: Dialoge mit Sokrates, 2. Aufl., Zürich 1998.
von Ranke-Graves: Griechische Mythologie, Reinbek 1992.
Zimmermann: Die griechische Komödie, Darmstadt 1998.

Das ewige Rom

Bellen: Grundzüge der römischen Geschichte, Teil 1, Darmstadt 1994, u. Teil 2, Darmstadt 1998.
Bleicken: Die Verfassung der Römischen Republik, 7. Aufl., Paderborn 1995.
Bürge: Römisches Privatrecht, Darmstadt 1999.
Christ: Caesar, München 1994.
Forschner: Die stoische Ethik, 2. Aufl., Darmstadt 1995.
Fuhrmann: Seneca und Kaiser Nero, Darmstadt 1998.
Hattenhauer: Die geistesgeschichtlichen Grundlagen des deutschen Rechts, 4. Aufl., Heidelberg 1996.
Manthe: Geschichte des römischen Rechts, München 2000.
Meier: Caesar, Berlin 1982.
Rainer: Einführung in das römische Staatsrecht, Darmstadt 1997.
Strömholm: Kurze Geschichte der abendländischen Rechtsphilosophie, Göttingen 1991.

Gott, Christus und Kirche – die jüdisch-christliche Tradition

Bärend: Die Zehn Gebote, Neukirchen-Vluyn 2001.
BinGorion: Die Sagen der Juden, Köln 1997.
Döbertin: Der Sinn des Lebens und die Frage des Menschen, Frankfurt a. M. 1989.
Döbertin: Ohne Religion kann man nicht leben, Frankfurt a. M. 1990.
Drewermann: Tiefenpsychologie und Exegese, Bd. I und Bd. II, 5. Aufl., Zürich 1997/98.
Drewermann: Jesus von Nazareth, 4. Aufl., Zürich 1998.
Goldschmidt: Der Babylonische Talmud, 4. Aufl., Darmstadt 1996.
Greinacher/König (Hrsg.): Katholische Kirche – wohin? Wider den Verrat am Konzil, München 1986.
Holl: Jesus in schlechter Gesellschaft, München 1977.
König: Haus auf festem Grund, Wien 1994.
Küng: Freiheit der Christen, Hamburg 1971.
Küng: Große christliche Denker, München 1996.
Landmann: Jüdische Weisheit aus drei Jahrtausenden, München 1983.
Lapide: Glauben, wissen oder zweifeln?, Gütersloh 1988.
Lehmann: Es ist Zeit, an Gott zu denken, 6. Aufl., Freiburg 2001.
Noethlichs: Das Judentum und der römische Staat, Darmstadt 1996.
Ratzinger: Einführung in das Christentum, München 1990.
Ratzinger: Salz der Erde, 4. Aufl., Stuttgart 1996.
Scherer: Die Frage nach Gott, Darmstadt 2001.
Weischedel: Der Gott der Philosophen, 3. Aufl. 1975 (ND Darmstadt 1998).

Die Hebräische Bibel (traditionell das Alte Testament genannt) wird zitiert nach der Einheitsübersetzung und nach Altes Testament, Einführungen, Texte, Kommentare, herausgegeben von Hanns-Martin Lutz, Herman Timm und Eike Christian Hirsch, München 1970, darin die Übersetzung von Vinzenz Hamp, die Midraschim (Lehr- und Deutungserzählungen) nach Jüdische Märchen, herausgegeben von Israel Zwi Kanner, Frankfurt am Main 1976. Das Neue Testament wird zitiert nach der Einheitsübersetzung und nach Neues Testament, Einführungen, Texte, Kommentare, herausgegeben von Gerhard Iber, München 1972.

Register